职业教育公共基础课教材系列

创新创业教育

张开江　亓国锋　陈　娇　主编

张晓英　吴苏芳　张文杰　陈瑞莲　孙　曦　副主编

科学出版社

北　京

内 容 简 介

本书以通俗的语言、丰富的实例，系统地介绍了创新创业的基本思维方式、相关技能方法及政策环境与实践平台，通过有效的训练，构建了基于创新创业思维过程、并通过创新创业案例引领的基础知识与方法，拓展创新创业的视野。

本书可作为职业教育创新创业教育的通用教材，也可作为企业继续教育的培训教材，还可以作为拓宽视野、增长知识的自学用书。

图书在版编目（CIP）数据

创新创业教育 / 张开江，亓国锋，陈娇主编 . —北京：科学出版社，2020.9

（职业教育公共基础课教材系列）

ISBN 978-7-03-065590-5

Ⅰ．①创… Ⅱ．①张… ②亓… ③陈… Ⅲ．①大学生 - 创业 - 高等职业教育 - 教材 Ⅳ．① G647.38

中国版本图书馆 CIP 数据核字（2020）第 109451 号

责任编辑：沈力匀 / 责任校对：王 颖
责任印刷：吕春珉 / 封面设计：耕者设计工作室

科 学 出 版 社 出版

北京东黄城根北街16号
邮政编码：100717
http://www.sciencep.com

铭浩彩色印装有限公司印刷

科学出版社发行 各地新华书店经销

*

2020年9月第 一 版 开本：787×1092 1/16
2020年9月第一次印刷 印张：17 3/4
字数：450 000

定价：58.00元
（如有印装质量问题，我社负责调换〈铭浩〉）

销售部电话 010-62136230 编辑部电话 010-62135235（VP04）

前言

创新创业已成为 21 世纪青年大学生的一种价值导向、一种生活方式，"大众创业、万众创新"已成为我国经济高速增长过程中迈向高质量发展的一种时代气息。启迪创新思维，激发创业热情，让每一个有志创业的大学生拥有人生出彩、梦想成真的机会，是我国高等学校创新创业教育肩负的时代使命。

本书在编写过程中主要基于以下两个理念：

（1）基于"模块化"的教学理念，以模块化方式进行编写，构建融创新创业的基本概念与原理、创新创业思维与方法、创新创业技能与方式、创新创业案例与解析为一体的编写。

全书分为三个部分八个模块。第一部分开发创新能力，重点讲解创新意识、创新精神和创新思维；第二部分叩响创业之门，重点讲解创业环境分析、创业机会、创业模式与创业计划等；第三部分践行创业人生，重点讲解创业资源、创业团队组建及初创企业的组建和管理。

（2）基于"理实结合"的理念，以创新创业理论为基础，打破传统的创业过程理论知识体系，充分考虑学生创新素质和创业能力的需要，力求系统介绍创新创业的基本思维方式、相关技能方法及政策环境与实践平台，并通过创新创业案例引领，培养学生创新思维和创业能力。

全书每个模块按照"模块导读、能力目标、引入案例、案例、经典分享、课堂活动"等结构进行编写，提供了各种相关案例和课堂活动，以突出创新创业的知识和技能的融合，注重从应用的角度阐明创新创业活动中遇到的各种实际问题，厘清创新创业教育发展的内在规律，总结具有普遍意义的成功创新创业经验，并通过多种形式的实践能力训练，力求使学生掌握切实可行的创新创业的方法与步骤，体现出较强的知识性、技能性和实用性。

本书由成都职业技术学院张开江、安阳职业技术学院亓国锋、重庆工商职业学院陈娇任主编，长江职业学院张晓英、江西卫生职业学院吴苏芳、张文杰、陈瑞莲，北京农学院孙曦任副主编，参加编写的人员还有成都职业技术学院严光玉、四川工商职业技术学院桂连彬、温州职业技术学院金文奖、中国职工教育和职业培训协会苗银凤。

本书在编写过程中参考了大量相关书籍和文献，在此对其著作者表示衷心的感谢。

由于编者水平有限，书中不妥之处敬请批评指正。

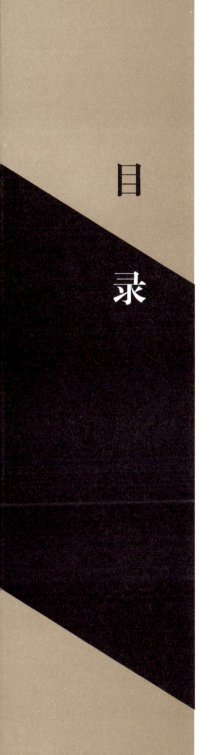

目 录

目

录

第一部分

开发创新能力

模块一 创新意识与创新精神

模块导读

在我国悠久的历史中，创新文化、创新思维无处不在。老子在《道德经》中写道"天下皆知美之为美，斯恶已；皆知善之为善，斯不善已。故有无相生，难易相成，长短相形，高下相倾，音声相和，前后相随"，这就是一种创新思维。

其实，早在商朝，就已经有"创新"的记载。《礼记·大学》中，汤之《盘铭》曰："苟日新，日日新，又日新。"这是商朝的开国君主成汤刻在澡盆上的警词，旨在激励自己要持之以恒，每天做到除旧图新。北宋的程颐说"君子之学必日新，日新者日进也。不日新者必日退，未有不进而不退者。"他认为，君子学习一定要做到日新，日新就是每一天都要有进步。

创新有三层含义：一是更新，就是对原有的东西予以替换；二是创造新的东西，就是创造出原来没有的东西；三是改变，就是对原有的东西进行发展和改造。创新的过程一般分为四个阶段：准备阶段、思考阶段、顿悟阶段和验证阶段。对于企业来说，创新包括产品创新、工艺创新、服务创新、商业模式创新等。创新意识是指人们在社会活动中，主动开展创新活动的观念和意识，表现为对创新的重视、追求和开展创新活动的兴趣和欲望。创新精神是指要具有能够综合运用已有的知识、信息、技能和方法，提出新方法、新观点的思维能力，具有进行发明创造和改革的意志、信心、勇气和智慧。

本模块主要介绍创新意识、创新精神的相关内容。

第一节　创新和创新意识

创新和创新意识

 能力目标

（1）了解创新的基本特征和企业创新的基本领域。

（2）能阐述创意、创新、创造的联系和区别。

（3）能自觉培养创新精神。

引 入 案 例

创新的贡献

在微电子技术方面，集成电路芯片上的集成度每三年提高4倍；在生物医学产业方面，基因诊断、基因治疗等已付诸应用。20世纪80年代末，美国将一种人工组合DNA植入烟草细胞，生产转基因烟叶，每年只需要原种植面积的1%，就可生产足够27万病人使用一年的抗体，其经济效益惊人；日本利用细胞技术培养出一种养虾饲料，可使虾的产量提高350倍。现代经济的增长，有40%来自信息产业的贡献。生物技术的创新，直接推动了农业、医药、环保、食品、化工及能源等多个重大产业领域的革命，创造了难以估量的经济效益。

【分析】任何国家创新能力的提高，所带来的直接结果都是国力的迅速强盛和人民生活水平的大幅提高。因此，从20世纪50年代起，许多国家都大力提倡推进创新能力的开发和应用，斥巨资创立高新科技产业。

党的十九大报告明确指出："世界每时每刻都在发生变化，中国也每时每刻都在发生变化，我们必须在理论上跟上时代，不断认识规律，不断推进理论创新、实践创新、制度创新、文化创新及其他各方面创新。""创新是引领发展的第一动力，是建设现代化经济体系的战略支撑。"

习近平参加在十二届全国人大三次会议上海代表团审议会议时指出，"创新是引领发展的第一动力，抓创新就是抓发展，谋创新就是谋未来"。那么，什么是创新呢？

一、创新的概念和过程

创新，顾名思义，抛开旧的，创造新的。我国最早的一部百科词典《广雅》中说："创，始也"；新，与旧相对。"创新"一词出现得很早，如《魏书》中有"革弊创新"，《周书》中有"创新改旧"。在英语中，innovation（创新）这个词起源于拉丁语，有三层含义：一是更新，就是对原有的东西予以替换；二是创造新的东西，就是创造出原来没有的东西；三是改变，就是对原有的东西进行发展和改造。

创新，是人类特有的认识能力和实践能力，是人类主观能动性的高级表现形式。从哲学角度来说，创新是人类为了满足自身需要的创造性实践行为而对旧事物所进行的替代和覆盖；从社会学角度来说，创新是人们为了发展需要，运用已知的信息和条件，突破常规，发现或产生某种新颖、独特的有价值的新事物、新思想的活动；从经济学角度来说，创新是人类在特定环境中，以现有的知识和物质改进或创造新的事物并能获得一定有益效果的行为。

创新的过程一般分为四个阶段：准备阶段、思考阶段、顿悟阶段和验证阶段。

（1）准备阶段：找准问题，收集资料，分析问题，找到创新的关键点。

（2）思考阶段：找到创新关键点后，开始寻找解决问题的突破口。

（3）顿悟阶段：在顺着问题的突破口思考的过程中，灵光乍现。

（4）验证阶段：将顿悟得到的创新成果进行实践检验。

（一）创新概念的经济学解释

经济学上的创新概念是美籍奥地利经济学家熊彼特（Joseph Alois Schumpeter，1883~1950 年）首先定义的，其著作《经济发展理论》中提出，创新是指企业家对于生产要素进行新的组合，从而获得超额利润的过程。熊彼特将其所指的创新组合概括为五种形式：①引入新的产品或提供产品的新质量；②采用新的生产方法、新的工艺过程；③开辟新的市场；④开拓并利用新的原材料或半制成品的一种新的供给来源；⑤采用新的组织方法。熊彼特等人对创新的定义，突出之处是强调了经济要素的有效组合，即创新应是信息、人才、物质材料与企业家才能等经济要素的有机配合，形成独特的协同效用。

什么是创新

熊彼特所描绘的上述五种创新组合形式，大致可归纳为三大类：一是技术创新；二是制度创新；三是组织创新。后来有学者增加了"文化创新"。

1. 技术创新

技术创新在企业的创新中处于核心地位。技术创新包括原始创新、集成创新及再创新，而制度创新、组织创新和文化创新是围绕和支撑技术创新而进行的创新。

技术创新是一个从产生新产品或新工艺的设想，到市场应用的完整过程，它包括新设想的产生、研究、开发、商业化生产到扩散的一系列活动。技术创新的本质是科技、经济一体化的过程，它包括技术开发和技术利用两大环节，也可以从生产过程的角度分为材料创新、产品创新、工艺创新和手段创新四类。

技术创新既可以由企业单独完成，也可以由职业院校、科研院所和企业协同完成。技术创新过程的完成，是以产品的市场成功作为标志的。技术创新的过程一般情况下需要企业的参与，但具体就某个企业而言，参与方式要视技术创新的外部环境、企业自身的实力等相关因素而定。

2. 制度创新

制度创新是指通过投融资、企业产权、知识产权、人才资源、信用、行政管理等方面的市场化、法治化、国际化改革和试点，创建有利于创新创业的体制和制度。

制度是组织运行方式的原则和规定，企业制度主要包括产权制度、经营制度和管理制度三个方面的内容。产权制度是决定企业其他制度的根本性制度，它规定着企业最重要的生产要素的所有者对企业的权利、利益和责任；经营制度是有关企业经营权的归属及其行使条件、范围、限制等方面的原则和规定；管理制度是企业中行使经营权、组织企业日常经营的各种具体规则的总称，包括对材料设备、人员及资金等各种要素的取得和使用的规定。

3. 组织创新

组织创新是指通过对发起设立、运作机制、职能定位和治理结构等方面的创新，塑造创新型的企业组织、产业组织、社会组织和行政组织。

企业系统的正常运行，既要求具有符合企业及其环境特点的运行制度，又要求具有与之相适应的运行载体，即合理的组织形式。因此企业的发展必然要求组织形式的变革和发展。

从组织理论的角度来考虑，企业系统是由不同成员担任的不同职务和岗位的结合体。这个结合体可以从机构和结构这两个层次去考察。机构是指企业在构建组织时，根据一定的标准，将那些类似的或为实现同一目标而产生密切关系的职务或岗位归并到一起，形成不同管理部门。而结构则是与各管理部门之间，特别是不同层次的管理部门之间的相互关系。它主要涉及管理的纵向分工问题，即所谓的集权和分权问题。不同企业有着不同的组织形式，同一企业在不同的时期随着经营活动的变化，也要求组织机构和结构不断调整。

4. 文化创新

组织文化是特定组织在处理外部环境和内部整合过程中出现各种问题时，所发现、发明或发展起来的基本假说的规范。从现代系统论的观点看，组织文化的结构层次分为表层文化、中介文化和深层文化。组织文化的表现形态有物化文化、管理文化、制度文化、生活文化和观念文化。组织文化的构成要素有组织精神、组织理念、组织价值观、组织道德、组织素质、组织行为、组织制度和组织形象等，由此可构成一个有着内在联系的组织文化复合网络图（图 1-1）。

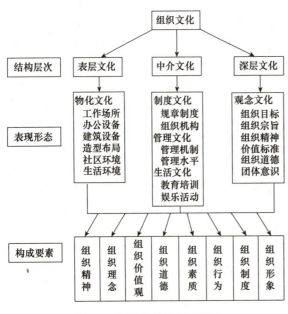

图 1-1　组织文化复合网络图

文化创新的目的是通过思想观念的变革和先进文化的交融，为创新创业提供强大的精神动力。曾任通用电气公司 CEO 的杰克·韦尔奇说："如果你想让车速再快一些，只需要加一生产力，但若没有文化上的改变，就无法维持高生产力的发展。"

在熊彼特之后，他的主要追随者从不同的角度与层次，对创新理论进行了分解研究，并发展出两个独立的分支：一是技术创新理论，主要以技术创新和市场创新为研究对象；二是组织创新理论，主要以组织变革和组织形成为研究对象。

（二）创新概念的管理学解释

1985 年，被誉为"现代管理学之父"的彼得·德鲁克（Peter F. Drucker）发展了创新理论。他提出，任何使现有资源的财富创造潜力发生改变的行为，都可以称之为创新。

德鲁克主张，创新不仅是创造，而且并非一定是技术上的，一项创新的考验并不在于它的新奇性、科学内涵或小聪明，而在于推出市场后的成功程度，也就是能否为大众创造出新的价值。

从企业管理的角度上看，组织创新作为技术创新的平台，推动技术创新成为企业发展的根基，因此，技术创新能力的提升是企业核心竞争力提升的关键。技术创新的管理学解释还强调了"过程"与"产出"（将设想做到市场），是指从新思想产生到研究、发展、试制、生产制造直至首次商业化的全过程，是发明、发展和商业化的聚合。在这一复杂过程中，任何一个环节的短缺，都不能形成最终的市场价值，任何一个环节的低效连接，都会导致创新的滞后。

二、创新的根本特征

（一）创新的起点在于问题

爱因斯坦说过，提出一个问题往往比解决一个问题更重要。因为解决一个问题也许仅仅是一个数学上或实验上的技能而已，而提出一个问题则需要想象力，因而提出问题标志着科学的真正进步。发现并提出问题不代表每一个问题都完美、都正确，但提出问题越多，出现好思想的机会也就会越多。

（二）创新的关键在于突破

要创新，就要突破常规戒律、突破固有习惯、突破条条框框、突破已有经验、突破思维定式，创新就是对传统的"背叛"。

（三）创新的本质在于新颖

创新的意义在于"出新"，新是创新的本质，是创新的价值所在。所有创新都必须在创新思维的作用下，用新的思路、新的方法去解决问题，从而获得新的理论、新的技术、新的设计、新的方案、新的产品。

（四）创新的基础在于继承

牛顿曾说："如果说我比别人看得远的话，那是因为我站在了巨人的肩膀上。"这就很好地说明了新与旧的关系，无旧便无新。新是在旧的基础上发展变化而来的。所以，继承是创新的基础，只有在继承的基础上创新，才是科学的。

（五）创新的目的在于发展

创新的目的性很明确，就是要看是不是有利于自然界的发展，有利于社会的发展，有利于人的发展。

三、企业的创新领域

创新分类的标准很多，不同的标准可以得出不同的分类，了解这些分类有助于我们对创新的理解。例如，根据有无原创性创新可分为原始创新、集成创新；从内容角度创新可分为知识创新、技术创新、产品创新、服务创新；从影响力方面创新可分为持续性创新、突破性创新、颠覆性创新；从层次方面创新可分为首创型创新、改进型创新、应用型创新；从组织化程度创新可分为自发创新和有组织的创新；从科技角度创新可分为从无到有（如开创一个全新的研究领域）、从有到无（如一次性彻底地解决了一个人类历史上的重大问题）、从有到有（如纠正前人的错误观点、重新构建一个理论体系）。

创新并非少数天才的专利，一个纪律严明的团队，再加上有效的系统方法，就能更好地实施创新。对于企业来说，创新一般可以分为以下几种。

（一）产品创新

产品创新是指推出一种能够满足顾客需要或解决顾客问题的新产品。例如，苹果公司推出的 iPhone 手机、海尔推出的"环保双动力"洗衣机（不用洗衣粉的洗衣机）、华为推出的拥有人工智能的 P40 智能手机等，都属于产品创新。产品创新还可以分为产品性能创新、产品系统创新两类。

（二）服务创新

服务创新是企业为提高服务质量和创造新的市场价值而发生的服务要素的变化，对服务系统进行有目的、有组织地改变的动态过程。服务创新保证并提高了产品的功用、性能和价值。它能使一个产品更容易被试用和享用；它为顾客展现了他们可能会忽视的产品特性和功用；它能够解决顾客遇到的问题并弥补产品体验中的不愉快。

服务创新来源于技术创新，两者之间有着紧密的联系。但是，由于服务业的独特性，使服务业的服务创新与制造业的技术创新有所区别，并有它独特的创新战略。服务创新可以分为五种类型：服务产品创新、服务流程创新、服务管理创新、服务技术创新和服务模式创新。

（三）品牌创新

品牌创新有助于保证顾客和用户能够识别、记住相关产品，并在面对竞争对手的产品或替代品时选择企业所推产品。好的品牌创新能够提炼一种"承诺"，吸引买主并传递一种与众不同的身份感。

（四）工艺创新

工艺创新是指企业对产品的加工过程、工艺路线及设备所进行的创新。例如，新型洗衣机和新型抗癌药的生产过程中生产工艺及生产设备的调整，银行数据信息处理系统相关程序的使用及处理等。工艺创新的目的是提高产品质量、降低生产成本、降低消耗与改善工作环境。

（五）流程创新

流程创新涉及公司主要产品或服务的各项生产活动和运营。这类创新需要彻底改变以往的业务经营方式，使公司具备独特的能力，高效运转，迅速适应新环境，并获得领先市场的利润率。流程创新常常构成一个企业的核心竞争力。

（六）结构创新

结构创新是指通过采用独特的方式组织公司的资产（包括硬件、人力或无形资产）来创造价值。它可能涉及从人才管理系统到重型固定设备配置等多方面。例如，建立激励机制，鼓励员工朝某个特定目标努力，实现资产标准化，从而降低运营成本和复杂性，甚至创建企业大学以提供持续的高端培训。

（七）商业模式创新

商业模式包含九个要素：价值主张、消费者目标群体、分销渠道、客户关系、价值配置、核心能力、合作伙伴网络、成本结构和收入模型。商业模式创新是指企业对目前行业内通用的为顾客创造价值的方式提出挑战，力求满足顾客不断变化的要求，为顾客提供更多的价值，为企业开拓新的市场，吸引新的客户群。例如，传统书店决定利用互联网来销售书籍，亚马逊和当当网就是一种商业模式的创新。

只选择一两种创新类型的简单创新不足以获得持久的成功，尤其是单纯的产品性能创新，很容易被模仿、超越。所以，企业需要综合应用上述多种创新类型，才能打造可持续的竞争优势。

四、创新与创意、创业之间的关系

（一）创新与创意的关系

创意是逻辑思维、形象思维、逆向思维、发散思维、系统思维、模糊思维和直觉、灵感等多种认知方式综合运用的结果。

创意是创新的基础。人类是创意、创新的产物。类人猿首先想到了造石器，然后才动手把石器造出来，而石器一旦造出来，类人猿就变成了人。人类是在创意、创新中诞生的，也要在创意、创新中发展。我们所见到的一切产品都起源于创意，然后才有创新，再然后才有持续不断的重复制造。

1998 年，《英国创意产业路径文件》中首次正式提出了"创意产业"的定义：

"源自个人创意、技巧及才华，通过知识产权的开发和运用，具有创造财富和就业潜力的行业。"根据这个定义，英国将广告、建筑、艺术和文物交易、工艺品、设计、时装设计、电影、互动休闲软件、音乐、表演艺术、出版、软件、电视广播等13个行业确认为创意产业。创意产业与传统产业最大的区别在于，创意为产品或服务提供了实用价值之外的文化附加值，最终提升了产品的经济价值。2014年一份《文化创意产业集群发展研究》的报告指出，全世界创意产业每天创造的产值高达220亿美元，并正以每年5%的速率递增。美国、英国等创意产业发达的国家递增速率已经达到每年10%以上。创意产业的迅速崛起，标志着创意经济时代的到来。

（二）创新与创业的关系

创新是以新思维、新发明和新描述为特征的一种概念化过程。创业是人类社会生活中一项最能体现人的主体性的社会实践活动。

虽然创业与创新是两个不同的概念，但两个概念之间却存在着本质上的契合、内涵上的相互包容和实践过程中的互动发展。第一次提出了创新概念的著名经济学家熊彼特认为：创新是生产要素和生产条件的一种从未有过的新组合，这种新组合能够使原来的成本曲线不断更新，由此会产生超额利润或潜在的超额利润。创新活动的这些本质，体现着它与创业活动性质上的一致性和关联性。

1. 创新是创业的基础，而创业推动着创新

一方面，科学技术、思想观念的创新促进人们物质生产和生活方式的变革，引发新的生产、生活方式，进而为整个社会不断提供新的消费需求，这是创业活动之所以源源不断的根本原因；另一方面，创业在本质上是人们的一种创新性实践活动。无论是何种性质、何种类型的创业活动，它们都有一个共同的特征，那就是创业是主体的一种能动性的、开创性的实践活动，是一种高度的自主行为。在创业实践的过程中，主体的主观能动性将会得到充分的发挥和张扬，正是这种主观能动性充分体现了创业的创新性特征。

2. 创新是创业的本质与源泉

熊彼特曾提出，创业包括创新和未曾尝试过的技术。创业者只有在创业的过程中具有持续不断的创新思维和创新意识，才可能产生新的富有创意的想法和方案，才可能不断寻求新模式、新思路，最终获得创业成功。

3. 创新的价值在于创业

从一定程度上讲，创新的价值就在于将潜在的知识、技术和市场机会转变为现实生产力，实现社会财富增长，造福人类社会。而实现这种转化的根本途径就是创业。创业者可能不是创新者或是发明家，但必须具有能发现潜在商机的能力和勇于冒险的精神。创新者也并不一定是创业者或是企业家，但是，创新的成果是经由创业者推向市场的，使潜在的价值市场化，创新成果也才能转化为现实生产力，这也从侧面体现了创新与创业的相互关联性。

4. 创业推动并深化创新

创业可以推动新发明、新产品或是新服务的不断涌现，创造出新的市场需求，从而进一步推动和深化各方面创新，因而也就提高了企业乃至整个国家的创新能力，推动经济增长。

五、主动培养创新意识

（一）创新意识的含义

创新意识是指人们在实际社会活动中，主动开展创新活动的观念和意识，表现为对创新的重视、追求和开展创新活动的兴趣及欲望。它是人类意识活动中的一种积极的、富有成果性的表现形式，是人们进行创新活动的出发点和内在动力，是唤醒、激励和发挥人所蕴含的潜在本质力量的重要精神动力，与创新能力一起贯穿于人们的创新活动整个过程。

（二）创新意识的内涵

1. 强烈的创新动机

创新动机是创新意识的动力源，是形成和推动创新行为的内驱力，是引起和维持主体进行创新活动的内部心理过程，也是创新才能得以施展的能源。人的每项创新活动、每个创新意识都离不开一定创新动机的支配。创新动机明确并且强烈的人，其创新活动成功的希望就大；创新动机肤浅的人，其创新活动成功的希望就小。

2. 浓厚的创新兴趣

创新兴趣是指人们从事创新活动所投入的积极情绪和态度定向。它是创新动机的进一步发展。创新动机来源于对创新的浓厚兴趣，产生创新动机不一定有创新兴趣，而一旦形成创新兴趣则必然伴随着创新动机。创新兴趣是人们从事创新实践活动强有力的动力之一，是投身创新实践的不竭源泉。

3. 健康的创新情感

创新过程不仅仅是纯粹的智力活动过程，它还需要引发、推进乃至完成创造性活动的创新情感。首先，需要稳定的创新情感。现代创新者只有在稳定的创新情感支配下，才能提高自身创新敏感性，及时捕捉有用信息，对与创新有关的事物充满浓厚兴趣；其次，需要积极的创新情感。积极的创新情感，可以极大地激发创新者自身的创新意识和创新敏感性，充分调动创新活动的积极性；再次，需要深厚的创新情感。创新热情是一种深厚的创新情感，具有持续性。它是一种能促进现代创新者形成强烈的创新意识，并展开创新活动的心理推动力量。

4. 坚定的创新意志

创新意志是在创造中克服各种困难、冲破各种阻碍的心理因素，具有鲜明的目的性和坚定的顽强性。创新意志首要的是目的性，其次才是顽强性。现代创新者只有对自己的行动目的有明确的认识，才能按既定的目标去行动。创新意志的顽强性指人们在创新的过程中能精力充沛、坚持不懈地克服一切困难和障碍，取得创新成果。科学创造是一种艰苦的劳动，要探索前人没有走完的路，产生前人没有产生过的成果。在创造过程中成功与失败并存，只有意志顽强的创造者才能在挫折与失败中不断进取，从而把失败引向成功。

（三）增强大学生创新意识的重要性

1. 创新意识是当今信息时代国家创新体系持续发展的要求

在科技信息高速发展的社会里，高科技产业成为社会的主导产业，科技人才是经济发展的关键资源。对富有创新意识和创新能力的高素质科技人才的培养，是当今知识经济背景下科技进步的要求和科技人才培养的主要目标。

国家创新体系是与知识创新和技术创新相关的机构或组织构成的网络体系，其主要成分是企业科研机构和高等院校等。国家创新体系是一个目标明确、组织比较完备的网络系统。这一体系的建设不是一朝一夕的事情，而是一个长期积累发展的过程，需要每一代人艰辛的努力，也需要持续不断的创新型人才，只有这样才能提升国家的科技竞争力，提高国家的综合实力。

创新型人才只有具有强烈的创新精神和创新意识，具有敏捷的创新思维和很强的创新能力，才能获得创造性成果，成为有所建树的人才。国家创新体系的每个构成要素都需要创新型人才发挥科技中坚力量，因而培养具有创新意识的创新型人才是国家创新体系持续发展和永葆生机的需要。

2. 创新意识是职业教育发展的需要

职业教育的人才质量标准是培养具有创新精神和实践能力的高素质、高技能专业人才，职业院校良好的社会声誉要靠自己培养出来的优秀人才和取得的丰硕科研成果来赢得。职业教育人才质量的优劣直接取决于学生的创新素质高低，创新素质的高低直接影响职业院校在未来市场中的竞争力。随着那些培养出很多高素质竞争人才的职业院校社会声誉的与日俱增，学校的生源也将必然增加，这也将必然促进学校的发展。因此培养具有创新意识的创新人才是直接关系到职业院校生存与发展的关键。

创新意识和创新能力是一种认识、人格、社会层面的综合体，涉及人的生理、心理、智力、人格等诸多方面，是人的综合素质和全面发展的外在表现。一方面，培养学生创新意识是职业院校素质教育的重要内容。创新意识和创新能力是学生素质中必备的成分，因而学生创新意识和创新能力的培养是职业院校实施素质教育的核心所在。另一方面，培养学生创新意识是职业院校思想政治教育的创新。思想政治教育的内容是随着社会和现实需要的发展而发展的。以创新意识和创新能力为核心的创新观是现代思想政治教育内容的时代扩充，因而培养学生的创新意识是推进职业院校思想政治教育创新的重要任务和内在要求。

3. 创新意识是职业院校学生全面发展的需要

马克思认为，人的全面发展表现为人的能力的全面发展，人的需要的多方面发展，人的社会关系的丰富和发展，以及人的个性的发展。从这一理论来看，培养创新意识是实现职业院校学生全面发展的必要准备和保障，也是学生实现自身全面发展的需要。在知识经济时代，知识的陈旧周期不断缩短，知识的增长率加快，知识转化的速率迅猛增加，职业院校学生想要在这种情况下成才，就需要树立创新意识、竞争意识，利用所学的知识，敏锐地观察就业趋向，并把自己武装成与众不同的创新人才，从而提升自身的竞争力，在就业饱和的状态下抢占一席之地。

（四）如何培养创新意识

1. 好奇心是创新之门

好奇心是人类、乃至很多动物天生具备的东西，代表了求知欲、喜欢探究不了解事物的心理状态和情感行为。居里夫人说过："很多人都说我很伟大很有毅力，其实我就是特别好奇，好奇得上瘾。"爱因斯坦也说过类似的话：我没有特别的才能，只有强烈的好奇心。

研究表明，几乎所有伟大成就的创新者都有着独特的好奇心。爱迪生从小就对世界充满好奇。他曾用自己的体温孵蛋。当听到老师讲到"二加二等于四"，他会立即冒出"为什么"的想法。牛顿坐在苹果树下乘凉，一个苹果"砸"在他头上，他不是捡起来吃掉，而是想到"苹果为什么会从树上掉到地上？为什么不是飞到天上？"一个苹果引发好奇，好奇引发牛顿强烈的探索意识，最终成就了牛顿定律。

很多人都被达·芬奇的超人表现所折服。爱因斯坦认为，达·芬奇的诸多科研成果如果在当时就发表的话，科技文明进程可以提前30～50年。达·芬奇的成就涉及绘画、雕刻、建筑、机械发明、数学、生理、音乐、物理、天文、地理等许多方面。他的理解力之所以如此让人称奇，有一部分原因就在于，他对"为什么""怎么样"等问题进行了深入研究。这种强烈好奇心不仅激发了学习，也让学习变得更有乐趣。

强烈的好奇心会增强人们对外界信息的敏感性，对新出现的情况和新发生的变化及时做出反应，发现问题，并追根寻源，从而激发思考，引起探索，开始创新活动。许多看似偶然的发现其实都隐含着一种必然：发现者必然具有强烈的好奇心。

2. 兴趣是最好的老师

孔子曾说过："知之者不如好之者，好之者不如乐之者"。深厚的兴趣会使个体产生积极的学习态度，自觉克服困难，排除干扰，从而有所成就。兴趣以需要为基础。人们若对某件事物或某项活动感到需要，就会热心于接触、观察这件事物，积极从事这项活动，并注意探索其奥妙。兴趣又与认识和情感相联系。若对某件事物或某项活动没有认识，也就不会对它有情感，因而不会对它有兴趣。反之，认识越深刻，情感越炽烈，兴趣也就会越浓厚。

例如，对美术感兴趣的人，对各种艺术作品都会认真观赏、评点，对好的作品进行收藏、模仿；对钱币感兴趣的人，会想尽办法对古今中外各种钱币进行收集、珍藏、研究。而且，兴趣不只是对事物的表面的关心，任何一种兴趣都是由于获得这方面的知识或参与这种活动而使人体验到情绪上的满足而产生的。例如，一个人对跳舞感兴趣，他就会主动地、积极寻找机会去参加，而且在跳舞时感受到愉悦、放松和乐趣，表现出积极而自觉自愿。因此，有人将兴趣比喻为"成功的胚胎""胜利的幼芽"。

一般来说，人人都会有兴趣，但每个人的兴趣对象差异很大。一个人在不同的时间，不同的地点，兴趣也会发生变化。因此，在培养广泛兴趣的基础上，及时确定某一中心兴趣，并以此为起点，继续进攻，有意识地在理性的指导下，把一个专一兴趣提升到追求的高度，上升到理性的高度，这样才能真正激发我们的创新意识。我国著名政论家、新闻记者和出版家邹韬奋说过："一个人在学校里表面上的成就，以及较高的名次，都是靠不住的，唯一的要点是你对于所学的是否心里真正觉得喜欢，是否真有浓厚的兴趣和特殊的机敏"。

要保持专注的兴趣和热情，就要建立积极的心理准备。大凡有成就的科学家，在其学生时代很少有被困难吓退过，这既是个人的坚强毅力，更是创造乐趣最酣畅淋漓之时。只有在困境中，我们才能更清楚地体会积极思想的意义和价值，当你克服困难，成功进入下一阶段时，回首那个曾经让你苦恼的"困难"，你会感谢自己的坚持和专注。著名科学家杨振宁在谈到科学研究兴趣时说，自己不愿意的，迫于外界压力非做不可的，那是苦。做物理学的研究没有苦的概念，物理学是非常引人入胜的。有人问丁肇中做研究苦不苦，他说，"一点也不苦，正相反，觉得很快乐，因为我心中有兴趣，我急于要探索物质世界的微妙"。这就是持续而专注的兴趣所带来的心理愉悦感。

3. 学会观察

观察力是构成智力的一个重要组成部分，是一种有意识、有目的、有组织的知觉能力。世界著名的生理学家巴甫洛夫，在他的研究院门口的石碑上刻下了名句："观察、观察、再观察"，以此来强调观察对于研究工作的重要性。达尔文也曾说过："我没有突出的理解力，也没有过人机智，只是在觉察那些稍纵即逝的事物并对它们进行精细观察的能力上，我可能是中上之人。"可见，观察力十分重要。

敏锐的观察是创新的最佳来源。一旦你开始细心观察，各种见解和机遇都将会在你面前展开。所有真正的科学家、艺术家都是善于观察的人，都有格外敏锐的观察力和较好的表达能力，这能够让他们注意到其他人容易忽略的细微现象。达尔文就是一名出色的观察家。在22岁的时候，达尔文开始了他历时五年的周游世界之旅。在旅途中，他凭借细致观察，仔细记录了大量的地理现象、化石和生物体。对达尔文而言，雀类鸟嘴和龟背上的细微差异都是不同物种的标志。回国后，他认真研究自己观察、记录的宝贵资料，提出了著名的自然选择理论。

4. 问题意识

没有问题，就没有创新。孔子在很早就提出了"每事问"的主张。胡适在1932年为北京大学毕业生开的三味"防身药方"中，第一味就是"问题丹"。他说："问题是知识学问的老祖宗；古往今来一切知识的产生与积聚，都是因为要解答问题。""试想伽里略和牛顿有多少藏书？有多少仪器？他们不过是有问题而已。有了问题而后他们自会造出仪器来解答他们的问题。没有问题的人们，关在图书馆里也不会用书，锁在实验室里也不会有什么发现。"而"脑子里没有问题之日，就是你的知识生活寿终正寝之时！"

　　问题意识也是以观察意识、好奇心和兴趣为基础的。那些对任何事情都不感兴趣的人是不可能提出问题的，那些对事物缺少细致观察的人也很难提出问题。当个体对事物感兴趣，并能够进行细致观察，通常就能发现问题，从而打开创新之门。

六、创新与创造

　　创新的范围很广，涉及社会的各个领域，包括理论创新、科技创新、文化创新、制度创新、机制创新、管理创新，以及其他各方面的创新。创造就是发现尚未被认识的事物，发明出以前不存在的事物和对已有成果进行创新，可以理解为一种结果或是一个过程。我们用的手机、计算机等都是一种被创造出来的事物，它们是一种演化与改进的过程。每一件事、物，都有发明创造的思想在其中，它们在最初也都是尚未被发现的。

（一）创造的定义

　　创造是指提供独特的、新颖的，具有社会意义的产物的活动。其中的"创"是指花样翻新，"造"是指从无到有。创造出来的东西必须从未见过，同时具有一定的社会意义和价值。

（二）创新与创造的差异

　　创新与创造虽然都具有"新颖性"，但是从其各自的含义来分析，创新与创造之间还是存在一定的差异。

　　（1）创造不受"成果效益"的限制。与熊彼特的"创新"不同，创造只强调其"前所未有"的"新颖性"，因此创造既包括了成功的、能产生"成果效益"的"前所未有的事情"，也包括那些数量更多的因失败、失误、条件所限或其他各种原因造成的难以或一时难以产生"成果效益"的"前所未有"的事情。

　　（2）创新必须具有"成果效益"，因此大多是系统性的活动。它的完成常要依靠多人的群体，而非单个创造者，故"创新"活动往往是一个"系统工程"，即创新工程。例如，一项技术创新至少包括新产品的构思、设计、发明、试制、批量生产、打入市场并产生经济价值等系统化的过程。其中，新产品的构思、设计、发明等显然不宜称为创新，但却明显属于创造的范畴。因此，创造既可以是系统性的创造（包括能产生经济价值的创新和尚未产生经济价值的系统性创造），也可以是系统中某一部分的单个创造（如新产品的设计或发明，甚至是一个新的想法、点子等），所以创造的外延要比创新大得多。严格来说，我们可以讲某个人具有很强的创造能力，但不宜说他具有很强的创新能力。所以，创新能力一般只适用于群体，如企业创新能力、国家创新能力等。

　　（3）虽然创新和创造都具有"新颖性"的本质特征，但从人们已经使用的情况来看，创新的新颖性主要表现在与某已有的事物相比较之中，若没有已存在的事物，那么与之相关的创新也难以存在。例如，人们之所以说"体制创新"，就因为当前已有一个"体制"对应存在，如果客观上没有对应的已有"体制"先存在，那就不会有相关的"体制创新"可言；同样，假若没有一套先行存在的管理制度，也就不会出现"管理创新"的提法等。从这个意义上讲，创新主要表现为"有中生新"。而创造则不同，创造不但可以包括"有中生新"，而且还可包括"无中生有"。例如，第一颗人造地球卫星上天、第一枚原子弹爆炸等都可算"无中生有"的人类创造，但似乎不宜称为人类伟大的创新。

（4）从学术上看，"创新理论"研究的时间较短，所以对于创新的真实含义，特别是对其次一级概念内涵的认识还没有达到人们对于创造的认识程度，因此有待于进一步深化。例如，在创造学中与创造有关的次一级概念有创造力、创造性、创造能力、创造素质、创造性思维、创造想象、创造原理、创造技法、创造教育和创造心理等。现在，虽然也见到了一些如创新能力、创新素质、创新思维等"创新"的提法，但仔细分析即可发现，它们大多是已有创造能力、创造素质、创造性思维的另一种表达形式，或称为"换标签"而已，一旦离开了创造能力、创造素质、创造性思维的内涵，它们实在难以独立存在。

（5）"创新"一词明显带有时代色彩。20世纪80年代，我国常使用的是"改革"一词，如体制改革、制度改革、教育改革等；到了现在，虽然实际内容并未变化，大家却更愿用"创新"一词，如制度创新、教育创新、科技创新等。相比之下，创造一词则很少受时间的影响。我们通常认为，人类从诞生的第一天起就一直在不停顿地进行各种创造活动，人类使用的全部工具和绝大多数必需品都是人类自己创造的产物，没有创造就没有人类的一切，没有创造人类就不可能生存，创造是人类社会永恒的主题，千百年来的文献资料记载着人类不断创造的历史。因此，从时间角度分析，创造的范围也明显地大于创新。古往今来，虽然历史在前进，时代在发展，但客观存在的创造规律却没有改变，于是专门研究人们创造规律和方法的学科——创造学，才能应运而生。

总结起来，创造的外延比创新要广，创新的内涵比创造要深；创新是具有"成果效益"（含市场经济效益或社会效益等）的创造，创新是系统化的创造。

 经典分享

兴趣是创新之源
——诺贝尔物理学奖获得者杨振宁谈创新

"在创新方面，个人兴趣尤其是早年兴趣，常常扮演了非常重要的角色。"2015年9月，著名科学家、诺贝尔物理学奖获得者杨振宁在演讲中这样说道。

"兴趣是创新之源、成功之本。"在演讲中，杨振宁谈到世界上多个著名科学家的故事，他们的成功均与早年兴趣有关。1905年，著名科学家爱因斯坦在26岁的时候，就写出了狭义相对论论文，这是人类历史上非常大的、观念上的革命。为什么一个26岁的年轻人，能做出这样的成果呢？杨振宁说，其实爱因斯坦还在读书的时候，在给女友的信中就透露他对电动力学发生了浓厚兴趣，而这个电动力学，就是后来狭义相对论这一革命性理论的重要基础。

"20世纪，数学界有一个重大的、世纪性的成就，由中国著名数学家陈省身完成，这与其兴趣有着根本的关系。"杨振宁透露，1944年，陈省身完成了高斯-博内公式的简单内蕴证明，攻克了"几何学中极其重要和困难的问题"，该论文被誉为数学史上划时代的杰作，现代微分几何就起源于他的这一研究。高斯-博内定理，19世纪就已经存在，但是局限在二维空间，陈省身把高斯-博内定理扩展到四维空间。生前，陈省身教授再三地表示，他对这个定理很早就发生了兴趣。早在巴黎读书的时候，他就对此发生了兴趣。后来，他在国立西南联合大学（简称"西南联大"）教书时，仍然对这方面继续发生兴趣。

研究中，他用新的技术和方法把二维的高斯 - 博内定理证明简化，浓厚的兴趣最终奠定了世纪性成果的根基。

"我一生所做的工作，最重要的就是规范场，这与我的兴趣也有着密不可分的关系。"杨振宁如是说。1954 年，杨振宁与年轻博士后 Mills 共同提出规范场理论，这是杨振宁在物理学领域的最高成就。"为什么我要写那一篇文章？那是因为我在国立西南联合大学读硕士研究生的时候，以及在芝加哥大学读博士研究生的时候，就对规范场发生了浓厚的兴趣。"

【分析】杨振宁分享了兴趣在科研创新中的作用。在其他领域的创新中，兴趣也都发挥着重要的作用。面对你感兴趣的事情，即使没有任何物质回报，你也会执着地去追求，这是一种心理上的自我追求，也是一种创新意识。

创新意识是创新的愿望、意图等思想观念。在现实生活中，为什么有人能够抓住灵感出现的瞬间，如被苹果"砸出"万有引力的牛顿；而有些人却对眼前的机遇没有任何敏感，任凭机遇白白溜走，这其中很重要的一个原因就是创新意识。创新意识是创新活动的起点，没有创新意识，其余的都无从谈起。创新意识包括兴趣、好奇心、观察意识、质疑意识等方面。

 课 堂 活 动

视觉创意构图

1. 目标

认识到创新无处不在，简单改变就能形成奇妙创意。

2. 过程和规则（20 分钟）

（1）教师铺垫："在我们的生活中，照片拍摄就是最容易产生创新成果的地方，人们只要动动脑动动手就可以改变现状。"然后介绍国际著名的创意照片（图 1-2）。

图 1-2 国际著名创意照片

图 1-2 （续）

（2）请学生以"奇思妙想五花八门"为题，关注自己的周边人物，拿起手机进行拍摄，并且在班级微信群中展示作品，畅谈自己的构图创新设想。

第二节　创新精神的培养

☞ **能力目标**

（1）能自觉培养创新精神。

（2）能评估自我创新潜质。

（3）了解创新精神及其培养。

创新精神的培养

齐白石老人五易画风

我国著名画家齐白石，曾荣获世界和平奖。然而，面对已经取得的成功，他并不满足，而是不断汲取历代画家的长处，不断改进自己作品的风格。他 60 岁以后的画，明显不同于 60 岁以前；70 岁以后，他的画风又改变了；80 岁以后，他的画风再度变化。正因为白石老人马不停蹄地改变、创新，所以他晚年的作品更趋于完美成熟，也形成了自己独特的流派与风格。

他告诫弟子"学我者生，似我者死"。他认为画家要"我行我道，我有我法"，即在学习别人长处时，不能照搬照抄，而要创造性地运用，不断发展，这样才会赋予艺术以鲜活的生命力。

【分析】人不能安于现状，正如齐白石一样，不断寻求自我突破，才能使自己变得更好。

一、创新精神

（一）创新精神的概念

创新精神是指要具有能够综合运用已有的知识、信息、技能和方法，提出新方法、新观点的思维能力和进行发明创造、改革、革新的意志、信心、勇气和智慧。创新精神属于科学精神和科学思想范畴，是进行创新活动必须具备的一些心理特征，包括创新意识、创新兴趣、创新胆量、创新决心及相关的思维活动。创新精神是一种勇于抛弃旧思想、旧事物，创立新思想、新事物的精神。例如，不满足已有认识（掌握的事实、建立的理论、总结的方法），不断追求新知；不满足现有的生活生产方式、方法、工具、材料、物品，根据实际需要或新的情况，不断进行改革和革新；不墨守成规（规则、方法、理论、说法、习惯），敢于打破原有框架，探索新的规律、新的方法；不迷信书本、权威，敢于根据事实和自己的思考，向书本和权威质疑；不盲目效仿别人的想法、说法、做法，不人云亦云、唯书唯上，坚持独立思考，说自己的话，走自己的路；不喜欢一般化，追求新颖、独特、异想天开、与众不同；不僵化、呆板，灵活应用已有知识和能力解决问题。所有这些，都是创新精神的具体表现。

（二）创新精神的培养

1. 对所学习或研究的事物要有好奇心

好奇心是创新精神的源泉。牛顿少年时期就有很强的好奇心，他常常在夜晚仰望天上的星星和月亮。星星和月亮为什么挂在天上？星星和月亮都在天空运转着，它们为什么不相撞呢？这些疑问激发着他的探索欲望。后来经过专心研究，终于发现了万有引力定律。能提出问题，说明在思考问题。好奇心包含着强烈的求知欲和追根究底的探索精神，要想创新，就必须有强烈的好奇心。

2. 对所学习或研究的事物要持怀疑态度

不要认为被人验证过的都是真理。许多科学家对旧知识的扬弃，对谬误的否定，无不是自怀疑开始的。怀疑是内在的创造潜能，它激发人们去钻研，去探索。只有对自己所学习或研究的事物持怀疑态度，才能另辟蹊径，寻找新方向，追求新目标，采用新方法，从而实现创新。

3. 对所学习或研究的事物要有求新欲望

如果没有强烈的追求创新的欲望，那么无论怎样谦虚和好学，最终都是模仿或抄袭，只能在前人划定的圈子里周旋。要创新，就要有强烈的创新欲望，并且坚持不懈地努力，勇敢面对困难，直到创新成功。

4. 对所学习或研究的事物要有求异观念

不要"人云亦云"。创新不是简单的模仿，要有创新精神和创新成果，必须要有求异的观念。求异实质上就是换个角度思考，从多个角度思考，并将结果进行比较。求异者往往要比常人看问题更深刻，更全面。

5. 对所学习或研究的事物要有冒险精神

创造实质上是一种冒险，因为否定人们习惯了的旧思想可能会遭致公众的反对。这种冒险不是那些危及生命和肢体安全的冒险，而是一种观念上的冒险。只有具备了冒险精神，才能最大程度地挖掘自己的创造潜能。

6. 对所学习或研究的事物要做到永不自满

一个有创新精神的人如果因取得一定的创新成果而就此停止，害怕去尝试另一种可能更好的做法，或已习惯了一种成功的思想而不能产生新思想，那么这个人就会变得自满，就会停止创新。

二、创新潜质和创新能力

（一）认识创新潜质

创新潜质，有时也称创新潜力，是指一种隐含于个体内的隐性能力状态，主要由某一领域的基础知识和经验、创造性人格和认知风格、创造性思维能力、创造性实践技能等要素构成。心理学研究表明，创新潜质具有以下特点：

一是思维流畅，即以准确、广阔的信息存储方式，有利于迅速产生连续反应，善于掌握事物的内在联系，不追求唯一正确的答案；

二是思维灵活，不受事物原有形象或功能约束，容忍模糊，注意力能适时转移；

三是感知敏锐，善于质疑，有很强的好奇心和观察力，注意力能够集中；

四是不盲从迷信权威，有很强的怀疑精神；

五是感知全面、客观，能调动各种感知事物，存储丰富的表象，独立性强；

六是敢于冒险，不怕失败，大胆创新；

七是宽容地对待各种设想，具有浪漫精神和超现实感；

八是富有想象力和幽默感，视觉表象丰富，能把两类距离很远的事物联系在一起。

（二）认识创新能力

1. 创新能力的概念

创新能力的内涵是个体运用一切已知信息，包括已有的知识和经验等，产生某种独特、新颖、有社会或个人价值的产品的能力。它包括创新意识、创新思维和创新技能等三部分，核心是创新思维。创新能力有时也表现为相互关联的两部分：一是对已有知识的获取、改组和运用；二是对新思想、新技术、新产品的研究与发明。创新能力应具备基础知识、专业知识、工具性知识或方法论知识及综合性知识四类。

创新能力是个体运用已知信息、知识、经验等，创造某种独特、新颖、有社会或个人价值的产品的能力。它包括创新精神、创新思维、创新技能三个部分。其中，创新思维是核心。

（1）创新精神是创新的意识、兴趣、勇气和毅力。经验性研究证明，具有创新精神的人常常是不满足于现实，有强烈的批判态度；不满足于自己，有持续的超越精神；不满足于以往，有积极的反思能力；不满足于成绩，有旺盛的开拓进取精神；不怕困难，有冒险献身的精神；不怕变化，有探索求真的精神；不怕挑战，有竞争合作的精神；有强烈的好奇心，旺盛的求知欲，丰富的想象力和广泛的兴趣等。

（2）创新思维是个体在观念层面新颖、独特、灵活的问题解决方式，创新思维是创新实践的前提与基础。具有创新思维的人常常感受敏锐，思维灵活，能发现常人视而不见的问题并能多角度地考虑解决办法；理解深刻，认识新颖，能洞察事物本质并能进行开创性地思考。

（3）创新技能是指将创新活动付诸实施的技巧和操作能力，是一种方法能力。它包括信息加工能力、实验操作能力、技法运用能力和创新物化能力等方面。只有切实地掌握创新技能，才能使创新思维落地，使创新活动得以顺利实施，才能够最终获得丰硕的创新成果。

如果一个人不具备创新能力，必将成为庸才；如果一个企业缺乏创新能力，必将在激烈的市场竞争中遭受惨痛的失败，如果一个民族没有创新能力，必将沦为落后的民族。在科学技术飞速发展的今天，创新能力越来越成为一个国家国际竞争力和国际地位的重要影响因素。

2. 创新能力缺失的原因

一是缺乏创新意识和创新欲望，忽略了自己在创新能力方面的培养。其表现为：学习上求知欲不足，依赖性强，不注重思考和质疑，缺乏"问题意识"，主观上不注重创新能力的获取和提升。

二是缺乏创新兴趣。对创新不感兴趣，缺乏创新所需要的深度和广度。创新兴趣是推动人们积极从事创新工作的动力，是人们在艰辛烦琐的创新探索中的快乐源泉。若创新兴趣缺乏就难以激发创新潜能，也就无法满足创新工作需要的广度和深度。

三是思维惯常定式。长期思维实践中，每个人都会形成自己所惯用的思维模式，当面临外界事物或现实问题的时候，就会不假思索地把它们纳入特定的思维框架，并沿着特定的思维路径对它们进行思考和处理，这就是思维的惯常定式。法国生物学家贝尔纳说："妨碍人们学习的最大障碍，并不是未知的东西，而是已知的东西。"

四是在创新的崇尚意识与参与行为之间存在较大反差。其表现为：认识上追求创新，体现出了比较积极主动的精神状态；但行动上不能落实，主动作用发挥不够，投身实践的勇气和能力欠缺。

地图的另一面

一位牧师为了转移哭闹不止的儿子的注意力，将一幅色彩缤纷的世界地图，撕成许多细小的碎片丢在地上，许诺说："小约翰，你如果能拼起这些碎片，我就给你2元钱。"牧师以为这件事会使约翰花费很多时间，但是十几分钟，小约翰便拼好了。牧师："孩子，你怎么拼得这么快？"小约翰很轻松地答道："在地图的另一面是一个人的照片，我把这个人的照片拼在一起，然后把它翻过来。我想，如果这个'人'是正确的，那么，这个'世界'也就是正确的。"牧师微笑着给了儿子2元钱。

【分析】正面的地图难拼，背面的"人像"却很容易。成年人容易习惯按部就班，小孩却能另辟蹊径。原因在于，成年人习惯带着指向性地解决问题，小孩却能在玩耍心态下，发现另外的世界。

（三）创新能力的自我评估

1. 组成创新能力的要素

创新能力是由两部分组成的，一部分是对已有知识的获取、改组和运用，可以理解为一般意义上所说的智力。体现为学习力、认知力、理解力、想象力等多种要素。

另一部分是对新思想、新技术、新产品的研究与发明，可以理解为一般意义上所说的问题解决能力。其表现为一个人面对复杂工作局面时，能否发现机遇并抓住机遇。可以概括为感知力、变通力、沟通力、前瞻力、判断力和信息利用力等要素。

2. 创新能力评估的维度

（1）学习能力，即获取、掌握知识、方法和经验的能力，包括阅读、写作、理解、表达、记忆、搜集资料、使用工具、对话和讨论等能力。德鲁克说："真正持久的优势就是怎样去学习。"

（2）分析能力，即把事物的整体分解为若干部分进行研究的本领，做到由表及里、由浅入深、由易到难地认识事物和问题。分析能力与个人的知识、经验和禀赋、分析工具和方法的水平、共同讨论与合作研究的品质有关。

（3）综合能力，即把研究对象的各个部分结合成一个有机整体进行考察和认识的技能和本领。综合能力包括思维统摄与整合的能力、积极吸收新知识的能力和研究分析的能力。

（4）想象能力，即以一定知识和经验为基础，通过直觉、形象思维或组合思维，不受已有结论、观点、框架和理论的限制，提出新设想、新创见的能力。

（5）批判能力，即在学习吸收已有知识和经验时，批判性地吸收和接受。在研究和创新时，质疑和批判是创新的起点，重大创新成果通常都是在对权威理论进行质疑和批判的前提下做出的。

（6）创造能力，即首次提出新的概念、方法、理论、工具、解决方案、实施方案等的能力，是创新人才的禀赋、知识、经验、动力和毅力的综合体现。

（7）解决问题能力，即针对问题，能够调动已有的经验、知识和方法，创造性地组合已有的方法乃至提出新方法来予以解决。

（8）实践能力，即社会实践能力，是为实现创新目标进行的各种社会实践活动的能力。

（9）组织协调能力，即合理调配系统内的各种要素，发挥系统的整体功能，通过沟通、说服、资源分配和荣誉分配等手段来组织协调各方以最终实现创新目标。

（10）整合多种能力的能力。创新人才能把多种才能有效地整合在一起发挥作用。只有通过学习、实践和人生历练，创新人才才能拥有整合多种能力的能力。

经典分享

日本"方便面之父"创新意识贯穿后半生

从1958年第一份方便面问世，如今全世界每年要消费近900亿份方便面。安藤百富1910年出生在中国台湾嘉义，原名吴百富。1957年，安藤担任理事长的信用社破产，他经营的其他产业都被用来抵债，剩下的只有位于大阪府池田市的私宅。

当时，日本经济处于开始腾飞的最初阶段，人们生活节奏明显加快，安藤决定研制快速冲泡后食用的拉面。他在家里专门搭出一间小屋，埋头研制方便面。多次失败后，安藤从妻子炸"天妇罗"（日本传统油炸食品，用蔬菜、虾等裹上面粉下油锅炸成）中得到启发，发明了"瞬间热油干燥法"，用这种方式炸面条，水分能快速挥发，面条上还会出现细孔，用开水一泡，水分能迅速渗入面条，恢复面条的弹性。继而，安藤对调味料进行反复调配。1958年8月25日，世界上第一份方便面"鸡肉拉面"正式上市，定价为35日元。从当时日本物价水平看，方便面定价不菲，但在市场宣传、免费品尝等攻势下，方便面很快在日本掀起热潮。

时年已48岁的安藤百富开始了贯穿后半生的事业。当年年底，安藤创立日清食品株式会社。方便面很快成为时代的宠儿，效仿者不断出现。安藤很快意识到，必须规范市场，才能维护新产品的声誉。1961年，他注册了"鸡肉拉面"商标。1962年，安藤取得"方便面制作法"专利，并据此向113家同业发出警告。但到1964年，安藤成立日本拉面工业协会，把方便面专利转让给业界。

安藤说，此举是为了把行业做大，从而给老百姓提供价廉物美的方便面。1966年，安藤在美国考察时意识到，欧美饮食中没有碗、筷等东方人普遍利用的餐具。为适应欧美市场，安藤发明了"杯面"和"碗面"。1971年9月，世界首份"杯面"上市。至今已累计卖出200亿份"杯面"。

【分析】从这个案例可以看到，安藤百富具有的创新精神让第一份方便面诞生，又让杯面、碗面问世。创新精神是一种勇于抛弃旧思想、旧事物，创立新思想、新事物的精神。它不断追求新知，不断进行变革，不迷信书本和权威，更不人云亦云。

 课 堂 活 动

测评创新潜质

1. 目标

通过创新潜质测试，了解自己的潜质。

2. 规则与程序（20分钟）

步骤一：学生做自测题。

下面的每道问题，如果符合你的情况，请在括号里打"√"，不符合的则打"×"。

（1）你平时说话、写文章时总喜欢用比喻的方法。　　　　　　　　（　　）

（2）你在做事、观察事物和听别人说话时，能专心致志。　　　　　（　　）

（3）你能全神贯注地做自己喜欢的事情。　　　　　　　　　　　　（　　）

（4）你并不认为权威或有成就者的观点一定正确。　　　　　　　　（　　）

（5）当你终于解决了一道难题或完成了一项任务时，总有种兴奋感。（　　）

（6）喜欢寻找各种事物存在的各种原因。　　　　　　　　　　　　（　　）

（7）观察事物时，向来都很认真，能注意到细节方面。　　　　　　（　　）

（8）能够从别人的谈话中发现问题所在。　　　　　　　　　　　　（　　）

（9）在进行带有创造性的活动时（如写作文、画画、做手工等）常常废寝忘食。

　　　　　　　　　　　　　　　　　　　　　　　　　　　　　　（　　）

（10）能主动发现一些别人不在意的问题，并发现与问题有关的各种联系。

　　　　　　　　　　　　　　　　　　　　　　　　　　　　　　（　　）

（11）平时都是在学习或琢磨问题中度过的。　　　　　　　　　　（　　）

（12）好奇心比较强烈。　　　　　　　　　　　　　　　　　　　　（　　）

（13）如果对某一问题有了新发现时，总是感到异常兴奋。　　　　（　　）

（14）通常情况下，对事物能预测其结果，并能通过自己的研究得出结果。

　　　　　　　　　　　　　　　　　　　　　　　　　　　　　　（　　）

（15）平常遇到困难和挫折时，表现都很顽强。　　　　　　　　　（　　）

（16）经常思考事物不同于原来的新答案和新结果。　　　　　　　（　　）

（17）有较强的洞察力，能够一针见血地指出关键问题。　　　　　（　　）

（18）在解题或研究课题时，总喜欢在解题方法上求新、求异。　　（　　）

（19）遇到问题时能从多个角度、多个方面探索解决，而不是固定在一种思路上或局限在某一方面。　　　　　　　　　　　　　　　　　　　（　　）

（20）脑子里总是能够涌现一些新的想法，即使在游玩时也常能产生新的设想。

（　　）

步骤二：评估学生成绩。

备注：打"√"得1分，打"×"得0分。20分，说明个人的创新能力很强；16～19分，说明个人具备了较强的创新能力；10～15分，说明个人创新能力一般，应加强培训；小于10分，说明个人创新能力较差，必须加强培训。

步骤三：教师点评，激发学生学习创新的欲望。

模块二　培养创新思维

模 块 导 读

　　"创新是一个民族进步的灵魂，是一个国家兴旺发达的不竭动力。"中华民族自古以来就非常重视创新能力的培养。1919年，我国著名教育家陶行知先生第一次把"创造"引入教育领域，提出要培养具有"创造精神"和"开辟精神"的人才，培养学生的创新能力对国家富强和民族兴亡有重要意义。

　　本模块第一节主要引导学生突破思维定式、培育创新性思维。创新性思维主要包括发散思维、收敛思维、逆向思维、侧身思维、"互联网＋"思维等不同的思维方式。尤其是"互联网＋"思维，对当下的创新创业生态而言，是新兴的也是最重要的一种创新思维路径。

　　本模块第二节主要阐述人们在生活和工作中经常会应用到的各种创新方法，包括头脑风暴法、思维导图法、奥斯本检核表法、组合法、列举法等。

　　结合创新方法应用，本模块第三节介绍了创新商业模式的要素、特征和类型，探讨了商业模式设计创新的路径。

　　本模块安排了较丰富的训练游戏，学生可以从中掌握创新思维训练的规律，如果能认真实践，并利用这些方法勤加练习，相信一定能成为具有创造力的人才。

第一节　突破思维定式

能力目标

（1）了解常见思维定式的负面影响。

（2）讨论创新方法中的典型案例，感受创新对于解决问题的重要性。

（3）学习"互联网＋"思维的特点和内容，能识别常用的"互联网＋"思维方法。

突破思维定式

 引入案例

没有创新，企业就死了

1993年，俞敏洪创办北京新东方教育科技（集团）有限公司（简称"新东方"），仅是一个针对出国留学人员的培训小机构，籍籍无名。如今，新东方从小到大，早已坐上国内教育培训行业的头把交椅。

但成长的路并不平坦。2012年，新东方遭受美国证券监管部门（SEC）的调查；2013年，新东方出现自2007年以来的首次季度亏损；在线教育行业资本大量涌入，新兴创业公司不断向新东方叫板，放言颠覆。

于是，"转型"和"自我颠覆"成为俞敏洪和新东方的关键词。

从2013年年末开始，新东方在线主要课程开始陆续主推智能学习平台。线下业务也向"互联网＋"转型。2014年，俞敏洪与华泰联合证券公司前董事长盛希泰共同成立了洪泰基金，专注天使投资。这些努力和调整最终反映到了新东方节节攀升的业绩上。

依据规划，新东方一方面会继续坚定地做线上线下相结合的O2O生态系统，另一方面也会探索纯粹的线上教学，主要针对18岁以上的成人教育。此外，新东方还计划收购那些可加入到新东方生态系统的公司或者学校，做更多的少数持股投资。

对于颠覆和转型，俞敏洪认为："在商业中间，有些事情是必须用颠覆的思维来考虑的，但有的事情依然需要用发展的思维来考虑。在教育领域，我认为是颠覆和发展的结合。例如，一些教学手段是需要被颠覆的，但是教育的本质应该是循序渐进地、更好地培养学生。"在俞敏洪看来，多年以来新东方是在变化中不断成长的，每一次创新，每一次变革，都为新东方带来新的生命，这种创新和变革还会持续下去。

【分析】新东方从小到大，从弱到强，从一帆风顺到经历波折，从纯粹线下教育到线上线下相结合，从只做教育到开始做天使投资；其发展历程充分证明了创新对于企业的重要性，证明了创新思维在企业家精神中的地位。正因如此，俞敏洪才在受访中表示"没有创新，企业就死了"。

实践证明，无论何时，都不能忽视创新。创新思维是创新的核心与灵魂。在本节，我们将探讨如何突破思维定式，认知多种创新思维。

一、常见思维障碍

（一）习惯性思维障碍

通过习惯性思维解决一些简单问题，可能会节省时间；但对于比较复杂的问题，如果也使用习惯性思维，就会使我们犯错，或者面对新问题时一筹莫展。

假设有 A、B 两点，请想一种办法将 A 与 B 连接起来。很多人的第一反应就是用一条直线连接，如图 2-1（a）所示，但是不是还可以拥有更多变化呢？

图 2-1（b）是用一条曲线将 A、B 两点进行连接；图 2-1（c）是用一个天使的图案将 A、B 两点进行连接；图 2-1（d）是用一个地球的图案将 A、B 两点连接起来；在图 2-1（e）中则更具有创新性，把孩子比作 A 点，把父亲比作 B 点，并用孩子与父亲的握手关系把 A、B 两点连接。

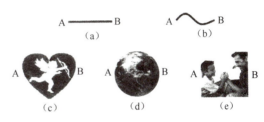

图 2-1　习惯性思维障碍

（二）直线型思维障碍

直线型思维障碍的人普遍认为：是即是，非即非，除此之外都是错误。他们往往对"是中有非、非中有是，对中有错、错中有对，失败中包含成功、成功中包含失败"等情况认为不可思议。

案　例

竹禅和尚巧画九尺佛像

有一年，竹禅和尚云游北京，被召到皇宫作画。皇宫里画家很多，各有所长。一天，宫里宣布："一张五尺宣纸，慈禧太后要画一幅九尺高的观世音菩萨像，谁来接旨？"画家中无人敢应命，因为五尺纸怎能画九尺高的佛像呢？这时，竹禅和尚想了一想就说："我来接旨！"说完，他磨墨展纸，一挥而就。大家一看，无不惊奇叹绝，心悦诚服。此画传到慈禧手中，慈禧也连连称赞。原来，竹禅画的观世音菩萨，正弯腰在拾净水瓶中的柳枝，如果直起腰来正好九尺。

【分析】一般画家不能画的，竹禅和尚画出来了。竹禅和尚靠的是什么？他靠的是创新，是突破常规思维的丰富想象力。

（三）权威型思维障碍

有人群的地方就会有权威，权威是任何时代和社会都实际存在的现象。不少人习惯引用权威的观点，以权威的是非为是非；一旦发现与权威相违背的观点或理论，便想当然认为必错无疑。尊重某一领域的权威本身没有错，然而这并不代表权威说的都正确，尊重不能演变为迷信。

 **案　例**

伽利略的试验

古希腊权威思想家亚里士多德曾断言：物体从高空落下的快慢同物体的重量成正比，重者下落快，轻者下落慢。后来，人们都把这个错误论断当作真理而信守不移。直到 16 世纪，伽利略才发现了这一理论在逻辑上的矛盾。

伽利略说，假如一块大石头以某种速率下降。那么，按照亚里士多德的论断，一块小些的石头就会以相应慢些的速率下降。要是我们把这两块石头捆在一起，那这块重量等于两块石头重量之和的新石头，将以何种速率下降呢？一方面，新石头的下降速率应小于第一块大石头的下降速率，因为加上了一块以较慢速率下降的石头，会使第一块大石头下降的速率减缓；另一方面，新石头的下降速率又应大于第一块大石头的下降速率，因为把两块石头捆在一起，它的重量大于第一块大石头。这两个互相矛盾的结论不能同时成立，可见亚里士多德的论断是不合逻辑的。伽利略进而假定，物体下降速率与它的重量无关。为了证明这一观点，1589 年的一天，比萨大学青年数学讲师，年方 25 岁的伽利略，同他的辩论对手及许多人一道来到比萨斜塔。伽利略登上塔顶，将一个重 100 磅和一个重 1 磅的铁球同时抛下。在众目睽睽之下，两个铁球出人意料地在同一时间一起落到地上。面对这个实验结果，在场观看的人个个目瞪口呆，不知所措。这就是科学界著名的"比萨斜塔试验"。它以事实证明，轻重不同的物体，从同一高度坠落，加速度一样，将同时着地，从而推翻了亚里士多德的错误论断。

【分析】比萨斜塔试验作为自然科学实例，为"实践是检验真理的唯一标准"提供了一个生动例证，同时也是突破权威型思维障碍的典型案例。

（四）从众型思维障碍

从众，就是跟从大众、跟随大流，它是思维障碍中最常见、最重要的因素之一。人的认识具有不平衡性，真理有时掌握在少数人的手里。而少数服从多数的这一心理，常常会掩盖和抹杀许多真理，从而压抑人的创造性。

 **案　例**

猴子为何不吃香蕉

将 5 只猴子放在一个笼子中，并在笼子中间吊上一串香蕉。只要有猴子伸手拿香蕉，就用高压水冲所有猴子，直到没有一只猴子敢动手。试验的下一步是用一只新猴子换出笼中的一只猴子。新来的猴子不知"规矩"，动手去拿香蕉，结果触怒了笼中的原来 4 只猴子。4 只猴子代替人执行惩罚任务，把新来的猴子暴打一顿，直到它服从这里的规矩为止。试验人员如此不断地将最初经历过高压水惩戒的猴子换出来，最后笼子中的猴子全是新猴子了，但再也没有一只猴子敢去碰香蕉。

【分析】猴子天生爱吃香蕉，可是偶然出现"不许拿香蕉"的制度后，这一违背猴子天性的制度居然自我强化而成为它们的第二天性。最初猴子们不让群体中的任何一个去拿香蕉是合理的，为的是免受"连坐"之苦。但后来条件改变了，人和高压水都不再介入，新猴子在未知原因与背景的情况下，也遵守着"不许拿香蕉"的规矩，说明了思维定式的可怕与不合理。在很多场合，因为"别人都这么做"，就不需什么理由来解释"我为什么也这样做"，可见思维从众定式的影响之大。

（五）书本型思维障碍

许多人认为一个人对于书本中的知识掌握多了，如上了大学，读了硕士、博士，就必然拥有很强的创新能力；还有人认为书本上写的都是正确的，如果发现自己的情况与书本上不同，那就是自己错了。所以书上没有说的不敢做，书上说不能做的更不能做，读书比自己多的人说的话都是"金科玉律"，不能怀疑。一味地迷信和盲从"书本"，这就是书本型思维障碍。

（六）经验型思维障碍

经验可指经历、体验，也泛指由实践得来的知识或技能，有时也指由历史证明了的结论。

在经验与创新思维的关系上，问题较为复杂。一方面，随着时间推移，人们的经验具有不断增长、不断更新的特点，经过对各种经验的比较，发现其局限性，进而开阔眼界、增强见识，人们的创新思维能力才能得以提高；另一方面，经验含有其稳定的特性，因而也可能导致人们对经验过分依赖，形成固定思维模式，结果就会削弱想象力，造成创新思维能力下降。这就是经验型思维障碍。

（七）自我中心型思维障碍

自我中心型思维障碍包括两种，一是过于迷信自己，秉持一己之见，自以为是、刚愎自用，听不得不同声音和不同意见；二是存在着反面类型的"自我中心"，如存在自卑、麻木、偏执、浮躁、懒惰、封闭、怯懦、侥幸等心理。

 案　例

失 街 亭

三国时蜀国大将马谡本有一定的军事才能，但在被诸葛亮夸奖几次后就慢慢骄傲自大起来。诸葛亮派他守街亭，他不按指令依山傍水部署兵力，却骄傲轻敌，自作主张地想将大军部署在远离水源的街亭山上。副将王平多次劝阻，马谡不但不听，反而自信地说："马谡通晓兵法，世人皆知，连丞相有时都请教于我，而你王平生长戎旅，手不能书，知何兵法？"魏国大将张邰进军街亭，侦察到马谡舍水上山，立即挥兵切断水源，断粮道，将马谡大军围困于山上，然后纵火烧山。蜀军饥渴难忍，军心涣

散，不战自乱。魏军乘势进攻，蜀军大败。马谡失守街亭，战局骤变，迫使诸葛亮退回汉中，马谡也因此被诸葛亮挥泪斩首。

【分析】诸葛亮其实也和马谡一样，犯了"自我中心"错误。刘备生前认为马谡常常言过其实，不能重用，临终前再三叮嘱诸葛亮，可诸葛亮并没有听取。所以我们在实践中应坚持"兼听则明，偏听则暗"原则，遇事多方思考，反复论证，则失误出现的情况就会大大减少。

（八）如何破除思维定式

1. 保持对世界的热情

"皮格马利翁效应"指出，人心中怎么想、怎么相信就会如此成就。只要充满自信的期待，真的相信事情会顺利进行，事情一定会顺利进行；相反，如果你相信事情不断受到阻力，这些阻力就会产生。

突破思维
定式——创新
思维（上）

创新离不开热情。爱迪生曾经说过，有史以来，没有任何一件伟大的事业不是因为热忱而成功的。热情就是让人在面对困难坚持下来的精神力量，它激励和鼓舞着一个人持续努力；热情让人能够精力充沛，达到废寝忘食的境界，达到忘我的水平，充分激发内在潜能。

2. 换个角度看世界

有一则寓言故事：两条小鱼一起游泳，碰巧遇到了一条老鱼。老鱼向它们点头，说："早上好，孩子们，水怎么样啊？"这两条小鱼继续向前游，其中一条小鱼实在忍不住了，问另一条小鱼："水是什么东西？"

很多时候我们就像这两条小鱼，对生活中常见的东西习以为常，觉得没有任何新鲜性。殊不知，也许换个视角，我们就会有诸多新发现。

美国科学家贝尔说，创新有时需要离开常走的大道，潜入森林，你就肯定会发现前所未见的东西。换个角度看世界，是一种突破，一种超越，一种创新。

3. 放飞想象

爱因斯坦指出，想象力比知识更重要，因为知识是有限的，而想象力概括着世界的一切，推动着进步，并且是知识进化的源泉。知识有相对固定的含义，而想象力却没有确切的空间范围，创造性劳动属于未知领域。如果人类只局限于自己所发现的知识，就会止步不前。唯有想象力才能让人们超越已知，走向未知。

在想象中，人们可以使对象以现在不可能的方式存在，呈现出现实中不可能的特点，从中获得启发，从而使人的认识走向深入。例如，18世纪初，人们对电的认识还很有限，富兰克林根据自己的经验，把电想象为一种电流体，认为这种流体充塞于一切物体之中。当它处于稳定状态时，物体不带电；流体过多时带正电，过少时带负电。据此想象，富兰克林开创了电学研究的新纪元。

二、发散思维

创新思维使人能突破思维定式去思考问题，从新的思路去寻找解决问题的方法。近年来，常用的创新性思维有发散思维、收敛思维、逆向思维、侧向思维、"互联网＋"思维等。

（一）发散思维的概念

发散思维是根据已有的某一点信息，运用已有的知识、经验，通过推测、想象，沿着各种不同的方向去思考，重组记忆中信息和眼前信息，产生出新信息的一种思维方式。

发散思维又称辐射思维、扩散思维和求异思维，它沿着不同的角度、方向思考问题，从多方面寻找问题的答案。发散思维作为一种极具创造力的思维活动，使人们在思维过程中不受任何框框限制，充分发挥探索性和想象力，突破已知领域，从一点向四面八方想开去，找出更多更新的可能答案、设想或解决办法。

（二）发散思维的方法

心理学家曾做过这样的试验：在黑板上画一个圆圈，问学生是什么？其中大学生回答很一致："这是一个圆。"而幼儿园的小朋友则给出了各种各样的答案："太阳""皮球""镜子"……可谓五花八门。或许大学生的答案更加符合所画的图形，但是比起幼儿园孩子来说，他们的答案是不是反而显得单调呆板呢？我们倡导用发散思维突破惯性，让思维向四面发散开。当然，在思维开始发散前，先要确定一个出发点，就是要有一个辐射源。在确定好辐射源之后，可以就事物的整体进行发散，也可以就事物的某一特征或者某一局部进行发散，还可以就事物的性质和作用进行发散。具体来说，一般有以下几种方法。

1. 材料发散

材料发散是以某个物品作为"材料"发散点，设想它的多种用途。据说南非人菲利普给出了一个煮得半熟的鸡蛋40种不同用法。

练习：请尽可能多地列举出粉笔的各种用途。

2. 功能发散

功能发散是以某种事物的功能为发散点设想出实现该功能的各种可能性。

练习：在寒冷的冬天如何御寒？

3. 结构发散

结构发散是以某种事物的结构为发散点，设想出利用该结构的各种可能性。

练习：尽可能多地列举出"立方体"结构的物体（已发明或自己设想出来的）。

4. 关系发散

关系发散是以某种事物为发散点，尽可能多地设想这种事物与其他事物之间的各种联系。

练习：请列出与学校有关的人。

5. 形态发散

形态发散是以某种事物的形态（如形状、颜色、音响、味道、气味、明暗等）为发散点，设想出利用某种形态的各种可能性。

练习：请尽可能多地设想利用铃声可以用来做什么？

6. 组合发散

组合发散是以事物之间的组合为发散点，尽可能多地设想不同事物之间的不同组合，可能会产生的新的功能或价值（或附加价值）。

练习：请尽可能多地列举出音乐可以同哪些东西组合在一起？

7. 方法发散

方法发散是以人们解决问题或制造物品的某种方法为发散点，设想出利用该种方法的各种可能性。

练习：尽可能多地列举出用"摩擦"的方法可以做哪些事情或解决哪些问题？

8. 因果发散

因果发散是以某种事物发展的结果为发散点，推测造成该结果的各种原因；或以某种事物发展的起因为发散点，推测可能发生的各种结果。

练习：请尽可能多地列出语文学习成绩好的各种可能原因。

案　例

红砖的用途

"红砖可以造房子、铺路、搭锅灶、砌鸡舍和狗窝、筑炮台、建牢房、筑城墙……"这位回答者的思维实际受到"砖头是建筑材料"思想的束缚，因而这些回答未能跳出"建筑材料"这个圈子。

有人补充说："红砖除了做建筑材料用，还可以用作工具——打人打狗、敲钉子、练气功、垫桌脚、压东西、当锤子、压船舱，还可以用来吸水、作磨刀石，另外还可以卖钱……"他的思维发散性更强，想到了砖头的多种用途，但仍是"零敲碎打"，流畅性和变通性受到限制。

第三个人的思维方法就要高明多了，他首先把红砖的各种要素或特性列出来：①红砖由一定的物质构成；②有重量；③有体积；④有价值；⑤有形状；⑥有机械强度；⑦有颜色；⑧有功能；⑨有化学特性；⑩有时间性等。然后，再一个方面一个方面地思考它的具体用途。例如，砖头有形状，因而可以用砖头组合成各种文字，再由字组合成各种句子、成语、诗歌，还可组成文章；字，有中文，有英文、俄文、拉丁文、阿拉伯文、日文、韩文等，并由此想开去……又如，砖头有一定硬度，可以用来雕刻各式各样的图案。

【分析】发散思维，也不宜完全无方向、无范围。有时候，分门别类地进行有序发散，比无序发散，可能产生的点子还更多、更好。

三、收敛思维

（一）收敛思维的概念和特点

收敛思维又称聚合思维、聚焦思维和集中思维。它是指以某个问题为中心，运用多种方法、知识或手段，从不同角度，将思维指向这个中心点，经过比较、排除、综合分析后，找到一种思维方法，这种思维方式是解决问题的最合理方案。

运用收敛思维进行创新，首先要明确目标。确定搜寻目标（注意目标），进行认真观察，做出判断，找出其中的关键，围绕目标定向思维，目标的确定越具体越有效。如果说发散思维的思考方向是以问题为原点指向四面八方的，具有开放性；那么，收敛思维则是把许多发散思维的结果由四面八方集合起来，选择一个合理的答案，具有封闭性。

常用收敛思维方法还有辏合显同法、分析综合法（层层剥笋法）、目标确定法、聚焦法等。

 案 例

徐光启与《除蝗疏》

明朝时，江苏北部曾出现了可怕的蝗灾。蝗虫一到，整片庄稼都被吃掉，人们颗粒无收。徐光启看到人民的疾苦，想到国家的危亡，毅然决定研究治蝗之策。他搜集了自战国以来2000多年有关蝗灾情况的资料。在这浩如烟海的材料中，他注意到蝗灾发生的时间是有规律的。151次蝗灾中，发生在农历四月的有19次，五月的有12次，六月的有31次，七月的有20次，八月的有12次，其他月份总共只有9次。从而他确定了蝗灾集中发生的时间，大多在夏季炎热时期，以六月最多。另外他从史料中发现，蝗灾大多发生在河北南部、山东西部、河南东部、安徽和江苏两省北部。为什么多集中于这些地区呢？经过研究，他发现蝗灾与湖沼分布较多有关。他把自己的研究成果向百姓宣传，并且向皇帝呈递了《除蝗疏》。

【分析】徐光启在构思《除蝗疏》的整个思维过程中，运用的思考方法就是"辏合显同法"。对海量材料进行同一性分析，就会找出规律。

1. 辏合显同法

辏合显同法是收敛思维的一种，它就是把所有感知到的对象依据一定的标准"聚合"起来，显示它们的共性和本质。

2. 分析综合法

人们在思考问题时，最初认识的仅仅是问题的表层（表面）；然后，层层分析，向问题的核心一步步逼近，抛弃那些非本质的、繁杂的特征，以便揭示隐蔽在事物表面现象内的深层本质。

3. 目标确定法

确定搜寻目标（注意目标），进行认真观察，做出判断，找出其中的关键，围绕目标定向思维，目标的确定越具体，成果越有效。

4. 聚焦法

聚焦法，就是人们常说的沉思、再思、三思，是指在思考问题时，有意识、有目的地将思维过程停顿下来，并将前后思维领域浓缩和聚拢起来，更有效地审视和判断某一事件、某一问题或某一片段信息。由于聚焦法带有强制性指令色彩，可从两方面运用：其一，可通过反复训练，培养定向、定点思维的习惯，形成思维的纵向深度和强大穿透力，犹如用放大镜把太阳光持续地聚焦在某一点上；其二，经常对某一片段信息、某一件事、某一问题进行有意识的聚焦思考，自然会积淀起对这些信息、事件、问题的强大透视力、溶解力，更利于有效解决问题。

（二）收敛思维训练

高尔基童年在食品店干杂活，曾碰到一位刁钻的顾客，"订九块蛋糕，但要装在四个盒子里，而且每个盒子里至少要装三块蛋糕"。高尔基运用发散思维设想了好几种方案，最后运用收敛思维找到的解决办法是：先将九个蛋糕分装在三个盒子里，每盒三块；然后再把这三个盒子一起装在一个大盒子里，用包装袋扎好。从这个例子可以看出，收敛思维要求选择出来的设想或方案是按照实用的标准来决定的，应当是切实可行的，有很强的求实性。

（三）收敛思维与发散思维的关系

收敛思维也是创新思维的一种形式。与发散思维不同，发散思维是为了解决某个问题，从这一问题出发，想的办法、途径越多越好，总是追求更多的办法。而收敛思维是为了解决某一问题，在众多的现象、线索、信息中，向着问题某一个方向思考，根据已有的经验、知识，寻找最优、最好的解决办法。

1. 思维指向相反

收敛思维是由四面八方指向问题的中心，发散思维是由问题的中心指向四面八方。

2. 两者的作用不同

收敛思维是一种求同思维，要集中各种想法的精华，达到对问题的系统全面考察，为寻求一种最有实际应用价值的结果而把多种想法理顺、筛选、综合、统一。发散思维是一种求异思维，为在广泛的范围内搜索，要尽可能地放开，把各种不同的可能性都设想到。

3. 两者之间的辩证关系

收敛思维与发散思维是一种辩证关系，既有区别，又有联系，既对立又统一。没有发散思维的广泛收集，多方搜索，收敛思维就没有了加工对象，无从进行；反过来，没有收敛思维的认真整理，精心加工，发散思维的结果再多，也不能形成有意义的创新结果。只有两者协同，交替运用，一个创新过程才能圆满完成。

丹麦天文学家第谷对行星运动规律的观察长达 30 多年，积累了大量资料，但是他的思维没有进行发散，总是按照当时已经问世的托勒密的"地心说"去考虑问题，所以没有得出行星运行规律的最终结果。开普勒成了他的学生后，分析了第谷的资料，进行了发散思维，按照当时哥白尼的"日心说"观点，假设火星在圆形轨道上绕太阳运行，然后又运用收敛思维，发现理论计算结果与资料不符。他又进行第二次发散思维，假定火星沿着椭圆形轨道绕日运行，太阳处在椭圆的一个焦点上，然后又运用收敛思维，进行资料运算，结果验证了他的假说是对的。最后实现了行星运动三大规律的发现，奠定了天体力学的基础。

四、逆向思维法

（一）逆向思维的概念

逆向思维也称逆反思维，与正向思维或常规思维相反，即以对立、颠倒、逆转、反面等方式认识问题或解决问题的思维。

逆向思维法作为一种方法论，具有明显的工具意义。它与传统的、逻辑的或群体的思考方向完全相反，表现为反传统、反常规、反顺向。从广义上说，一切与原有的思路相反的思维都可叫作逆向思维。它是人们为了达到一定目标，从相反的角度来进行思考的一种思维方式。它以悖逆常规常理或常识的方式去寻找解决问题的新途径、新方法，在理论创新、技术创新、产品创新上都有出奇的作用。

突破思维
定式——创新
思维（下）

案　例

圆珠笔漏油问题的解决

圆珠笔于 1938 年就发明了，但因一直存在笔珠磨损导致漏油的缺点而未得到广泛的应用。为解决这个问题，人们开始按照常规的思维方式进行思考，即从分析圆珠笔漏油的原因入手来寻求解决办法。漏油的主要原因是由于笔珠受磨损而蹦出，油墨就随之流出。因此，人们首先想到的解决方法就是增强圆珠笔珠的耐磨性。于是按照这个思路，人们在增强笔珠耐磨性的研究上投入了大量精力，甚至有人想用耐磨性极强的宝石和不锈钢做笔珠。经过反复试验，这种思路又引发了新的问题，由于笔芯头部内侧与笔珠接触的部分被磨损的缘故笔珠仍然会蹦出，仍然会导致油墨流出，因此漏油的问题还是没有解决。正当人们对漏油问题一筹莫展之时，日本发明家中田藤三郎打破了思维常规，运用逆向思维解决了圆珠笔漏油问题。他认为不管使用什么材料做笔珠，圆珠笔都会在写到 20 000 多字的时候开始漏油，那么，解决问题的关键便不是选取什么材料做笔珠，而是控制圆珠笔的油墨量，如果所装的油墨在漏油前已经用完，不就可以解决漏油的问题了吗？于是他便改变了圆珠笔的油墨量，使所装的油墨写到 15 000 字左右就用完了，漏油的问题也就不存在了。

【分析】日本发明学会会长丰泽丰雄称赞圆珠笔漏油问题的方案为："真是一个绝妙的逆向思维方法"。

（二）逆向思维的分类

逆向思维主要分为四类，即结构逆向、功能逆向、状态逆向、原理逆向。

1. 结构逆向

结构逆向是指从已有事物的结构形式出发所进行的逆向思维，通过结构位置的颠倒、置换等技巧，使该事物产生新的性能。

2. 功能逆向

功能逆向是指从原有事物的功能出发进行逆向思考，以解决问题，获得创意。风力灭火器是消防员在扑灭火灾时使用的一种灭火器。在一般情况下，风常常是有助火势的，特别是当火力比较大的情况下。但有的情况下，特别是对付小股分散的火焰，风可以将大股的空气吹向火焰，使燃烧的物体表面温度迅速下降，当温度低于燃点时，燃烧就停止了。

3. 状态逆向

状态逆向是指人们根据事物某一状态的反向来思考，从中找出解决问题的办法或方案。在过去，木匠都使用锯和刨来加工木料，木料不动而工具动，实际上是人在动，因此人的体力消耗大，质量还得不到保证。为了改变这种状况，人们将加工木料的状态反过来，让工具不动而木料动，并据此设计发明了电锯和电刨，从而大大提高了效率和工艺水平，降低了人体的劳动强度。

4. 原理逆向

原理逆向是指从相反的方面或相反的途径对原理及其应用进行思考。意大利物理学家伽利略曾应医生的请求设计温度计，但屡遭失败。有一次他在给学生上实验课时，注意到水的温度变化引起了水的体积变化，这使他突然意识到，是不是可以倒过来想，由水的体积的变化也能看出水的温度变化？循着这一思路，他终于设计出了当时的温度计。正向思维与逆向思维相结合是人们进行创新思考的有效途径。通过两者的对立、统一，可以达到良好的互补效应，从而使思路更加开阔、灵便，促进创意和创新的产生。实践证明，在正向思维建立的同时也可以形成逆向思维。

（三）逆向思维的方法

逆向思维主要表现为思维逻辑逆推，以及方向、位置、顺序、优缺点、价值、原理、功能等方面的逆向思考。在具体的应用过程中，主要有如下方法。

1. 思维逻辑逆推

所谓思维逻辑逆推，就是指从要解决的问题的结果出发，从结果推出解决问题的方法。邓小平理论中的很多论断就是通过思维逻辑逆推得出的。

邓小平理论中的逆向思维

"三个有利于"标准从执政结果出发，体现着典型的逆向思维。

1992年初，邓小平在南方谈话中，郑重告诫全党全国人民，判断是非的标准应该主要看是否有利于发展社会主义社会的生产力，是否有利于增强社会主义国家的综合国力，是否有利于提高人民的生活水平。这"三个有利于"成为衡量改革成败、成效大小的根本标准和"试金石"。

【分析】"三个有利于"和邓小平理论中"不管黑猫白猫，能捉老鼠的就是好猫"一样，都是从结果出发，倒推产生的政治智慧。本身就是在有明确目标的前提下，逆向思维提出的行动纲领。

2. 方向逆向

所谓方向逆向就是通过改变事物的方向来解决问题。例如，市场上出售的无烟煎鱼锅就是把原有煎鱼锅的热源由锅的下面安装到锅的上面。这是利用逆向思维，对结构进行方向反转思考后的产物。

网球打气

网球与足球、篮球不一样，足球、篮球有打气孔，可以用打气针头充气。网球没有打气孔，漏气后球就瘪了。如何给瘪了的网球充气呢？

专业人士首先分析了网球为什么会漏气。我们知道，网球内部气体压强高，外部大气压强低，气体就会从压强高的地方往压强低的地方扩散，也就是从网球内部往外部漏气，最后网球内外压强一致了，就没有足够的弹性了。怎么使球内压强增大呢？运用逆向思维，考虑让气体从球外往球内扩散。应该怎么做呢？把软了的网球放进一个钢筒中，往钢筒内打气，使钢筒内气体的压强远远大于网球内部的压强，这时就会从高压钢筒往网球内"漏气"，经过一定时间，网球就充满气了。

【分析】改变压强"高""低"，变"球内向球外漏气"为"球外向球内漏气"，完美地解决了网球充气的难题，这正是方向逆向的典型案例。

3. 位置逆向

所谓位置逆向就是通过改变事物中组成部分所处的位置来解决问题。例如，日本在修筑大阪城时，解决从海岛搬运巨石的办法就是典型的位置逆向。

案　例

巨石载船

在日本，流传着一个著名的"巨石载船"的故事。日本大正11年（1522年），丰臣秀吉平定战乱之后，准备修筑大阪城。为了把大阪修成一座固若金汤的名城，需要很多巨大的石头。经过调查，得知在日本西部的一个海岛上可以采到合格的石头。那儿的石头每块有50张席子那么大，搬运很不方便。特别是装船东运时，一装船，就要把船压得沉到水下，试了几次，都不能把巨石运走。正当大家无计可施时，一个人站出来说："看来用船载石是不可能了，那就用石载船吧！"大家按照他的说法，把巨石捆在船底，使石头完全淹没在水中，而船却有一部分露在水面之上，这样果然顺利地把石头运到了大阪。

【分析】石头在船上时，石头很重，船所排开的水不足以使浮力与总重量达到平衡，船必然沉入水下。而石头在船下时，大体积的石头全部淹没，产生了相当的浮力，而后船体再排开一部分水，又产生一定的浮力，这样，总浮力就可以和总重量平衡了。"巨石载船"妙计，就是打破传统思路、运用逆向思维的结果。

4. 顺序逆向

所谓顺序逆向就是通过改变事物顺序来解决问题。

案　例

反季节养鸭

海南省崖县的农民孙会照，1982年开始养鸭，每只都养到6～7斤（1斤＝500克）才出售，结果因鸭大而滞销，顾客嫌一次性花钱太多不想买。孙会照反向经营，变大为小，把鸭养到2～4斤就上市，滞销变畅销。通常情况下，人们的思路是鸭养得越大越能赚钱，如果滞销了，只会怪顾客中吃鸭的人少了。而孙会照不仅细细琢磨顾客的心理，还进行了逆向思维，巧妙地解决了这个问题。

后来，孙会照又从市场供需中得到启示，每年鸭上市都集中在夏秋两个季节，这时鸭旺价贱，旺季一过，价格回升。他又进行了逆向思考，想能不能反季节养鸭呢？于是，他通过大胆实践，将饲养的鸭在淡季上市，从中获得了较高收益。

【分析】孙会照所使用的方法叫时差反弹——与季节相反，推出产品。目前在北方比较流行的反季节蔬菜种植也是典型的顺序逆向。物以稀为贵，反向经营反而得大利，这就是事物变化的辩证法。

5. 优缺点逆向

中国有句古话，叫作"有则改之，无则加勉"。就是说，有了缺点和错误，一定要

想办法改正；即使没有缺点和错误，也要时刻提醒自己，不要犯类似错误。没有人会喜欢缺点，但世上没有十全十美的事物，缺点在所难免。如果能化解对缺点认识的抵触情绪，不但能将损失降到最低，还有可能取得意想不到的效果。

 案　例

巧 用 缺 陷

　　詹姆士·杨是新墨西哥州高原上经营果园的果农。每年他都把成箱的苹果以邮递的方式零售给顾客。有一年冬天，新墨西哥高原下了一场罕见的大冰雹，色彩鲜艳的大苹果被打得疤痕累累，詹姆士·杨心疼极了，是冒着会被退货的风险继续销售呢，还是干脆退还顾客的订金呢？他越想越懊恼，歇斯底里地抓起受伤的苹果拼命地咬。忽然，他发觉这苹果虽然外表难看，却比以往更甜更脆，汁多味美。"唉，多矛盾！好吃却不好看。"他辗转反侧，夜不能寐。

　　一天，他忽然产生了一个创意。他把苹果装好箱，并在每个箱子里附了一张纸条，上面写着："这次寄送的苹果，表皮上虽然有点受伤，但请不要介意，那是冰雹的伤痕，这是真正在高原上生产的证据呢！在高原因气温较低，因此苹果的肉质厚实，有一种风味独特的果糖。"在好奇心驱使下，顾客无不迫不及待地拿起苹果，想尝尝味道。"嗯，好极了！高原苹果的味道原来是这样！"顾客们交口称赞。

　　陷入绝望的詹姆士·杨想出来的创意，不仅挽救了重大的危机，而且还产生了大量订单。

　　【分析】追求完美，是人之常情。对于事物的缺陷，是否就该一概排斥呢？詹姆士·杨的成功给了我们一个特别的启示：巧用缺陷也是一种能够达到成功的好方法。一般说来，发现事物的缺陷并不困难，要找可以利用的缺陷却不容易。因为缺陷多是人们在特定场合要排斥的，所以，人们往往习惯地认为在其他场合也应加以排斥而不考虑运用。在发现可利用的缺陷后，接着要分析缺陷，总结出这种被认定为缺陷的现象背后所隐藏的可以利用的原理和特性。在一定科学原理指导下，便可构思巧用缺陷的方案了。

6. 价值逆向

　　价值逆向，即将无用向有用逆向，就是把无用之物变成有用之物。生活中很多"无用"物品由于人们为其寻找到新的适用位置而获得新价值，可谓变废为宝。

7. 原理逆向

　　原理逆向就是从事物原理的相反方向进行思考，如上文讲到的温度计的发明。

8. 功能逆向

　　功能逆向就是按事物或产品现有的功能进行相反的思考，如上文讲到的风力灭火器就是这种例子。

五、侧向思维法

侧向思维法也叫横向思维法，是一种非逻辑的拓宽思路的方法。例如，解决现代城市中交通拥挤问题，正常思路是拓宽道路，而侧向思维不限于拓宽道路，而是考虑通过在交通拥挤地段修建立交桥的办法来解决。

（一）侧向思维的概念

侧向思维，顾名思义，是指打破问题的原有结构范围，从其他方面、方向中得到启示而产生新设想的思维方式。具有这种思维特点的人，思维面都不会太窄，且善于举一反三。

爱德华·德波诺是法国心理学家，牛津大学心理学学士，剑桥大学医学博士。他提出的"水平思考"方式，改变了日常人们采用的"垂直思考"方式。他认为纵向思维是对问题采取最理智的态度，从假设—前提—概念开始，进而依靠逻辑认真解决，直至获得问题答案；而侧向思维是对问题本身提出问题、重构问题，倾向于探求观察事物的所有不同方法。

（二）侧向思维的方法

侧向思维者是对问题本身提出问题、重构问题，它倾向于探求观察事物的所有不同方法，而不是接受最有希望的方法。具体而言，有以下三种。

1. 侧向移入

侧向移入是指跳出本专业、本行业的范围，摆脱习惯性思维，侧视其他方向，将注意力引向更广阔的领域；或者将其他领域已成熟的、较好的技术方法、原理等直接移植过来加以利用；或者从其他领域事物的特征、属性、机理中得到启发，产生对原来思考问题的创新设想。

2. 侧向移出

侧向移出就是将现有的研究成果摆脱现有的应用领域，推广到别的领域，以产生新的应用效果创新能力的思维方式。

 案 例

卫生纸的发明

1903 年，美国人亚瑟·史古脱通过奋斗，成立了史古脱纸业公司。一日，史古脱责成副手从加拿大进口一批纸张。运输过程中，船务公司对这批货物不够重视，装载时没有考虑纸张受潮的问题，航行数日下来，这批纸便全部受潮，产生皱褶无法使用。

这一天，史古脱带相关部门人员到仓库现场办公，强调不研究出好办法，大家都不许离开，中午就在仓库吃饭。看着投入巨额资金买来却毫无用处的纸张，大家都一

筹莫展，冥思苦想有效的解决方法。

　　突然，一位主管的鼻子流起血来，血流如注。大家急忙给他止血，可眼前什么东西都没有，史古脱只好拿起一张受潮的纸张，撕下来一块递给同事，没想到，同事感觉纸挺软，直接把纸张搓成一个球，堵在了鼻子里。就是这一幕，引起了史古脱的兴趣，他拿起一张受潮的纸，的确手感很软，和普通的那种抛光、用于办公写字的纸有很大区别。而且他发现，这种纸张擦拭血迹很干净，流鼻血的同事说擦在皮肤上也很舒服。那能不能将错就错，专门把这种纸卖出去呢？正在思考着，一位员工送来了简易饭菜，史古脱和大家开始吃饭。可真是不幸，大家吃完后都感到肚子痛，看来是饭菜质量有问题，可大家手里都没有卫生用品如厕，有些人就从纸张上撕下几块带进厕所，这个小小的举动加上刚才同事用受潮的纸擦鼻血的一幕，给了史古脱灵感，他当即拍板，把这些纸张进行一些必要加工，然后推销到商场、工厂、学校等场所如厕使用，没想到，这个灵感带来了巨大的经济效益，经过加工后的纸张，柔软，漂亮，而且亮白，非常受欢迎，一年后，已普及到了美国一般家庭中，为公司创下了巨额利润。史古脱为这种纸起名为"桑尼"卫生纸巾，这就是现代卫生纸的前身。

　　【分析】一个人进入思维死角，智力就会在常识之下。当面临新情况新问题时，建立在以往经验和知识基础之上的心理定式，往往会产生消极影响，成为思维行为的障碍，看不到解决问题的出路。侧向移出就是通过引入其他事物的特点，借势打破思维世界里中的死角，走出思维惯性，进行创造性思维。

　　3．侧向转换

　　侧向转换就是将最初的设想和无法解决的问题，转化为侧面问题来解决的思维方式。

冰箱用途的延伸

　　在美国，每个家庭都有电冰箱，这已经持续了一段时间了。这种高度成熟的产品竞争激烈，利润率很低，美国的厂商束手无策，而日本人却异军突起，发明创造了一种与19英寸（1英寸＝2.54厘米）电视机外形尺寸一般大小的冰箱。当微型冰箱投入市场后，人们发现除了可以在办公室使用外，还可安装在野营车、娱乐车上。于是，全家人外出旅游，舒适度提高了不少。

　　【分析】微型冰箱改变了一些人的生活方式，也改变了进入市场初期默默无闻的命运。微型电冰箱与家用冰箱在工作原理上没有区别，其差别只是产品所处的环境不同。日本人把冰箱的使用方向由家居转换到了办公室、汽车、旅游等其他侧翼方向，有意识地改变了产品的使用环境。

六、"互联网＋"思维

　　在互联网社会，"互联网＋"思维得到了大规模的运用，能够更迅捷地开拓创新思路，在面对问题的时候获得了更多的解决方案。

（一）"互联网＋"思维的特点

"互联网＋"思维尚无明确定义。马云认为，互联网不仅是一种技术和产业，还是一种思想和价值观。

在移动互联网时代，任何环节的信息交流均会被加速。所谓"互联网＋"思维，就是指通过互联网技术，改变人、物、信息之间关系的规律和方法。

1. 民主平等

首先，在网络平台上，人们的身份、职业、地域、年龄等社会标识都被淡化，每位网民都化身为一个简单的"ID"；其次，网络互联的过程就是将话语权打碎、均衡分配的过程，大家都可发布消息，针对不同现象发表评论；再次，随着移动互联网和社交网络的发展，人们更能快速在网络上找到五湖四海志同道合的朋友。

2. 体验

互联网生活中，网民由一成不变的旁观者转变成社会事件的参与者和体验者；互联网公司对网民"现场感""参与感"越来越重视。每一位网民都有可能是产品的体验者、推销者，也可能是突发事件的报道者、见证者，"真实感受"和"瞬时呈现"使"体验"更具说服力。

3. 开放

网络信息传播无边界、进入门槛低，互联网成为汇聚和分享信息的平台。只要有网络，网民便可进入和使用互联网，可以上传和下载信息，可以贡献自己的想法和主意，也能借鉴别人的创意和思路。

（二）"互联网＋"思维的内容

1. 用户思维

"互联网＋"思维最重要的就是用户思维。用户思维是指任何一个行业在价值链各个环节中，都要以用户为中心，做到极致地深挖用户的真实想法，以此为出发点进行产品和服务的针对性开发。

成功的互联网产品多抓住了消费者的需求。QQ、百度、淘宝、微信等，无一不是注重消费者的企业。了解用户需求，尽力去满足，就能获得回报。例如，有位创业者，要做城中村房屋出租业务。通过市场调查了解到，租客需要快速稳定的网速。但是城中村都是见缝插针盖房子，非常密集，网络异常不稳定，经常掉线。创业者根据这些用户需求，在网络上投入了不少设备，可以保证每个房间都有高速上网环境。一个简单的思维改变，原来很不好租的房子，就能做到98%以上的出租率。当用户变为医院的医生护士时，创业者了解到年轻的医生、护士基本都要值夜班，他们最需要的就是值完夜班后，白天能够有一个好的休息环境，所以需要隔音效果好的房子。而且，医生护士比较爱卫生，需要好的卫生间，需要 24 小时有热水可以洗澡。根据这些需求，创业者又拿下医院附近的几栋农民房，开始改造，把每个房间的隔音、卫生间都重新装修，再次让房子热销。

这就是典型的用户思维：知道用户是谁，他们有哪些痛点，然后做出解决他们痛点的产品和服务，最后找到核心用户，把产品和服务推介给目标用户。

2. 迭代思维

迭代是重复反馈过程的活动，目的通常是为了逼近所需目标或结果。每一次对过程的重复称为一次"迭代"，而每一次迭代得到的结果会作为下一次迭代的初始值。以微信为例，微信在 7 年时间里历经 55 次迭代，始终以小步快走的节奏向前行进着。它既是一个类似于 QQ 的社交网络平台，具备聊天、云相册分享等社交平台基本需求；又可以是一个语音记录工具，只要语音告诉它时间和要做的事，它就能在准确的时间提醒你；同时又成为了新媒体，越来越多的自媒体把微信当发行渠道；它又是一个生活助手，支付、查询功能一应俱全；对商家来说，公众号的多样化利用又使之可以成为新形态的 CRM（客户关系管理系统）。互联网是一个快鱼吃慢鱼的时代，大多时候，快就是一种力量。

3. 流量思维

流量思维是指对业务运营的理解。互联网企业都有很典型的流量思维，"流量即入口""流量即收益"等理念，推动着互联网企业流量为先的策略。免费是获取流量的典型方式。免费不等于不收费，免费是为了更好地收费。

互联网产品通过免费活动获得用户信任，从而极力争取用户、锁定用户。当年的 360 安全卫士，就用免费杀毒迅速打败了收费的卡巴斯基、瑞星等软件。"免费是最昂贵的"，对于互联网企业来说，赢得庞大的用户基数是非常重要的。企业通过免费模式奠定自己的海量用户群，在此基础上，让部分用户为额外的服务付费。胜负的关键在于，如何对用户进行深度分析与挖掘，推出适合的增值服务，让高端用户主动掏钱包。因此，占有了用户就等于有了盈利的筹码。但不是所有的企业都能选择免费策略，因产品、资源、时机而定。

任何一个互联网产品，只要用户活跃数量达到一定程度，就会开始产生质变，从而带来商机或价值。在注意力经济时代，先把流量做上去，才有机会思考后面的问题，否则连生存的机会都没有。

4. 平台思维

平台思维指对商业模式、组织形态的理解，是开放、共享、共赢的思维。互联网三大巨头百度公司（简称"百度"）、阿里巴巴网络技术有限公司（简称"阿里巴巴"）和腾讯计算机系统有限公司（简称"腾讯"）分别构建了搜索、电商、社交三个领域的生态体系，分别成为各自领域的平台组织。

对于传统企业而言，如何思考自身企业商业模式的设计？在互联网影响下，如何完成组织制度的重新设计？这些都是这场互联网转型攻坚战中的关键命题。

（1）打造多方共赢的生态圈。平台模式的精髓，在于打造一个多主体共赢互利的生态圈。将来的平台之争，一定是生态圈之间的竞争，比如百度、阿里巴巴和腾讯之间的竞争。

（2）善用现有平台。当你不具备构建生态型平台实力的时候，那就要思考怎样利用现有的平台。马云说："假设我是'90后'重新创业，前面有个阿里巴巴，有个腾讯，我不会跟它挑战，心不能太大。"

（3）让企业成为员工的平台。互联网巨头的组织变革，都是围绕着如何打造内部"平台型组织"。包括阿里巴巴25个事业部的分拆、腾讯六大事业群的调整，都旨在发挥内部组织的平台化作用。海尔将8万多人分为2 000个自主经营体，让员工成为真正的"创业者"，让每个人成为自己的CEO。内部平台化就是要变成自组织而不是他组织。他组织永远听命于别人，自组织是自己来创新。

 经典分享

匠心与创新

为了让煮出来的米饭更好吃，美的电饭煲研发团队一年要煮掉数以吨计的大米，每天光测试对比就得吃掉10碗饭；汽车五六层的喷漆，"90后"青年杨金龙可以保证每层厚度误差不超过0.01毫米……这段时间，很多媒体都在"寻找中国工匠"。一丝不苟、精益求精、追求极致的态度，对职业敬畏、对工作执着、对产品负责的精神，正是这些"大国工匠"共同的特征。

不过，在一些人眼中，所谓的"工匠精神"却是因循守旧的代名词。在新闻稿都可以自动生成的时代，简单、机械地重复干一件事，早该被机器取代了，"手打牛肉丸费时又费力，和机打的能有多大区别？"在他们看来，讲究品质乃是"顽固"，坚守匠心近乎"矫情"。这样的论点，只是着眼于短期利益，并没有看到"匠心"与"创新"的息息相通。

"人在制物的过程中，总是要把自己想办法融到里面"，纪录片《我在故宫修文物》中，青铜器修复专家屈峰如是说。的确，一旦注入了自己的心意和精神，作品也就有了独一无二的个性。有人曾问专注做寿司75年的小野二郎，如何练就独一无二的"神技"，他自谦"无非是比别人多一倍的努力、多三倍的思考罢了"。当我们把匠心投入到点滴精进之中，那些充满灵性的作品，又何尝没有散发出耀眼的创新光芒？

【分析】匠心本就包含着创新的"时代要求"。在全球范围，第四次工业革命早已蓄势待发。德国的"工业4.0"、美国的"先进制造业国家战略计划"、日本的"科技工业联盟"……在这个时代，"工匠精神"绝不止于一砖一瓦的手艺，"匠心"更不意味着效率低下的作坊，而是指向以创新为导向、以技术为生命、以质量为追求的现代化工业新版本。"技可进乎道，艺可通乎神。"追求极致的工艺和追求突破的创新，往往可以相得益彰。离开了对一种技艺的不断磨炼，对一个行业的执着坚守，对一个领域的扎实钻研，很多发明、创造也就无从谈起。

课 堂 活 动

思维方法训练

（1）请回答，在图 2-2 中，能数出多少个三角形？

（2）分田地。一位老农有一块田地，形状如图 2-3 所示，要把它分给 4 个儿子，且每个儿子所分得土地大小、形状都要相同，应该怎样分？

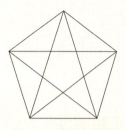

图 2-2　结构示意图　　　　　图 2-3　田地示意图

（3）请在"日""口""大""土"字 4 个字的上、下、左、右、上下一起各加笔画，写出尽可能多的字来（每种至少 3 个）。

（4）硬币摆放。桌子上放着 12 枚硬币，如图 2-4 所示，现要将它们重新摆放，使每边有 5 个硬币，应怎样摆放？

（5）图形想象。如图 2-5 所示是两个抽象图形。它们可以被形象化为许多事物，如月亮、拱桥、帐篷等。你能将它们形象化为什么？答案越多越好。

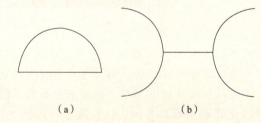

（a）　　　　　　　（b）

图 2-4　硬币摆放示意图　　　　图 2-5　抽象图形示意图

（6）现有 4 根火柴棒，如图 2-6 所示，设法将它们摆成 5 个正方形。

（7）现有 8 根竹棒，其中 4 根的长度是另外 4 根长度的 2 倍，如图 2-7 所示。请

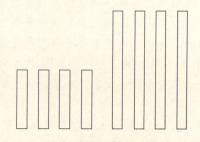

图 2-6　火柴棒摆放示意图　　　　图 2-7　竹棒摆放示意图

用这 8 根竹棒组成 3 个同样大小的正方形。

（8）用逆向思维方法提出有效防盗措施，填入表 2-1 中。

表 2-1　运用逆向思维制定防盗措施

谋划出有效的盗窃方案	针对方案制定防盗措施	谋划出有效的盗窃方案	针对方案制定防盗措施
侦查，熟悉情况、地形		联系销赃渠道	
确定盗窃对象		胆大心细，遇事不慌	
携带凶器、工具		内外勾结	
行窃实施的多种应变准备		寻找合适的伙伴放风、接应	
熟悉防盗用具的性能		消除作案痕迹	

第二节　掌握创新方法

能力目标

（1）掌握并应用典型的创新方法。

（2）学习各种创新思维训练的方法和技法，并能学以致用。

掌握创新方法

 引入案例

头脑风暴会议

在北美，冬天天寒地冻常降大雪，传输电力的电缆线上经常积满冰雪，大跨度的高压电缆线常被积雪压断，由此造成长时间的断电事故，严重影响人们的生活。过去，许多人试图解决这一问题，但都未能如愿以偿。后来某电信公司经理决定采用头脑风暴法来寻求问题的答案。他在做了一定的准备工作之后，召开了头脑风暴会议，与会人员在会上自由畅谈。开始人们提出了一些设想：①采用专用电缆清雪机；②采用电热化解积雪；③采用振荡技术清除积雪……好一阵子，人们陷入沉思中，似乎别无良方，突然有人幽默地提出："带上大扫帚乘直升机沿着线路去扫雪！"有一位工程师却因此触发了灵感，他想，用扫帚扫不可行，但直升机螺旋桨旋转产生的风力不正可以起到扫雪的作用吗？于是一种简单可行、高效率的清雪方案诞生了。

公司会后对设想进行了分类评判，最后确定了用改进的直升机扇雪的方案。

【分析】好的创意无处不在，每个人的设想都有可能带来新的技术创新。头脑风暴法中，鼓励更多的人大胆提出新设想、新思路。

人类出现以来，公开发布过的有关"创新"的方法多达 300 余种。美国长期从事创业研究的著名学者加特纳曾经调查了 36 位学者和 8 位商业领袖，归纳出 90 种创业属性，最终发现对创业活动强调最多的属性是创新。因此，创业实际上是不断挑战自我的创新过程，掌握有效的创新方法正是其中关键。

一、头脑风暴法

（一）概念和原理

1. 概念

头脑风暴法（brain storming，BS）又称智力激励法或自由思考法。头脑风暴法是由美国创造学家 A. F. 奥斯本于 1939 年首次提出、1953 年正式发表的一种激发性思维方法。此法经各国创造学研究者实践和发展，至今已经形成了一个发明技法群，如奥斯本智力激励法、默写式智力激励法、卡片式智力激励法等。

2. 原理

根据 A. F. 奥斯本及其他研究者的看法，头脑风暴法的激发原理有以下几点。

（1）联想反应。联想是产生新观念的基本过程。在集体讨论问题的过程中，每提出一种新的观念，都能引发他人联想，相继产生一连串新观念，产生连锁反应，形成"新观念堆"，为创造性地解决问题提供了更多的可能性。

（2）热情感染。在不受任何限制的情况下，集体讨论问题能激发人的热情。人人自由发言，相互影响，相互感染，能形成热潮，突破固有观念的束缚，最大限度地发挥创造性的思维能力。

（3）竞争意识。在有竞争意识的情况下，人人争先恐后，竞相发言，不断地开动思维机器，力求有独到见解和新奇观念。心理学原理表明，人类有争强好胜的心理，在有竞争意识的情况下，人的心理活动效率可提高 50% 或更多。

（4）个人欲望。在集体讨论解决问题过程中，个人的欲望自由，不受任何干扰和控制，这是非常重要的。头脑风暴法有一个原则，即不得批评仓促的发言，甚至不许有任何怀疑的表情、动作和神色。这就使每个人都能畅所欲言，提出大量的新观念。

（二）基本要求

（1）各自发表自己的见解，对他人的建议不作评论。

（2）建议不必深思熟虑，越多越好。

（3）鼓励独立思考，提出奇思妙想。

（4）可以补充完善已有的建议。

（5）循环进行。

（6）每人每次只提一个建议。

（7）没有建议时说"过"。

（8）不要相互指责。

（9）要有耐心。

（10）可以适当地表现幽默。

（11）鼓励创造性。

（12）结合并改进其他人的建议。

（三）实施程序

头脑风暴法的实施程序如图 2-8 所示。

图 2-8　头脑风暴法的实施程序

掌握创新方法——组合创新案例
（一种便于移动的课桌）

（1）准备阶段。准备阶段包括产生问题，组建头脑风暴法小组，培训主持人和组员及通知会议的内容、时间和地点。

（2）热身活动。为了使头脑风暴法会议在热烈和轻松的氛围中进行，使与会者的思维活跃起来，可以做一些智力游戏，如猜谜语、讲幽默小故事。

（3）明确问题。由主持人向大家介绍所要解决的问题。提问题要简单、明了、具体。对一般性的问题要把它分成几个具体的问题。例如，"怎样引进一种新型的合成纤维？"这个问题很不具体，至少应该分成 3 个小问题：①提出把新型纤维引入纺织厂的方法；②提出一些将新型纤维引进到服装店的设想；③提出一些将新型纤维引进到零售商店的设想。

（4）自由畅谈。由与会者自由地提出设想。主持人要坚持原则，尤其要坚持严禁评判的原则。对违反原则的与会者要及时制止，如其坚持不改可劝其退场。会议秘书要对与会者提出的每个设想予以记录或现场录音。

（5）记录设想。在会议的第二天再向与会者收集设想，这时得到的设想往往更富有创见。

如果问题未能解决，可重复上述过程。由原班人马进行讨论时，要从另一个侧面或用最广义的表述来讨论课题，这样才能变已知任务为未知任务，使与会者的思路改变。

（6）总结评价。对头脑风暴法会议所产生的设想进行评价与优选，应慎重行事。务必要详尽细致地思考所有设想，即使是不严肃的、不现实的或荒诞无稽的设想亦应认真对待。

（四）成立头脑风暴法小组

参加人数一般为 5～10 人（课堂教学也可以班为单位），一般来说包括主持人和记录员在内。最好由不同专业或不同职业背景者组成，具有不同学科背景，这样会使提问和观点千差万别，实现头脑风暴法的目标。小组中不宜有过多的行家，行家过多难免会产生各种不同的评价，不易形成自由的氛围。

（五）确定议题

议题应尽可能具体，最好是实际工作中遇到的亟待解决的问题，目的是为了进行有效的联想。因为头脑风暴法是用来产生各种各样的主意和设想的，所以所确定的议题可以是问题本身，也可以是方法、解答与标准等。常见议题如下。

（1）列举陈述同一问题（目标）的方法。
（2）列举与同一个问题（目标）有关的问题。
（3）列举可能发生的各种问题。
（4）列举解决某一问题的方法。
（5）列举应用某一原理、原则的方法。
（6）列举评价某一物品的标准。
（7）列举某一机构各种组成和功能、要求。

（六）提出设想

1. 各抒己见

让与会人员发表意见和设想。发言力求简明扼要，不要进行任何解释。禁止批评和评论，也不要自谦。对别人提出的任何想法都不能批判、不得阻拦，即使自己认为是幼稚的、错误的，甚至是荒诞离奇的设想，也不得予以驳斥；同时也不允许自我批判，要在心理上调动每一位与会者的积极性，杜绝出现"扼杀性语句"和"自我扼杀语句"。例如，"这根本行不通""你这想法太陈旧了""这是不可能的""这不符合某某定律"以及"我提一个不成熟的看法"等类似语句。

2. 激发思考

目标集中，追求设想数量，越多越好。会议以谋取设想的数量为目标。每位与会者都要从他人的设想中激励自己，从中得到启示，或补充他人的设想，或将他人的若干设想综合起来提出新的设想等。会议提倡任意想象、尽量发挥，主意越新、越怪越好，因为它能启发人们产生更好的观念。出现暂时思维停滞时，可采取一些措施，如休息几分钟，自选休息方法，唱歌、喝水等，休息之后再进行几轮脑力激荡。或者发给每人一张与问题无关的图画，要求讲出从图画中所获得的灵感。

（七）记录设想

记录设想是为了综合和改善所需要的素材。与会人员一律平等，各种设想全部记录下来。与会人员，不论是该方面的专家、员工，还是其他领域的学者，以及该领域的外行，一律平等；各种设想，不论优劣，甚至是最荒诞的设想，记录人员也要认真地将其完整地记录下来。

（八）总结评价

分析实施或采纳每一条意见的可行性，为所要解决的问题，找到最佳的解决办法。根据情况需要，引导与会者掀起一次又一次脑力激荡的"激波"。例如，议题是某产品的进一步开发，可以将改进产品配方的思考作为第一激波，将降低成本的思考作为第二激波，将扩大销售的思考作为第三激波等。最好的设想往往是在会议要结束时提出的，因此，预定结束的时间到了可以根据情况再延长5分钟，这是容易提出好的设想的时候。在5分钟时间里再没有新主意、新观点出现时，可宣布会议结束或告一段落。

二、思维导图法

（一）思维导图概念

思维导图（图2-9），又称脑图、心智地图、脑力激荡图、灵感触发图、概念地图、树状图、树枝图或思维地图，是指一种图像式思维的工具以及一种利用图像式思考辅助工具来表达思维的工具。

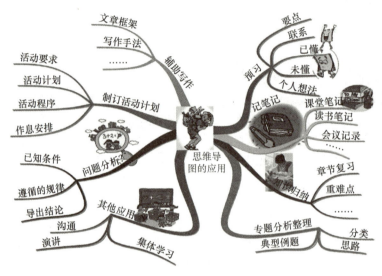

图 2-9　思维导图

思维导图是一种将放射性思考具体化的方法。我们知道放射性思考是人类大脑的自然思考方式，每一种进入大脑的资料，不论是感觉、记忆或是想法——包括文字、数字、符号、食物、香气、线条、颜色、意象、节奏、音符等，都可以成为一个思考中心，并由此中心向外发散出成千上万的关节点，每一个关节点代表与中心主题的一个连结，每一个连结又可以成为另一个中心主题，再向外发散出成千上万的关节点，这些关节的连结可以视为个人的记忆也就是个人数据库。

（二）思维导图绘制

1. 绘制思维导图的方法

绘制思维导图非常简单，思维导图就是一张帮助你了解并掌握大脑工作原理的使用说明书。思维导图的绘制工具如下：①一张大一点的白纸；②彩色水笔和铅笔数支；③你的大脑；④你的想象。

这些就是基本的工具，当然在绘制过程中，你还可以拥有更适合自己习惯的绘图工具，如成套的软芯笔，色彩明亮的涂色笔或者钢笔等。

2. 绘制思维导图的七个步骤

（1）从一张白纸的中心画图，周围留出足够的空白。

（2）在白纸中心用一幅图像表达你的中心思想。

（3）尽可能多地使用各种颜色。

（4）将中心图像和主要分支连接起来，然后把主要分支和二级分支连接起来，再把二级分支和三级分支连接起来，以此类推。

（5）让思维导图的分支自然弯曲，不要画成一条直线。

（6）在每条线上使用一个关键词。

（7）自始至终使用图形。

以上是思维导图绘制的七个步骤，不过，很多技巧可以在自己绘制过程中不断总结。运用你的想象力，不断改进你的思维导图。

 经典分享

各种思维导图绘制软件

常见的思维导图有手绘和软件绘制两种方式，用软件绘制思维导图更加方便快捷，并且修改起来更加自由简单。思维导图软件有很多种，如 iMindMap、MindManager、MindMapper、FreeMind、XMind、DropMind、NovaMind 等。其中最常用的思维导图软件当属 iMindMap 和 MindManager 了。被誉为"最漂亮的思维导图软件"的 iMindMap 是思维导图创始人托尼·巴赞的公司开发的。iMindMap 以如同手绘般的自由线条为主要特点，用它绘制思维导图时，分支线条灵活，容易修改，操作便捷，同时具备 3D 效果，给使用者带来绚丽的视觉感受。MindManager 是由美国 Mindjet 公司开发的一款思维导图软件，用户界面直观友好，功能丰富，在商业、经济等领域有着广泛的应用，是目前使用人数最多的思维导图软件。

【分析】思维导图能够快速轻松地产生比传统头脑风暴方法多几倍的想法。更重要的是，思维导图能解放思想，给思维带来无尽的可能性，创造性渗入学习、工作、生活中。

三、奥斯本检核表法

巧妙设问可以启发想象、开阔思路、导引创新。经验已证明，能发现问题与提出问题就等于成功的一半。我们可采用设问检查法中的奥斯本检核表法。

（一）奥斯本检核表法概念

奥斯本检核表法（又称检核表法、设想提问法或分项检查法）是由美国创造学之父亚历克斯·奥斯本在 1941 年首次提出的。它是通过问"为什么"，综合应用各种思维改变原有条件而产生新事物（新观念、新方案）的创新方法。我国当代学者许立言、张福奎提出的"和田十二法"，也是在奥斯本检核表法的基础上继承和创新的类似思维方法。

奥斯本检核表法的特点就是多向思考，用多条提示引导进行发散思考。该方法有九个基本问题，从九个角度逐项检核、帮助思考，使人们突破了不愿提问或不善提问的心理障碍，强迫打开思路，突破旧思考框架，提升发现创意的机会。

（二）奥斯本检核表法主要内容

奥斯本检核表法主要针对现有事物的特性从九个方面着手进行提问，即能否他用、能否借用、能否改变、能否扩大、能否缩小、能否替代、能否调整、能否颠倒和能否组合，如表 2-2 所列。

表 2-2　奥斯本检核表法

序号	检核项目	含义
1	能否他用	现有的事物有无其他的用途；保持不变能否扩大用途；稍加改变有无其他用途
2	能否借用	能否引入其他的创造性设想；能否模仿别的东西；能否从其他领域、产品、方案中引入新的元素、材料、造型、原理、工艺、思路
3	能否改变	现有事物能否做些改变，如在颜色、声音、味道、式样、花色、音响、品种、意义、制造方法等方面；改变后效果如何
4	能否扩大	现有事物可否扩大适用范围；能否增加使用功能；能否添加零部件；能否延长使用寿命，增加长度、厚度、强度、频率、速度、数量、价值
5	能否缩小	现有事物能否体积变小、长度变短、重量变轻、厚度变薄及拆分或省略某些部分（简单化）；能否浓缩化、省力化、方便化、短路化
6	能否替代	现有事物能否用其他材料、元件、结构、力、设备力、方法、符号、声音等代替
7	能否调整	现有事物能否变换排列顺序、位置、时间、速度、计划、型号；内部元件可否交换
8	能否颠倒	现有的事物能否从里外、上下、左右、前后、横竖、主次、正负、因果等相反的角度颠倒过来用
9	能否组合	能否进行原理组合、材料组合、部件组合、形状组合、功能组合、目的组合

1. 能否他用

能否他用指的是现有产品有无其他用途，保持不变能否扩大用途，稍做改革有没有其他用途？现有的发明，能否引入其他的创造性设想？或者有没有可以借用的其他创造发明成果？有没有在其他地方见过类似的发明？如果稍做改革可以扩大现有产品的用途，如果现有发明可以引入其他的创意……那么就有可能孕育、发明出新的东西，或者创意。

2. 能否借用

能否借用指的是在现有产品领域内能否引入其他领域的创造性设想，或者直接引入其他领域具有类似用途的发明，外界有无相似的想法，能否借鉴？过去有无类似东西，有什么东西可供模仿？谁的东西可供模仿？现在的发明能否引入到其他的创新设想之中？这些提问有助于使发明向广度和深度发展，从而形成系列产品。

3. 能否改变

能否改变指的是现有的东西是否可以做某些改变？改变一下会怎么样？可否改变一下形状、颜色、味道？是否可改变一下型号、模具、运动形式等？改变之后，效果又将如何？这种方法看起来很简单，但却非常有效。生活中能改变的例子很多，如方形的西瓜、红色香蕉、黑色土豆、苹果梨等。

4. 能否扩大

能否扩大指的是现有东西能否扩大使用范围？能否增加一些东西？如添加部件，拉长时间，增加长度，提高强度，延长使用寿命，提供价值，加快转速？日常用的钢化玻璃杯，就是在制造玻璃的过程中加入了某些防震、防碎等材料而制成的。

5. 能否缩小

能否缩小指的是现有产品可否密集、压缩、浓缩？可否微型化？可否缩短、变窄、去掉、分割、减轻？可否变成流线型？如袖珍型收音机、微型计算机、折叠伞等就是缩小的产物。

6. 能否替代

能否替代指的是能否更换一下先后顺序？是否可以找到能够部分或全部代替现有产品及其功能的产品或零部件？是否可用其他型号？可否改成另一种安排方式？原因与结果能否对换位置？能否变换一下日程等？更换一下，会怎么样？

7. 能否调整

能否调整指的是可否变换？有无互换的成分？可否变换模式？可否变换布置与顺序？可否变换操作工序？可否变换因果关系？可否变换速度或频率？可否变换工作规范？例如，飞机诞生的初期，螺旋桨安排在头部；后来，将它安装到了顶部，成了直升机。这说明通过重新安排可以产生种种创造性设想。

8. 能否颠倒

能否颠倒指的是现有发明可否颠倒？可否颠倒正负？可否颠倒正反？可否头尾颠倒？可否上下颠倒？可否颠倒位置？可否颠倒作用？例如，法拉第就是把当时已证明的"电流能够产生磁"的原理颠倒过来，实现了"磁能变成电"的设想，从而诞生了世界上第一台发电机。

9. 能否组合

能否组合指的是现有的几种发明是否能重新组合？可否混合、合成、配合、协调、配套？可否把物体、目的、特性或观念组合？如发现超声波技术后，人们就创造了超声波研磨法、超声波焊接法、超声波切割法、超声波理疗法、超声波洗涤法等。

表 2-3 所示即是运用奥斯本核检法提出的关于手电筒的创新设计思路。

表 2-3　手电筒的创新思路——奥斯本检核表法的运用

序号	检核项目	引出的发明
1	能否他用	其他用途：信号灯、装饰灯
2	能否借用	增加功能：加大反光罩，增加灯泡亮度
3	能否改变	改一改：改灯罩、改小电珠和用彩色电珠等
4	能否扩大	延长使用寿命：使用节电、降压开关
5	能否缩小	缩小体积：1 号电池→2 号电池→5 号电池→7 号电池→8 号电池→纽扣电池
6	能否替代	代用：用发光二极管代替小电珠
7	能否调整	换型号：两节电池直排、横排、改变式样
8	能否颠倒	反过来想：不用干电池的手电筒，用磁电机发电
9	能否组合	与其他组合：带手电收音机、带手电的钟等

四、组合创新法

（一）组合创新法的概念

组合创新法是将两个及两个以上的技术因素或按不同技术制成的不同物质，通过巧妙的组合或重组，获得具有统一整体功能的新产品、新材料、新工艺等的一种创造方法。

组合的现象也十分普遍。小到儿童的积木，大到遨游太空的航天飞机，任何一项技术的发展和完善，特别是重大技术的改造，都离不开组合。例如，遥感技术是以微波技术和红外技术为结合点，将照相技术、扫描技术、自动控制技术和电子计算机技术等组合在一起形成的。

（二）组合创新法的分类

组合创新是一种极为常见的创新方法。目前，大多数创新成果都是采用这种方法取得的。组合创新的形式可以有功能组合、意义组合、构造组合、成分组合、原理组合、材料组合等，大体可分为六类：主体附加法、异类组合法、同类组合法、分解组合法、辐射组合法和坐标组合法。

1. 主体附加法

主体附加法是指以某一特定的对象为主体，通过置换或插入其他技术或增加新的附件而使发明或创新诞生的方法。我们可以发现大量的商品是采用这一技法创造的，如在电风扇中添加香水盒，在摩托车的储物箱上安装电子闪烁装置，给电扇加定时器，给电冰箱加温度显示器，彩色电视机附加遥控器等。主体附加法是一种创造性较弱的组合，人们只要稍加动脑和动手就能实现，但只要附加物选择得当，同样可以产生巨大的效益。主体附加法的创造性很大程度上取决于附加物的选择是否使主体产生新的功能和价值，以增加其实用性。

色盲可识的红绿灯

　　江苏省常熟中学的庞颖超发明了一种能够让色盲患者识别的红绿灯，在现行的纯红绿颜色的灯中加入一些白色的有规则形状的图形。在红色圆形中间加入一条横着的白杠，在绿色圆形中间加入一条竖着的白杠，以此来让色盲进行识别。"现在的交通灯都是红绿色，而那些患有色盲症的人不能分辨这两种颜色，这就给他们的生活带来了极大的不便。"

　　为了证明这种不便性有多大，庞颖超列举了一个数据：色盲患者的数量占到了世界人口的5.6%。"有一次，我看到交通警察抓了一个闯红灯的人，结果发现他是色盲患者，分辨不出红绿灯，于是我就有了做这种红绿灯的想法。"

　　【分析】日本创造学家菊池诚博士说过："我认为搞发明有两条路，第一条是全新的发现，第二条是把已知其原理的事实进行组合。"在红绿灯这个"主体"中，加上"白色规则图形"，就组合出了特殊的新型红绿灯。可见，组合创新法往往是最便捷最划算的创造方式。

2. 异类组合法

　　异类组合法又称异物组合法，是将两种或两种以上的不同种类的事物组合，产生新事物的技法。这种技法是将研究对象的各个部分、各个方面和各种要素联系起来加以考虑，从而在整体上把握事物的本质和规律，体现了综合就是创造的原理。异类组合法和主体添加法在形式上很相近，但又有区别。主体添加法是一种简单要素的补充，而异类组合法是若干基本要素的有机综合。异类组合是两种或两种以上不同领域的技术思想的组合、两种或以上不同功能物质产品的组合。

葫芦飞雷

　　我国云南哀牢山彝族人民将火药、铅块、铁矿石碴、铁锅碎片等物放入一个掏尽籽的干葫芦里，在葫芦颈部塞入火草作为引火物，把葫芦装进网兜。这就是一个异类组合创造——葫芦飞雷。"葫芦飞雷"被称为世界上最早的手榴弹。被组合的东西（火药、铅块、铁矿石碴、铁锅碎片等物）是旧的，组合的结果（"葫芦飞雷"）却是新的。把旧变新、由旧出新，这就是创造。

　　【分析】被组合的对象（火药、铅块、铁矿石碴、铁锅碎片等物）来自不同的方面，无主次关系。参与组合的对象在意义、原子、构造、成分、功能等任一方面和多方面互相渗透，整体变化显著。异类组合是异类求同的创新，创新性很强。

3. 同类组合法

同类组合又叫同类自组，是指两个或两个以上相同或近于相同的事物的简单叠合。参与组合的对象在组合前后的基本原理和结构一般没有根本的变化，往往具有组合的对称性或一致性的趋向。同类组合还可以延伸为共享组合、补代组合、概念组合等。

共享组合是指把某一事物中具有相同功能的要素组合到一起，达到共享目的。例如，吹风机、卷发器、梳子共用同一个带插销的手柄。

补代组合是通过对某一事物的要素进行摒弃、补充和替代，形成一种在性能上更为先进、新颖、实用的新事物，如拨号式电话改为键盘式、银行卡代替存折。

概念组合是以词类或命题进行的组合，如绿色食品、阳光拆迁、阳光录取、音乐餐厅、裴多菲俱乐部等。

三头电风扇

普通的电风扇大多只有一面叶扇，现在人们又发明了双叶扇和三叶扇的新产品。两面都安装有叶扇的电风扇有什么好处呢？显然，它能够在两个方向同时送风，如果再考虑电动机的整周旋转，便能实现360°全周送风，而普通单面叶扇就做不到这一点。能不能再增加一面叶扇使之成为三面电风扇呢？台湾有一位发明家做到了，他发明的"三头电风扇"，配备了一个强主力马达，经特殊设计的传动系统驱动三个叶扇同时运转送风，并通过电脑控制可使三个叶扇做360°回转或定点式三个方向送风，有利于加速室内空气对流。

【分析】同类组合要求在保持事物原有功能或原有意义的前提下，通过数量的增加弥补功能上的不足或求取新的功能。

4. 分解组合法

分解组合是指将整体事物进行分解后，使分解出来的部分经过改进完善，成为单独的整体，形成一个新产品或新事物。分解组合通过改变事物内部各组成部分之间的相互位置来改变其相互关系，从而优化事物的性能，它是在同一事物上施行的，一般并不增加新的内容。例如，普通螺丝刀的刀把和刀头是固定的，遇到不同规格的螺钉就要准备不同的螺丝旋具。人们通过分解，把刀把、刀头分开，分别做了改造后发明了多用活动螺丝旋具。

手套的分解

手套是非常简单的生活用品，将手套再分解能得到什么呢？江苏镇江的一位工程师心血来潮，把普通的薄型白手套的指套部分剪去，再在手套的背面印上五笔字型的指法和字根规则，成为专利产品"电脑上机手套"。这样，初学者戴上手套上机就十分方便，忘记了规则看一下手套的背面立即可知。西安有一位大学教师与其相反，把手套的指套部分分解出来，成为单独的产品——卫生指套。用无菌塑料薄膜做成的卫生指套附在食品包装中，在食用前将指套套在手指上，以防手指上的细菌污染食品，特别适合旅行时使用，也获得了专利。

【分析】分解组合有两种类型：一种是分解成若干部分仍构成"一个整体"，但有了新的功能，这是一种分解而不分立的创新；另一种是从"一个整体"中分出某个组成部分或某几个组成部分，由此构成功能独立的新的"一个整体"，这是一种既分解又分立的创新。

5. 辐射组合法

辐射组合是以一种新技术或令人感兴趣的技术为中心，同多方面的传统技术结合起来，形成技术辐射，从而导致多种技术创新的发明创造方法。通俗地讲，就是对新技术或令人感兴趣的技术进一步开发应用；这也是新技术推广的一个普遍规律。例如，人造卫星技术研制成功以后，它与各种学科辐射组合，发展了卫星电视转播、卫星通信转播、卫星气象预报、卫星导航、生物进化科学，以及对月、行星、恒星等进行宇宙研究的各种技术。

这种辐射组合的中心点是新技术，可以把这个中心点改为一项明显的优点或人们所喜爱的特征，考虑用辐射组合来开发产品。组合的新产品，以家用电器为例，由于电进入家庭，对电进行辐射组合，现已发展了众多的家用电器，如电视机、电冰箱、全自动洗衣机、电饭煲、洗碗机、电热毯、抽油烟机、电烤箱、电取暖器和电吹风等。

6. 坐标组合法

坐标组合法也称二维坐标组合法，是一种强制联想组合发明法。它利用了直角坐标系，把要组合的对象先列成坐标体系，在两条数轴上标点（元素），然后按顺序轮番进行两两强制联想组合，对创造性的联想点进行预测判断和推理剖析，选出有意义的组合物的创新方法，从而形成前所未有的新成果。在平面上画出 X 轴和 Y 轴，在 X 轴和 Y 轴上分别列出一些事物，然后将其一一对应组合，如图 2-10 所示，就印证了这种组合方法的高效性。

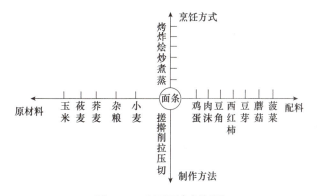

图 2-10　山西面食创新图

这也就是"信息交合法"。还可以有更多的维度，也就会产生更多种组合结果，在海量的组合结果中，再去分析产生有实用价值和推广可能的新发明、新创造。

五、强迫联想法和类比法

（一）强迫联想法

1. 强迫联想法的概念

强迫联想法，也叫强制联想法，是创新思维里一种强化训练的方法，就是指强制人们运用联想思维，充分激发人的大脑的想象力和联想力，提高创造性思维能力，从而产生有创造性的设想的方法。

案　例

一次偶然造就了汽车雨刷

1902 年某天，美国亚拉巴马州的富家小姐玛丽在出席一个商业活动的路上突遇大雨，司机看不清前面的路，而且不得不一次次冒雨下车拿着抹布擦拭挡风玻璃上的雨水。司机加快速度拐过一个弯时，前方模糊间窜出来一个骑自行车的人。等到看清时，司机慌忙猛打方向盘，结果躲闪不及就撞了一棵树上，玛丽当场受伤，被送医院。她从邻床女孩收到男友鲜花时感动落泪并不停地用手绢擦泪的动作中得到启发：如果能在车玻璃上安装一个杆子操纵手绢，雨天看不清道路的时候司机操纵杆子擦一下，不就可以了吗？她立即着手这项研究，一年后便发明了一个雨刷器，并装在了自己的车上。她继续思考改进这种装置，又发明了带发条的转杆，这样一来，给雨刷器上一次发条后，就可以自动擦雨许多次。

【分析】"手绢擦泪"联想到"手绢擦玻璃"，并着手实施改进，这是强迫联想变不可能为可能的关键。

2. 培养强迫联想的训练方法

（1）概念联想法。培养和训练超强联想能力一般采用"概念联想法"的方式来进行。心理学家曾用实验证明，任何两个概念词语都可以经过四五个步骤来建立起联想的关系。例如，木头和皮球，是两个风马牛不相及的概念，但可以通过联想作媒介，使它们发生联系：木头—树林—田野—足球场—皮球。又如天空和茶，天空—土地—水—喝—茶。因为每个词语可以同将近 10 个词直接发生联想关系，那么第一步就有 10 次联想的机会（即有 10 个词语可供选择），第二步就有 100 次机会，第三步就有 1 000 次机会，第四步就有 10 000 次机会，第五步就有 100 000 次机会。所以联想有广泛的基础，它为我们思维运行提供了无限广阔的天地。

（2）对比联想（相反联想）法。进行强迫联想训练时，之前学到的联想思维的所有训练方法都可以使用，但最重要的一种适合强迫联想训练的方法就是对比联想，即由某一事物的感知和回忆引起跟它具有相反特点的事物的联想，如黑与白、大与小、水与火、黑暗与光明、温暖与寒冷。

18世纪A.拉瓦锡把金刚石煅烧成二氧化碳的实验，证明了金刚石的成分是碳。1799年，摩尔沃成功地把金刚石转化为石墨。金刚石既然能够转变为石墨，用对比联想来考虑，那么反过来石墨能不能转变成金刚石呢？后来终于用石墨制成了金刚石。

（3）其他方法。

① 样本法，一般情况下，将两个以上、彼此无关的产品或想法强行联想在一起，从而产生独创性设想的方法。这种方法比较简单，只需打开产品样本或其他印刷品随意地将某个项目、某个题目或某句话挑选出来即可。然后，用同样的方法，从别的产品样本或其他印刷品中将某个项目、题目或某句话挑选出来，将它们合二为一，借此期望意外地产生独创性的想法。

② 列表法，是事先将考虑到的所有事物或设想依次列举出来，然后任意选择两个加以组合，从中获得独创性的事物或设想焦点，只可任选一个项目，另一个项目却是指定的，不能任选。也就是说，本方法是从特定的项目中寻求各种设想。

③ 焦点法，以一个事物为出发点（即焦点），联想其他事物并与之组合，形成新创意，如玻璃纤维和塑料结合，可以制成耐高温、高强度的玻璃钢。很多复合材料都是利用这种方法制成的。

（二）类比法

1. 类比法定义

所谓类比，就是指由两个对象的某些相同或相似的性质，推断它们在其他性质上也有可能相同或相似的一种推理形式。类比法是在两个特定的事物间进行的，通过联想思考，把相同类型的两种事物联系起来，把不同类型事物间的相似点联系起来，把陌生对象与熟悉对象联系起来，异中求同，同中寻异，从而产生出崭新的创意及发明方案的一类方法的统称。

2. 类比法的思考过程

类比的思考过程分为两个阶段：

第一阶段，把两个事物进行比较。

第二阶段，在比较的基础上推理，即把其中与某个对象有关的知识或结论推移到另一对象中去。

为更好地直观理解类比法的思考过程，我们可以通过下面的案例来感悟。

案　例

大庆油田的发现

我国著名地质学家李四光对我国的东北地质结构进行了长期深入的调查研究。他发现，松辽平原及华北平原的地质结构与中亚细亚平原极为相似，都属于沉降带地质结构。既然中亚细亚平原蕴藏着大量石油，他因而推断，松辽平原及华北平原很可能也蕴藏着大量石油。

【分析】后来，大庆油田、胜利油田、大港油田、华北油田等大油田相继被发现，证实了李四光的推断完全正确。

3. 类比法典型代表

类比法中最典型的是综摄法、原型启发法、移植法和仿生法。

（1）综摄法。它是从已知的事物出发，将毫无联系的、不同的知识要素结合起来，从不同的角度分析未知的事物，从而使理想中的未知事物成为现实的过程。它是理论性和操作性都很强的创新技法。例如，地球人对外星人形象的描述。

（2）原型启发法。它也称为垫脚石法，它是通过观察找到原型，在原型的启发下，产生创新设想的方法，是一种最为笼统的类比方法，但是它是创意创新思考过程中非常有用的一个方法。例如，鱼的体型是创造船体的原型，飞鸟是世界上第一架飞机的原型，带齿小草是发明锯的原型。

（3）移植法。它是将某个领域的原理、技术、手段、方法、结构或功能引用并渗透到其他领域，用以创造新事物的方法，它不是先有原型，而是先有问题，然后带着问题去寻找原型。它是一种应用广泛的创新方法，如"干细胞移植术治疗瘫痪病人""基因重造工程移植记忆"等。

（4）仿生法。它是通过模拟生物的结构、功能或原理等而进行发明创造的方法。人类利用仿生法做出的仿生发明极为繁多，如模仿蝙蝠、海豚的回声定位，仿照海洋生物可减少阻力的流线型身体制造的轮船、导弹、鱼雷。

六、列举法和移植法

（一）列举法

1. 列举法定义

列举法是指一种对具体事务的特定对象（如特点、优缺点等），从逻辑上进行分析并将其本质内容全部一一列出，用以自发创造设想，找到发明创造主题的创新技法，它是一种运用发散思维来克服思维定式的创新技法。

2. 列举法的典型方法

按照所列举对象的不同，列举法可以划分为属性列举法、缺点列举法、希望点列举法、成对列举法和综合列举法。

（1）属性列举法，又称为特性列举法，既适用于个人，又适用于群体。它首先分门别类的将事物与主题属性全面罗列出来，然后在所列举的各项下面，试用可取而代之的各种属性加以置换，从中引出具有独特性的方案，再进行讨论和评价，最后找出具有可行性的创意或创新举措。它适用于革新或发明具体事物。

（2）缺点列举法，将事物的缺点具体地一一列举出来，然后针对发现的缺点，有的放矢地进行改革，获得创造发明成果。

（3）希望点列举法，指通过列举希望新的事物具有的属性以寻找新的发明目标的一种创新技法。它是发明创造者从个人愿望或广泛收集的他人愿望出发，通过列举希望和需求来形成创造主题的创新技法。希望的背后就是新问题和新矛盾的解决和突破。

（4）成对列举法，指通过列举两类不同事物的属性，并在这些属性之间进行组合，通过相互启发而发现发明目标的方法。成对列举法既利用了属性列举法的求全特点，又吸收了强制联想法易于破除框框、产生奇想的优点，因此更能启发思路，收到较好的效果。

（二）移植法

移植法是指将某个领域的原理、技术、方法引用渗透到其他领域，用以改造或创造新的事物。

有位学生提出"面包是怎样制作"的这一问题。教师告诉他，面包是由面粉发酵加工而成的，烤面包时，由于面包内部产生大量气体，使面包膨胀，从而变得松软可口。这引起了学生的好奇与思考。马上就有其他学生提出："我们能不能对这种面包发泡技术进行系列研究进而开发新产品，以求创新呢？"于是，大家查阅各种资料，讨论出许多移植法：

（1）移植到食品加工领域——发泡面、发泡饼。

（2）移植到牲口饲料领域——发酵发泡饲料。

（3）移植到包装、运输、保温、隔声等领域——发泡塑料。

（4）移植到采光材料领域——发泡玻璃。

（5）移植到金属材料领域——发泡金属。

（6）移植到隔热品材料领域——发泡橡胶。

（7）移植到超轻型纱布代用品材料领域——发泡树脂。

（8）移植到工业产品领域——发泡水泥。

 经典分享

2019 年全球创新指数：中国排名再创新高

2019 年全球创新指数于 2019 年 7 月 24 日在印度首都新德里发布。根据新发布的指数，前十名分别是瑞士、瑞典、美国、荷兰、英国、芬兰、丹麦、新加坡、德国、以色列。中国排在第 14 位，较 2018 年的第 17 位上升 3 位。与会专家表示，中国的国家创新能力还有很大的上升空间，这将推动其创新指数世界排名的不断提升。

全球创新指数自 2007 年起每年由世界知识产权组织、美国康奈尔大学等机构共同发布，通过量化指标展示各国创新能力的变化情况。中国连续四年保持上升势头，2016 年，全球创新指数排名中，中国位列第 25 位；2017 年中国位列第 22 位；2018 年中国位列第 17 位；2019 年全球创新指数排名当中，中国上升至第 14 位。

【分析】中国的创新指数排名迅速攀升，表现突出，这其中的原因在于中国非常重视和强调创新驱动经济发展和转型，从工厂向实验室的转型及发展更多知识密集型的高级产业，建立了"一流的知识产权基础体系"，并取得了卓著成效。

课 堂 活 动

寻找生活中运用创新方法的实例

1. 目标

通过寻找具体实例对各种创新技法有更深刻的理解和领悟。

2. 规则和程序

现实生活中不缺乏运用各种创新技法的实例，但缺乏发现的眼睛。一个人仅有创新思维而没有正确的创新方法不可能实现创新，掌握一定的创新技法对于拓展思维的深度和广度，提高创新活动的成效大有裨益。

请按表2-4的顺序完成任务。

表 2-4　寻找生活中运用创新技法的实例

活动顺序	活动内容	
步骤一	在现实生活中调查寻找具体实例，并拍照	
步骤二	创新技法	实例描述
	奥斯本检核表法	
	逆向转换法	
	强迫联想法	
	类比法	
	组合法	
	列举法	
步骤三	完成表格填写后，对照照片编号并注明包含的创新技法名称，一起交给老师审阅	

第三节　创新商业模式

👉 **能力目标**

（1）掌握商业模式的特征及其创新设计工具。

（2）能阐述互联网时代的主要商业模式。

创新商业模式

 引 入 案 例

盒马鲜生

"盒马鲜生"是阿里巴巴对线下超市完全重构的新零售业态。"盒马鲜生"是超市，是餐饮店，也是菜市场，但这样的描述似乎又都不准确。消费者可到店购买，也可以在"盒马鲜生"App下单。

　　"盒马鲜生"综合了很多商业模式，又借助阿里巴巴的物流、信息、会员、支付等优势，是一个混合模式。它用传统线下据点密集布点，实现三公里半径以内的布局。在此之前生鲜电商通常是隔天送货，"盒马鲜生"30分钟送货上门对追求快节奏的消费者来说是一个很大的诱惑。

　　"盒马鲜生"的第一家店开在上海金桥，模式成熟之后继续在上海开店，接着出现了二代店"盒马集市"，并开始走出上海拓展到全国。之后又出现了F2便利店，采用"现吃现做＋到店自提"的运营模式。F2便利店的配送可以通过"盒马鲜生"的大店补货，也可以通过外卖快递员配送。

　　阿里巴巴表示，创造"盒马鲜生"，不是单单为了要在线下开店（毕竟中国并不缺海鲜卖场），而是希望通过线上驱动淘宝系消费数据能力，线下布局"盒马鲜生"与银泰商业，以及和百联、三江购物等开展更丰富的合作形式。模式贯通后，其数据能力和技术能力会对合作伙伴开放共享。

【分析】商业模式创新的机会一直存在，分析和理解商业模式竞争的逻辑，对于设计一个好的商业模式，或者对不同的商业模式进行预判和选择，有很大帮助。

　　在全球化浪潮冲击、技术变革加快及商业环境变得更加不确定的21世纪，决定企业成败最重要的因素，不是技术，而是商业模式。商业模式就是公司通过什么途径或方式来赚钱。简言之，饮料公司通过卖饮料来赚钱；快递公司通过送快递来赚钱；网络公司通过点击率来赚钱；通信公司通过收话费赚钱；超市通过平台和仓储来赚钱等。只要有钱可赚，就有商业模式存在。

一、商业模式的特征及要素

　　商业模式是指为实现各方价值最大化，把能使企业运行的内外各要素整合起来，形成一个完整的、高效率的、具有独特核心竞争力的运行系统，并通过最好的实现形式来满足客户需求、实现各方价值（各方包括客户、员工、合作伙伴、股东等利益相关者），同时使系统达成持续盈利目标的整体解决方案。

（一）商业模式特征

　　商业模式必须具有以下两个特征。

　　（1）商业模式是一个整体的、系统的概念，而不仅仅是一个单一的组成因素。如收入模式（广告收入、注册费、服务费），向客户提供的价值（在价格上竞争、在质量上竞争），组织架构（自成体系的业务单元、整合的网络能力）等，这些都是商业模式的重要组成部分，但并非全部。

　　（2）商业模式的组成部分之间必须有内在联系，这个内在联系把各组成部分有机地关联起来，使它们互相支持，共同作用，形成一个良性循环。

（二）商业模式要素

创业公司在商业模式上常见的失误有：做出来的解决方案没有市场需求，产品缺乏特定的市场，或者产品总是免费赠送。一个成功的（好的）商业模式至少要包含以下七个方面的基本元素。

1. 价值定位

创业公司所要填补的需求是什么？或者说要解决什么样的问题？价值定位必须清楚地定义目标客户、客户的问题和痛点、独特的解决方案，以及明确从客户的角度看，这种解决方案的净效益。

2. 目标市场

目标市场是创业公司打算通过营销来吸引的客户群，并向他们出售产品或服务。这个细分市场应该有具体的人数统计及购买产品的方式。

3. 销售和营销

如何接触到客户？"口头演讲"和"病毒式营销"（口碑营销的一种）是目前最流行的方式，但是用来启动一项新业务还是远远不够的。创业公司在销售渠道和营销提案上要力求做得具体一些。

4. 生产

创业公司是如何做产品或服务的？其关键问题是进入市场的时间和成本。

5. 分销

创业公司如何销售产品或服务？有些产品和服务可以在网上销售，有些产品需要多层次的分销商、合作伙伴或增值零售商。创业公司要规划好自己的产品是只在当地销售还是在全球范围内销售。

6. 收入模式

如何赚钱？关键是解释清楚如何定价。收入现金流是否会满足所有的花费，即刨去日常开支和售后支持费用，还有很好的回报。

7. 成本结构

创业公司的成本有哪些？新手创业者只关注直接成本，低估了营销和销售成本、日常开支和售后成本。在计算成本时，可以把预估的成本与同类公司发布出来的报告对比一下。

一个可行、有投资价值的商业模式是创业者需要在创业计划书中强调的首要内容之一。事实上，没有商业模式，创业就只是一个梦想。

 案　例

创新商业模式代表案例

管理学大师彼得·德鲁克曾经说过："当今企业之间的竞争，不是产品之间的竞争，而是商业模式之间的竞争。"在"互联网＋"思维被赋予多重定义的当前时代，新的商业模式和传统的商业模式最大的区别在于，不再是关于成本和规模的讨论，而是关于重新定义客户价值的讨论。以下就是一些创新商业模式的典型案例。

1. 大疆——消费级无人机市场的霸主

企业介绍：深圳市大疆创新科技有限公司（简称"大疆"），成立于 2006 年，是无人飞行器控制系统及无人机解决方案的研发和生产商，客户遍布全球 100 多个国家。它占据着全球 70% 的无人机市场份额。

创新性：无人机以前主要是应用在军事方面，而大疆是第一个将无人机应用在商业领域并获得成功的企业。大疆无人机如今已被应用在军事、农业和记者报道等方面，成为了"可以飞行的照相机"。

2. 百度度秘——表面它陪你聊天，其实你陪它消费

企业介绍：度秘（duer）是百度在 2015 年世界大会上全新推出的，为用户提供秘书化搜索服务的机器人助理。

创新性：度秘将人工智能带到了广泛使用的场景中，是百度强大的搜索技术和人工智能的完美结合体，可以用机器不断学习和替代人的行为。

3. 人人车——"九死一生"的 C2C 坚挺地活了下来

企业介绍：人人车网络技术有限公司是用 C2C 的方式来卖二手车，为个人车主和买家提供诚信、专业、便捷、有保障的优质二手车交易。

创新性：它首创了二手车 C2C 虚拟寄售模式，直接对接个人车主和买家，砍掉中间环节，卖家可以将爱车卖到公道价，买家可以买到经专业评估师检测过真实车况的"放心车"。

4. e袋洗——力图用一袋衣服撬动一个生态

企业介绍：e袋洗是由 20 余年洗衣历程的荣昌耀华网络技术（北京）有限公司转型而来的 O2O 品牌，采取众包业务模式，以社区为单位进行线下物流团队建设，即在每个社区招聘本社区中 40～60 个人员作为物流取送人员。

创新性：e袋洗是第一个以洗衣为切入点进入整个家政领域的平台。e袋洗的客户主要是"80 后"，洗衣按袋计费：99 元按袋洗，装多少洗多少。e袋洗还推出了新品小 e 管家，在小 e 管洗、小 e 管饭的基础上，计划推出小 e 管接送小孩和小 e 管养老等服务，以单品带动平台，从垂直生活服务平台转向社区生活共享服务平台，以保证 C2C 两端供给充足。

5. 实惠 App——团购不彻底，直接免费

企业介绍："实惠 App"是一款基于移动端，主打社区的生活服务类 App。用户通过在实惠 App 上查找自己工作的写字楼或居住的社区，可以领取优惠券或商家提供的优惠礼品，享用身边的生活服务和便利商品，同时进行邻里间的社交，让用户生活

更便捷、更实惠。

创新性：实惠 App 的创新之处是做免费团购——颠覆团购低价模式直接 0 元团购。通过平台将商家提供的免费福利，派发给参与中奖的用户。它以城市上班族为主要对象，通过附近福利、免费抢福利和品牌大乐透等方式推送给用户，使用户既得到实惠，又得到良好的游戏体验。

6. 干净么——餐饮界的 360，免费还杀毒

企业介绍：干净么是一个互联网餐饮安全卫生监管平台，基于移动互联网并连接各个环节、各个部门的第三方卫生监管平台，同政府、媒体、商家和用户等多方互动来进行监管。

创新性：它是第一家利用"互联网＋"思维来打食品安全这场仗的第三方平台，不仅对餐饮商家进行测评、监管，还包含学校、幼儿园、单位食堂等在内，用户可查阅自己感兴趣的商家的卫生安全等级，从而判断是否到此就餐。

【分析】创新商业模式在现代经营管理理论基础上，利用手中优势资源，充分发挥企业自身的优势，并着力发展，使之成为企业发展的核心竞争力。"成功商业模式"可进一步划归为"基于技术突破与创新"和"主要依托产业价值链融合与分解"两类，并在不同的领域与产业价值链条上做出了不同程度的创新。

成功的商业模式既有共通之处，又有不同之处。共通之处是创新地将内部资源、外部环境、盈利模式与经营机制等有机结合，不断提升自身的营利性、协调性、价值、风险控制能力、持续发展能力与行业地位等。不同之处是在一定条件、一定环境下的成功，更多具有个性，不能简单复制，必须通过不断修正才能保持持久生命力。显然，创新商业模式不能只研究商业模式。如果不懂经济法则，不懂社会潮流，不懂人文需求，往往还是不能创新出新的商业模式。

二、创新商业模式工具

为避免商业模式设计的盲目性和随意性，《商业模式新生代》作者——亚历山大·奥斯特瓦德认为，一个完整的商业模式应包括四个视角、九个模块。他提出了最著名的创新商业模式工具——商业模式画布（business model canvas，BMC）。

创新商业模式—天秤星（跨境收款）

（一）商业模式画布的概念

商业模式画布是指一种能够帮助创业者催生创意、降低猜测、确保找对目标用户、合理解决问题的工具。商业模式画布是把商业模式涉及的九个关键模块整合到一张画布之中，可以灵活描绘或者设计商业模式。

商业模式画布图（图 2-11）由九个方格组成，每一个方格都代表着成千上万种可能性和替代方案，你要做的就是找到最佳的那一个。

商业模式画布的价值就在于：它准确地告诉你，只要思考完这九个方面的问题，你的商业模式就一定是理性的、思考全面的。

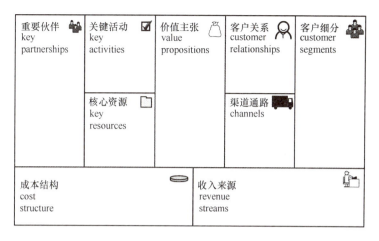

图 2-11　商业模式画布

（二）商业模式画布各模块要点

在画布的九个模块中，价值主张是核心，当然设计价值主张的前提是明确客户细分，目的是找到细分客户的需求。

价值主张左端是成本结构，右端是收入来源。无论做什么产品，只有把产品的价值创造出来，才能考虑收入来源的问题。

1. 客户细分

客户细分一是选择哪种类型的客户；二是能否把所瞄准的客户再细分，找出共性。

找共性是很多项目会忽视的，但共性一旦被真实描述出来，产品和服务就可以有的放矢，提高需求满足的精准度。无法客户细分经常意味着还不够了解客户。市场上充斥着各种伪需求项目，产品经理在"想象"客户需求，毫无疑问这类项目的成功难以持续。

2. 价值主张

价值主张是对目标客户来说，你确实"有价值，最好超值！"

价值主张需要告诉消费者为什么选择你而不是选择你的竞争对手，解决的是"why"的问题，在信息过剩且消费者普遍有选择焦虑的情况下，需要一开始就把你的产品服务清晰明了地传达给消费者。

为什么选你而不选其他？要给消费者一个理由。好的价值主张需要进入客户细分场景，思考客户在使用场景下的痛点是什么，并洞察其内心渴望或期盼。卓越的价值主张是对客户需求理性满足前提下的感性表达。客户的痛点往往很多，识别出核心痛点进行针对性满足，就能吸引新客户及保有现有客户，顺带而来的，就是项目营收增长，企业表现向好。

3. 渠道通路

瞄准了目标用户后就需要思考如何接触我们的目标用户。同时还需要评估哪些渠道最有效，投入产出比较高，就是我们经常所说的 ROI（投资回报率）。

不管线上还是线下，重点是如何更高效地接触并让用户留存在你的渠道里。可用以下方法印证：是否能提升客户对产品和服务的认知？是否能帮助客户评估公司价值主张？是否能协助客户购买特定产品和服务？是否能向客户传递价值主张？是否能提供售后服务支持？

4. 客户关系

客户关系要考虑的重点是如何与客户建立联系，并努力产生黏度，形成一定程度的依赖性。客户关系是一个不断加强与客户交流，不断了解客户需求，并不断对产品及服务进行改进以满足客户需求的过程。

5. 重要伙伴

谁是我们的重要伙伴和重要供应商？我们需要或正在从合作伙伴处获取哪些核心资源？简单说，就是做这个业务你得考虑哪些人，重要关系人都是谁。

6. 核心资源

关键资源是指企业自身所拥有的能力和资源，你是拥有很多钱可以烧、还是拥有一流的人才来给你服务，还是说你具有品牌影响力。凡是能帮助你提高竞争力的东西都是资源。关键资源与重要伙伴的区别是，后者往往是行业所共有的，是产业价值链的组成部分，而前者是自己"独有"或"特有"的竞争资源。

7. 关键活动

综合重要伙伴和关键资源，你要做点什么？注意这个做什么最重要的是要显示你是不一样的，关键活动代表了你将在市场和用户那边能形成多大的影响力，以左右人们的购买决策。价值主张必须有关键活动的支撑，否则主张就是空谈。好的关键活动是综合可调动资源和可控成本下的最优设计或选择。

8. 成本结构

需要花钱的地方都是成本。包括场地成本、人力成本、营销成本、仓储成本、物流成本、进货成本等。或者可以看一下所处行业的财务报表，对成本费用都有专门的分类。可以找到同业的上市公司，财报都是公开的，同时有不同的机构会对其进行分析，从中可以观察到成功企业的钱都花在了什么地方，以及主流的行业趋势。

9. 收入来源

收入来源就是哪些可以收钱？只收一次？还是可收多次？占比有多高？是否可持续？

一项生意要避免成为"死意"，收入要大于成本。刚起步时收入小于成本正常，但要阐述好未来收入是如何大于成本的，这样才可能吸引到投资者。

以上是各模块的思考重点，纵向来看重要伙伴、关键活动、关键资源共同构成你的成本结构。客户关系、客户细分、渠道通路则是你收入来源考虑的因素。

 经典分享

360 杀毒软件是怎么赚钱的

北京奇虎科技有限公司花了那么大的代价开发的 360 杀毒软件为什么不要钱？其实 360 杀毒软件本身不是用来赚钱的，而是用来占领 3 亿台 PC 端的。

那么它怎么赚钱？当所有的电脑都装上了 360 杀毒软件或是 360 安全卫士，它开始帮助你清理电脑、杀毒、杀木马，解决电脑一切后服务的问题。有一天，当你发现你的电脑跳出来一个弹窗广告："特步，飞一般的感觉！"只要你看了这个广告，北京奇虎科技有限公司就有钱赚了。假如有 100 万人点了，按每人 1 角收特步的广告费，那么它就会收到 10 万元广告费。

你正上网，突然弹出一个游戏，你发现这个游戏挺好玩，还免费，于是你开始玩，但是你玩着玩着，发现要打好这个游戏必须升级装备，这会有少部分人付钱，假如有 100 万人，北京奇虎科技有限公司就会获得游戏分成收入，每个人的付款中的一元给北京奇虎科技有限公司，它又挣到 100 万元。后来北京奇虎科技有限公司自己开发小游戏，收入都是它自己的。

而当你通过 360 杀毒软件进入某购物网站，你看到上面有许多你喜欢的衣服、鞋子，只要你买，北京奇虎科技有限公司又获得分成收入……人们以为北京奇虎科技有限公司是杀毒软件公司，其实它只是做出一个杀毒软件产品拿来与人发生关系，真正目的是获得后端盈利，靠收广告费、游戏分成和电商导流收入挣钱。

【分析】所有互联网公司认为能够挣钱的不是商品，而是用户。所以把主营业务都用来免费，甚至倒贴，然后用副业来挣钱。这个时代是用户为王的时代，只要有用户就会源源不断地产生后端的盈利。

课堂活动

设计商业模式

1. 目标

认识到商业模式创新无处不在，以身边的实体商业模式为引线，发挥创意，进行新型商业模式的设计。

2. 过程和规则（时间 20 分钟）

（1）教师铺垫："在我们的生活中，传统的商业模式比比皆是。但是，只要我们依据商业内部资源、外部环境，将盈利模式与经营机制等有机地结合，充分发挥创意，就能设计出适合其发展的新的商业模式。"结合案例介绍几个创意商业模式。

（2）学生以"书店＋生活方式"为题，充分发挥创新思想，打破现有传统商业模式，畅谈自己的商业模式新设想（用商业画布工具）。

第 二 部 分

叩 响 创 业 之 门

模块三 创业与创业精神

 模 块 导 读

近年来，"大众创业，万众创新"已成共识，成为风潮。究其原因，创业不仅是一种生活态度，也是一种生活方式。

本模块第一部分介绍了创业的概念、创业对于社会及自身的意义、有关创业者的自我探索和职业生涯的规划等方面内容。

究竟什么样的人适合创业？他们具有什么样的性格、能力与价值观？他们的职业选择是怎样的？如何对自己是否具有创业的潜质进行判断和评估？这是本模块第二部分探讨的问题。

通过本模块学习，能够基本了解创业者职业生涯规划的特点，明确创业者职业发展的方向；同时能够评估自身的创业潜质，掌握创业者所具备的潜质及创业潜质的提升方法。

第一节 创业和创业者

☞ **能力目标**

（1）了解创业的社会意义和自身价值。
（2）掌握创业者职业生涯规划的重要性。
（3）掌握提升创业素质的方法。

创业和创业者

 引入案例

从"国家级大学生创新创业训练计划"走出来的创业者

2018年4月，"桃子小屋"全国九家店共庆三周年。回想四年来的创业历程，创始人陶予琦感慨道："创业路上，有些事情没有你想象的那么困难，有些事情也没有你想象的那么简单。"

谈起创业缘由，陶予琦说："进入大学之后，自身体质有所下降，外加周边同学饮食作息不健康，那时我便萌生做大健康产业的想法。"2014年，"桃子小屋"开始销售蓝莓系列产品，受到市场欢迎，逐渐打响品牌。"单卖蓝莓肯定不行，市场是不断变化的。"在如此繁杂的市场中，"桃子小屋"沿着大健康产业不断重新定位，从而转向经营药食同源、茶品香道、翡翠文玩三大系列。

从物流运输到产品输出，从市场销售到门店经营，"桃子小屋"一步步打开市场，过百万的收益令人羡慕不已。其实背后也藏着不为人知的艰辛。"创业开始的每一天都在遇到问题，但是不解决问题怎么叫创业呢？"创业起初，人才稀缺、资金匮乏，年轻的"桃子小屋"团队屡遭市场质疑。但是陶予琦率领团队以优质的产品与服务，一步步赢得了客户的信赖。

创业成功离不开一个好的团队。或通过社团招募，或经过口耳相传，甚至是由于一包枣子的回购，奇妙的缘分将35名成员聚集在一起。"做好吃苦的准备，一切都会过去的！"坚定的信念支撑着她们在创业路上同甘共苦、携手并进。

创业初期资金匮乏，在成员的东拼西凑下，得以开展第一次蓝莓销售。2015年，第一家实体店开张。面对经营不善、市场口碑不佳的状况，陶予琦和团队成员们只能挤在狭小的店铺里，一点点地积累口碑，拼出业绩。2018年，即使已在全国拥有九家连锁店，她们也一直在开拓市场。

陶予琦曾带领团队获得江西省青年科技创新产业组优秀奖，"创青春"挑战杯省赛铜奖，其团队的新项目"小铃铛文创馆"在江西省第四届"大创课"中夺冠。创业项目《从蓝莓里走出来的"桃子小屋"》入选《砥砺十年星火燎原——国家大学生创新创业训练计划十周年（创业篇）》。

"年轻就是最大的资本，趁年轻，想做的事就要勇敢去尝试！"陶予琦认为，创业需要优良的素养，要高度自律，能吃苦耐劳。从卖蓝莓到完善大健康产业链，陶予琦趁年轻，闯出了她想要的创业路。

【分析】创业者应是善于发现市场需求，敢于承担风险和责任，并能组织资源满足市场需求的人。他们不仅要有敏锐的市场洞察力，还要有很强的意志力和奋斗的精神，才能做到高度自律，吃苦耐劳。

一、创业是人生的一种选择

（一）什么是创业

《现代汉语词典》对"创业"的解释是：创办事业，而"事业"是指人所从事的，具有一定目标、规模和系统，并对社会发展有影响的经济活动。《辞海》对"创业"的解释是：创立基业。"基业"是指事业的基础。由此可见，创办事业是创业的本质。

创业有广义和狭义之分。广义的创业是指人类的创举活动，或指带有开拓、创新并有积极意义的社会活动。这种活动可以是盈利的，也可以是非盈利的。只要是人们以前没有做过的，对社会产生积极影响的事业，都可以说成创业。美国的荣斯戴特曾提出："创业是一个创造增长的财富的动态过程。"杰弗里·蒂蒙斯也指出："创业是一种思考、推理和行为的方式。创业导致价值的产生、增加、实现和更新，不只是为所有者，也为所有的参与者和利益相关者。"

从更广义的角度来看，一个人根据自己的性格、兴趣、知识与能力等选择自己的角色、职业和工作岗位，在这一岗位上创造性地发挥自己的特长和才干，实现个人价值并为社会带来财富的活动，也属于创业，因而"创业"也有岗位创业的含义。

狭义上所讲的"创业"，源于entrepreneur（企业家、创业者）一词，因而对其理解通常带有经济学的视角。例如，精细管理工程创始人刘先明认为："创业是指某个人发现某种信息、资源、机会或掌握某种技术，利用或借用相应的平台或载体，将其发现的信息、资源、机会或掌握的技术，以一定的方式，转化、创造成更多的财富、价值，并实现某种追求或目标的过程。"郁义鸿、李志能在《创业学》一书中也指出："创业是一个发现和捕捉机会并由此创造出新颖的产品或服务，实现其潜在价值的过程"。

可见，狭义的创业特指个人或团队自主创办企业。我们将其定义为：创业个人或创业团队通过寻找和把握各种商业机会，投入已有的知识、技能和社会资本，调动并配置相关资源，创建新企业，为消费者提供产品或服务，具有创新或创造性的、以增加财富为目的的活动过程。

（二）创业的本质

创业首先是一种创新，包括理念上的创新、技术上的创新和组织上的创新。同时，创业活动又是一种具有高度创造性的社会实践活动，即创业创造了新的企业、创造了新的技术和产品、创造了新的市场、创造了新的价值和经济效益、创造了新的就业岗位等。总之，创业是富有创新精神的创业者与机遇相结合并创造社会经济价值的活动。

杰弗里·蒂蒙斯毕业于哈佛商学院，是著名的创业学家。根据对创业的理解和研究，他提出了创业过程模型（图 3-1），认为三个要素影响了整个创业历程：商机、资源和团队。这三者随着企业发展而保持动态平衡关系。

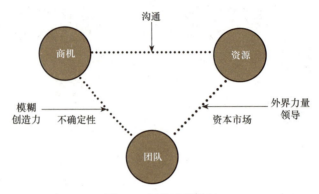

图 3-1　创业过程模型

第一，商机是创业过程的核心驱动力，创始人或工作团队是创业过程的主导者，资源是创业成功的必要保证。创业过程始于创业机会，而不是钱、战略、网络、团队或商业计划。开始创业时，商业机会比资金、团队的才干和能力及资源更重要。在创业过程中，资源与商机间经历着一个适应→差距→适应的动态过程。

第二，创业过程是商机、团队和资源三个要素匹配、平衡的结果。处于模型底部的创始人或工作团队要善于配置和平衡，借此推进创业过程，其核心是：对商机的理性分析和把握，对风险的认识和规避，对资源的最合理利用和配置，对工作团队适应性的分析和认识。

第三，创业过程是一个连续不断的寻求平衡的行为组合。在三个要素中，绝对的平衡是不存在的，但企业要保持发展，必须追求一种动态的平衡。创业者必须考量的问题是：目前的团队是否能领导企业未来的成长；下一阶段可能面临哪些风险。

创业者在创业过程中就像一个杂技表演者，一边要在平衡线上跳上跳下，保持平衡，一边还要在动荡的处境中进行各式各样的表演。

可以看出，蒂蒙斯的创业过程模型明确了创业中最为重要的要素，且通过不同要素的相互制约与平衡来阐述创业过程中的不同阶段。经过不断的发展，该理论模型的内涵得到了丰富，但是其内容和框架没有发生改变，这一点也体现了该理论的普适性。

（三）创业的基本特征

创业具有自觉性、创新性、风险性、利益性和曲折性等基本特征。

（1）自觉性。创业是创业者自觉做出的选择，是其能动性的反映。

（2）创新性。创新是创业的主旋律。创业过程是一个不断创新的过程，创新人才首先要有创新动机、创新意识和创新精神。只有不断创新，企业才会有生命力。

（3）风险性。创业是有风险的，创业的过程充满成功和失败。一般来说，创业可能有五个方面的风险：一是政策风险，特别是临时性、突发性出台的政策法规，对创业企业可能产生较大打击；二是决策风险，不同的决策方案有不同的机会成本，创业者对于市场的把握和经验的缺乏都容易放大这样的风险；三是市场风险，这是核心风险因素，如更强势的竞争对手出现导致竞争加剧，市场形势变化；四是扩张风险，如果盲目扩张，不能与企业能力、市场需求合拍，是极其危险的；五是人事风险，不仅表现在企业组织不能正常运行上，还表现在当员工被竞争对手挖"墙脚"时。

（4）利益性。创业以增加财富为目的，没有利益的驱动，就不会有人能够承受创业所面临的风险。创业过程中获利多少，也是人们衡量创业成功与否的重要标志。

（5）曲折性。创业者往往要受到重重挫折，经过多年艰苦奋斗，倾注大量心血，才能获得成功。创业者必须做好吃苦的思想准备，只有在困难前面不屈不挠，才能笑到最后。

二、创业与就业的差异

大学生创业是指一些有理想、有胆识的大学生，利用自己的知识、技术和才能，以自筹资金、技术入股、寻求合作等方式，为自己在社会上求生存、谋发展开辟一条新的途径，创立新的社会经济单元。他们不是现有岗位的竞争者、填充者，而是为自己、为社会更多的人创造就业机会，并直接为社会创造价值且做出贡献的开拓者。

创业者与创业
精神（上）

大学生创业，不仅要求大学生能结合专业特长，根据市场前景和社会需求创造出有竞争力的新技术、新产品和服务，而且要直接面向市场、面向社会，在为社会创造价值的同时，使自我价值不断得到充分体现。目前，虽然成功走上自主创业道路的大学生还为数不多，但它代表了一个方向，引领了一个新的就业潮流。

选择就业与选择创业，是大学生出路选择的两条完全不同的道路，主要有以下几个方面的差异。

（一）担当角色的差异

创业者和就业者在企业中的地位、所肩负的责任和使命均有较大差异。创业者通常处于新创企业的高层，在企业实体的创建过程中，创业者始终是负责人，始终参与其中；而就业者通常处于中低层，到达高层需要一个过程，也不需要对企业的成长负责，只需要做好本职工作就可以了。

（二）要求技能的差异

创业者通常身兼多职，要有战略眼光，也要有具体的经营技能，从而要求其具备相当全面的知识和技能；就业者通常具备一项专业技能即可开展自己的工作。

（三）收益与风险的差异

就业者的主要投入是数年的教育成本，而创业者除了教育成本外，还包括前期准备中投入的人力、物力和资金成本。一旦失败，就业者并不会丧失教育成本，但创业者会损失在创业前期投入的几乎一切成本；而一旦成功，就业者只能获得约定的工资、奖金及少量的利润，创业者则会获得大多经营利润，其数额理论上没有上限。

（四）成功依赖因素的差异

就业很大程度上可以依靠企业实体，但创业更多的还要考虑自身的经验、学识与财力，以及各种需求和各种资源占有等条件。

三、创业的社会意义和自身价值

（一）"济天下"——创业对社会的意义

回顾近 20 年来，创业者所创造出的新行业，诸如个人电脑、生物技术、闭路电视、电脑软件、办公自动化、手机服务、电子商务、互动网络、虚拟技术等，就不难想象创业者是如何巨大地改变了世界的发展进程和人们的生活、工作和学习方式。

1. 创业可以增加社会财富，促进经济发展和社会繁荣

创业过程是增加社会财富的过程。企业在生产经营的过程中，为社会创造了财富，增加了社会价值，并大大增加了国家的财政税收。企业的产品和服务拉动了国内的市场需求，满足了人民生活的需要，丰富了市场，促进了社会经济的繁荣。创业还改变了传统的产业格局，催生了很多崭新行业，加速了经济结构调整。在创业过程中，社会资源得到优化配置，市场体系不断得到完善，市场竞争活力得以保持。

2. 创业可以实现先进技术的转化，促进生产力提高和科技创新

创新是创业的主要驱动力量，创业是新理论、新材料、新设备、新工艺、新技术的孵化器，也是形成现实生产力的转化器。

2010 年 5 月 27 日，苹果公司的市值超过微软公司，成为世界上最大的科技公司。2011 年 9 月，苹果公司市值达到 8 816 亿美元，归根结底是其可持续的技术创新能力。苹果公司在准确把握消费趋势的前提下，通过持续的技术创新使自己始终处于行业领先的地位。

3. 创业可以提供就业岗位，缓解社会就业压力

目前，我国正处在改革开放后的第四次人才流动，在这次流动中，四股劳动大军纷纷涌向中国的劳动市场：一是大学毕业人数激增；二是农村劳动力向城镇转移的步伐进一步加快；三是随着我国加入世界贸易组织过渡期的结束，国企改革力度的加大和经营机制的转换，下岗工人的数量会继续增加；四是"海归"人数的增加。受人口基数、人口年龄结构、人口迁移及社会发展进程等因素影响，21 世纪前 30 年我国仍将面临较大的就业压力。

中小微型创业企业不仅可以解决创业者本身的工作岗位，同时也为需要工作的人们提供了大量的工作岗位，扩大了就业率，降低了失业率，大大缓解了社会的就业压力，从而稳定了社会秩序。

4. 创业可以激发整个社会的创新意识和创业精神，有利于观念的转变

在美国，创业革命使得"为自己工作"的观念深深扎根于美国文化中。在我国，近年来如火如荼的创业大潮使得无数个人进入了经济和社会的主流，对于形成创新、宽容、

民主、公正、诚信等观念和文化具有积极的作用。

（二）"善其身"——创业对创业者的意义

创业是一个伟大的历程，是一个精彩的大舞台。创业起步可高可低，创业的发展空间无限。通过创业，才能有效实现人生的价值，把握人生的航向。

1. 创业可以主宰自己，充分发挥自己的才干

许多上班族之所以感到厌倦，积极性不高，重要原因之一是给别人"打工"，个人的创意、想法往往得不到肯定，才能无法充分发挥，缺乏成就感，总感觉"怀才不遇"。而创业则完全可以摆脱种种羁绊，充分施展自己的才华，发挥最大潜能，使自己的人生价值得到更好体现。

2. 创业可以帮助个人积累财富，一定程度上满足个人对物质的追求欲望

工薪阶层的收入有高有低，但都是有限的，没有太多提升空间。而摆脱这些烦恼的最佳途径就是开创一份完全属于自己的事业。它提供给创业者的利润是没有极限的，任你想象。根据统计资料，在美国福布斯富人榜前 400 名中，75% 是第一代创业者。各类名目的中国富豪榜中，以创业起家的也占大多数。

3. 创业能够使个人有机会和实力回馈社会，具有极高的成就感

创业者创造的企业一方面为社会提供了产品或服务，一方面为个人、社会创造了财富。企业融入社会再生产的大循环之中，可从多个环节中为国家和社会做出贡献，这种贡献使得创业者个人能够从中收获巨大的成就感。

4. 创业使个人能够从事喜欢的事业并从中获得乐趣

创业者选择创业项目，通常都会从个人感兴趣的领域着手，将其与自己的知识技能、专业特长等结合起来。而做自己喜欢做的事本身就是一种享受。

5. 创业使个人从挑战和风险中得到别样的享受和刺激

创业充满挑战和风险，同时也充满克服种种挑战的无穷乐趣。在创业过程中，可以感受到无穷的变化、挑战和机遇，这是一个令人兴奋的过程，创业者可以通过征服创业过程中的重重困难来获得一种激励和快感，丰富自己的人生体验。

四、创业者及创业意识

（一）创业者及其特质

"创业者"一词由法国经济学家 Cantillon 于 1755 年首次引入经济学。1800 年，法国经济学家萨伊首次给出了创业者的定义，他将创业者描述为将经济资源从生产率较低的区域转移到生产率较高区域的人，并认为创业者是经济活动过程中的代理人。著名经济

学家熊彼特则认为创业者应为创新者、经济变革和发展的行动者。

创业者就是善于发现市场需求，并敢于承担风险和责任，组织资源满足市场需求的人。创业者有狭义和广义之分，狭义的创业者是指参与创业活动的核心人员，广义的创业者是指参与创业活动的所有人。

广义上说，创业者不仅是创造企业的人，也有可能是发明者，也可能是创造某种制度的人。他们开创了时代，建立了城市、宗教或者新的生活方式。"为了创造新事物，他们必须脱离原有的模式，踏上寻找原始创意的旅途。这种萌芽般的原始创意具有强大的潜力，能够催生出全新的事物。""任何想体验充满各种不确定性和模糊性的战场的人都可能成为创业者，任何想跨越诸多高峰的人都可以成为创业者。"不管面对何种情景，都有意愿持续前行的人，都可称之为"创业者"。

提到创业者，或许你可以想到很多商业神话，觉得他们遥不可及，但事实上，他们只是具备一些优良的特质而已，这些特质包括以下几个方面。

1. 执着

褚时健，曾是有名的烟草大王。1999 年，被判无期徒刑。2001 年保外就医后，在 2002 年，他携妻子于哀牢山开始种植橙子，最终获得商业上的巨大成功，被人们称为"褚橙之父"。王石曾用巴顿将军的名言评价褚时健："衡量一个人的成功标志，不是看他登到顶峰的高度，而是看他跌入谷底后的反弹力。"

2. 洞察力

乔布斯，坚持科学技术与人文情怀的结合，对于产品有着近乎偏执狂般的热情。在大多创业公司的产品都在"满足需求"时，他能够发现消费者自己都不曾发现的需求。例如，乔布斯坚持做一款用户体验极佳的手机产品，而不是一款永远摔不坏的产品。甚至首代 iPhone 推出后，受到了其他厂商的嘲讽。然而事实证明，对于科技的追求及良好的用户体验，才是人们真正的内心诉求。很多人也会称他为"乔帮主"，代表着对乔布斯为人类社会做出贡献的尊敬。

3. 从失败中吸取教训

史玉柱，面对巨人集团资金链断裂、负债 2.5 亿元的危机状况，选择再次创业，并在调查市场需求后进行"脑白金"保健产品及"征途"等网络游戏的运营，成功扭转败局。创业者不应该是一个无法承担风险的人，相反，他们会从失败中学习，快速调整状态，转败为胜。

4. 追求成功

吉利汽车李书福，大部分人对他的评价是——一个不甘于平庸的人。1982 年，他用从父亲那里借来的 120 元开办了照相馆，赚取了第一桶金。1984 年，他开始从事电冰箱生产行业。不到十年时间，李书福又不甘于冰箱这样的"小买卖"，开始做更为复杂的摩托车生意，不仅把国内的市场做得很好，而且做到了国外。这时的李书福，做出了在那个年代看来大胆的决定，他准备做国内当时还没有私人可以踏足的汽车制造行业。1997

年，他投资了一个工厂，带着团队开始制造汽车，1998 年，第一辆汽车出厂。2009 年年底，吉利与沃尔沃达成了收购协议，《华尔街日报》将他称为中国的"亨利·福特"。

5. 合作

相信很多人从电影《中国合伙人》里看到了创业团队的重要意义。俞敏洪创办新东方，除了自身的努力和奋斗外，很大程度上也和"三驾马车"另外的两位成员——徐小平和王强有着紧密的关联。

除此之外，我们可以通过很多案例看到创业者身上很多不同的特质，约翰·霍纳迪（John Hornaday）总结出了创业者的 42 项特征（Hornaday，1982），如表 3-1 所示。

表 3-1　创业者的 42 项特征

序号	特征	序号	特征	序号	特征
1	自信	15	聪明	29	性格开朗
2	有毅力、坚定	16	目标明确	30	个人主义
3	精力充沛、勤奋	17	勇于迎接挑战	31	有勇气
4	机智多谋	18	独立	32	有想象力
5	风险承担能力强	19	开放的心态	33	有洞察力
6	有领导力	20	追求效率	34	能够容忍不确定性
7	乐观	21	决策果断	35	有进取心
8	追求成功	22	有责任心	36	懂得享受
9	知识丰富	23	有远见	37	追求效果
10	创新、创造力	24	执行认真	38	全力以赴
11	有影响力	25	团队、合作精神	39	信任下属
12	善于与人相处	26	利润导向	40	敏感
13	积极主动	27	从失败中快速学习	41	诚实
14	灵活	28	有权力感	42	成熟、考虑周全

（二）创业意识

创业意识是指一个人根据社会和个体发展的需要所引发的创业动机、创业意向或创业愿望。它包括创业的需要、动机、兴趣、理想、信念、价值观和世界观等要素。它是人们从事创业活动的先导和出发点，是创业思维和创业行为的前提。

当代有志于自主创业的大学生，应当自觉地增强创业意识，主动适应社会与时代发展的现实需要。

五、创业动机及其分析

人类从事任何活动总会指向一定的主观意愿的满足，如吃饭穿衣为保障生存、求学为求知、上班为赚钱。我们把导向种种目的的意念或愿望叫作动机。我国著名创业学专家李家华认为：创业动机是指引起和维持个体从事创业活动，并使活动朝向某些目标的内部动力。它是鼓励和引导个体为实现创业成功而行动的内在力量。说得通俗一点，创业动机就是有关创业的原因和目的，即为什么要创业的问题。

创业活动是一种综合性很强的社会实践活动，它源于人的强烈内在需要。这种内在需要也并不一定就会催生创业行为，只有当创业需要上升为创业动机时，才能形成创业者竭力追求和获得最佳效果的心理动力。创业动机是推动创业者从事创业实践活动所必备的积极的心理状态和动力。

（一）创业的动机

人们的动机来源于个体不同的价值观，价值观是指人们在做选择和判断时最为看重的原则、标准和品质。由于价值观选择的不同，人们的创业动机也有所不同。根据需求层次理论，可将创业动机分为以下几种。

1. 生存需要

生存是人类的第一需要。若一个人失去就业机会，常常会为养家糊口、为暖衣饱食，不得不自己创业。下岗工人、失去土地或因为种种原因不愿困守乡村的农民，以及刚刚毕业找不到工作的大学生，如果创业，都属于这类创业者。

2. 利益驱动

有一些人觉得为别人打工、拿死工资很难脱贫致富，很难早日摆脱"房奴""车奴"的生活，他们向往创业成功者身上的财富光环。为了积累更多的财富，在未来有更好的生活，他们走进了创业的行列。

3. 压力驱使

创业也是一份职业，只不过这份职业需要创业者具备较高的综合素质才能顺利开展。如今大学毕业生的工资待遇起点不高，在中小城市还能过得相对安逸。在北京、上海、广州等一线城市则只能维持基本的衣食住行。既然打工不能改变窘困的生活现状，而自主创业成功却能带来高利润高效益，那就不妨尝试自己做老板。这类学生同时还抱着这种心态：自己的事业，做起来会更有工作激情、更投入，从而更容易成功，就算失败，也不遗憾。

4. 积累学识

有人做过一个比喻：从荔枝干的味道，是没法推想鲜荔枝风味的。这句话道出了直接经验的重要性。书本知识都是前人认知的积累，亲自实践获得的知识比间接经验要深刻通透得多。有一些人，为了增加实践经验，丰富社会阅历，或者为了自己以后的发展或目标做准备，会利用课余或业余时间走上创业道路。他们的动机往往单纯，不掺杂任何物质功利的因素，本身也没有生活压力，就是为了使自己能够学以致用。

5. 实现理想

研究表明：青年时期是创造力最为活跃的时期，这个年龄段正处于创造能力的觉醒时期。因此大学生普遍思维活跃，创新意识强烈，同时所受的约束和束缚较少。另外，由于大学生所处的环境，更容易接触一些新的发明和学术新成果，甚至一部分人本身就拥有自主知识产权的科研成果。为了能早日实现自己的目标，他们中的一部分人也开始了创业。创业的动机很重要，不能赶时髦，但必须要有热情。成功其实是指一个人能实现自己有价值的理想，是一个人对社会起了怎样的作用。当然，创业成功者毕竟是少数，但创业不只看结果，创业过程本身就是一种财富。

总之，创业动机千差万别，也许一千个创业者就有一千种创业动机。无论何种动机，只要能引发创业的欲望继而投身到创业行动中，该行为本身就具备价值，但动机的作用是唯一的，它是创业行为产生并前进的推动力。

（二）创业动机的产生要素

1. 需求层次因素

马斯洛把需求分成生理需求、安全需求、爱和归属感、尊重、自我实现五类。他认为，各层需求之间不但有高低之分，而且有前后顺序之别，只有低一层需求获得满足之后，高一层的需求才会产生。需求不同，创业动机也有差异。在基本需求的驱使下，创业者会为了财富、尊严而创业。当创业者的事业发展到一定阶段，积累了一些财富，往往会相应地获得自我满足和他人尊重。因此，创造财富是绝大部分创业者的直接目标，而"成长需求"则能够在很大程度上解释大部分创业者的创业意图。

2. 社会环境因素

近年来，随着创业热情的升温，我国相继出台了不少优惠措施，如建立专项基金、提供小额贷款等。这些积极的创业政策激发了广大青年的创业热情。

3. 创业教育影响

创业教育的重要性在于通过创业教育改变人们的传统意识与观念，使人们养成创业精神，产生创业意识，提高创业能力，从而将创业作为一种未来选择。大学生群体接受创业教育的程度对他们创业动机的产生有很大的影响。事实证明，一个人接受的创业教育越系统、全面，其创业能力越高，创业的勇气与决心也就越大，选择创业道路的可能性越大。

4. 创业者素质因素

成功的创业者往往有敢为天下先的勇气，有百折不挠的毅力，有对事业和社会的高度责任感；他们眼光独到、观察力敏锐，能够总揽全局、高瞻远瞩；他们储备了丰富的知识，具备良好的技能，善于处理复杂的矛盾。高素质决定着创业动机的高境界。

（三）树立正确的创业动机

大学生创业政策越来越多，创业氛围越来越浓厚，大众创业的潮流势不可挡，但创业前也需要冷静思考：自己适不适合创业？创业可以实现什么样的人生目标？

1. 我不喜欢现在的工作，我想创业

虽然创业可以做自己喜欢的工作，但要意识到两点：一是你喜欢的不一定就能做好；二是创业需要做很多事情，这些事情中也有很多你不喜欢的。实际上，大部分创业者做的许多事情并非是喜欢，而是不得不做。

2. 我不想做这些单调重复的工作，我想创业

新入职的大学毕业生，一般都是从基础的工作做起，也就是做一些日常事务性的工作，而他们却不甘于从基础工作做起，觉得自己是做大事的。可是就算你在创业，事务性和基础性的工作也是需要做的，而且这类工作会更多、更烦琐。例如，你要和银行、工商、税务等机构打各种交道，因而需要处理的事情不会比做员工时的事务少。

3. 我不喜欢我的领导，我想创业

有这个想法一般是因为人际关系不如意。如果仅仅是办公室里的几个人，都处理不好关系，那创业要面对更多的人，该如何搞定他们呢？应该是更难。假如认为选择创业就可以自己当老大，可以对其他人颐指气使，那这种认识肯定是错误的。别人凭什么听你的呢？人际关系也是创业最先要面对的一个大问题，先处理好身边的同事关系，以后真正创业了，才能做一个员工喜欢的老板。

4. 我想要追求自由，我想创业

有这种想法的人，对自由的理解通常只限于他表面看到的。例如，创业者可以自由安排时间，不用朝九晚五上下班打卡。可真正的创业者也许其精神、内心的自由会多一些，但在人身、时间上的自由一定会比上班的人少。有的创业者是一天工作十几个小时，每周无休。

有人创业是为了生存，有人创业是为了谋求发展，还有人创业则是为了成就事业。创业行为相对于就业而言是一种风险更高的生活方式。《中国大学生就业创业发展报告（2015—2016）》指出，七成以上在校大学生创业动机出于自我价值实现的需要。其中，37%的在校大学生创业主要是为了"追求自由自在的工作和生活方式"，20%是为了"实现个人理想"，纯粹为了赚钱而进行创业的只占总体的16%。我们认为，大学生创业者不要以赚更多钱为价值引导，应该做一些对社会进步、对产业进步有意义的事。当你在做一件有价值的事情时，自然能找到支持者，也自然能赚到钱。

总之，创业是为了更好地就业，创业和就业并不是非此即彼，就业可以为未来创业积累资源和经验，而创业则可以提升以后的就业能力。

六、创业者的职业生涯规划

（一）创业者的自我认知及分析方法

自我认知是指对自己的洞察和理解，包括自我观察和自我评价。自我观察是指对自己的感知、思维和意向等方面的觉察；自我评价是指对自己的想法、期望、行为及人格特征的判断与评估，这是自我调节的重要条件。自我认知是做好职业生涯规划的前提。经过长时间研究，人们对创业者的兴趣、性格、心理成熟程度、环境认知等进行了研究，并根据职业生涯规划的理论进行了特点总结。

1. 兴趣

每个人都有自己的兴趣爱好，它也是一个人的情感依托。如果一个人选择的职业与自己的兴趣吻合，那么枯燥的工作也会变得丰富多彩、趣味无穷，就会产生一种动力，也就是我们通常说的欲望，它是对自我价值的认可和追求。著名科学家、诺贝尔物理学奖获得者杨振宁认为"兴趣是创新之源、成功之本"。

目前，关于职业兴趣测试比较有代表性的是霍兰德职业兴趣测试，它是由美国职业指导专家霍兰德根据他本人大量的职业咨询经验及其职业类型理论编制的测评工具。霍兰德认为，个人职业兴趣特性与职业之间应有一种内在的对应关系。根据兴趣的不同，人格可分为研究型（I）、艺术型（A）、社会型（S）、企业型（E）、传统型（C）、实用型（R）六个维度，每个人的特性都是这六个维度的不同程度组合，如图 3-2 所示。

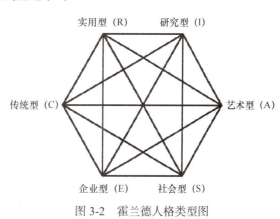

图 3-2　霍兰德人格类型图

霍兰德认为企业型（E）特性的人更适合进入创新创业领域。这种特性的人的特点为：追求权力、权威和物质财富，具有领导才能；喜欢竞争、敢冒风险、有野心和抱负；为人务实，习惯以利益得失、权力、地位、金钱等来衡量做事的价值，做事有较强的目的性。

2. 性格

在众多的性格测试工具中，职业性格测试（MBTI）是国际最为流行的职业人格评估工具。作为一种对个性的判断和分析，它是一个理论模型，从纷繁复杂的个性特征中，归纳提炼出四个关键要素——动力、信息收集、决策方式、生活方式，以此进行分析判断，从而把不同个性的人区别开来。

MBTI 从四个维度考察个人的偏好倾向，以区分人与人之间的差异性。四个维度，分别是（MBTI 性格类型与职业匹配表如表 3-2 所示）：

精力支配：外向 E（extraversion）—内向 I（introversion）；

认识世界：感觉 S（sensing）—直觉 N（intuition）；

判断事物：思维 T（thinking）—情感 F（feeling）；

生活态度：判断 J（judging）—知觉 P（perceiving）。

根据 MBTI 测试结果表明，IPTJ（内向、知觉、思维、判断）型性格的人比较适合从事创新性的工作，而 ENTP（外向、直觉、思维、知觉）型性格的人更适合从事创业活动。

表 3-2　MBTI 性格类型与职业匹配表

性格类型	匹配职业	性格类型	匹配职业
ISTJ	内向、感觉、思维、判断 稽查员	ISTP	内向、感觉、思维、知觉 演奏者
ISFJ	内向、感觉、情感、判断 保护者	ISFP	内向、感觉、情感、知觉 艺术家
INFJ	内向、直觉、情感、判断 咨询师	INTJ	内向、直觉、思维、判断 科学家
INFP	内向、直觉、情感、知觉 治疗师	INTF	内向、直觉、思维、情感 设计师
ESTJ	外向、感觉、思维、判断 督导	ESTP	外向、感觉、思维、知觉 发起者
ESFJ	外向、感觉、情感、判断 销售员	ESFP	外向、感觉、情感、知觉 表演者
ENFJ	外向、直觉、情感、判断 教师	ENTJ	外向、直觉、思维、判断 调度者
ENFP	外向、直觉、情感、知觉 激发者	ENTP	外向、直觉、思维、知觉 发明家

3. 能力

能力是个人综合能力的一种体现，在职业发展的过程中发挥着不可代替的作用，在一定程度上决定着职业的成就和事业能否持续扩大与发展。对创新者而言，创新知识的学习与积累能力、创新机会的捕捉能力、创新思维能力和创新技能是其核心能力。而创业者由于其面对环境的复杂性和挑战性，能力要求更广泛。国外有学者认为，创业能力包含自我管理能力、知识能力、认知能力、机会识别能力、机遇发展能力、行政管理能力、人力资源能力、决策能力、领导能力等。

4. 心理成熟

为什么有些人才华横溢却不能走向成功？为什么有些人稍遇挫折就会灰心丧气？这就涉及心理成熟度。心理成熟的个体在面临挫折或冲突的紧张情境时，会在其内部心理活动中自觉或不自觉地解脱烦恼、减轻内心不安、恢复心理平衡与稳定。一个人要想顺利实现自己的职业理想，必须有良好的心理竞技状态，那些心智成熟的人往往最容易获得世俗的成功，更能早日达成心中的理想与愿景。

创新创业是一个复杂的、长期的过程，它要面对激烈的竞争，面对各种变化和不确定性，忍受常人难以忍受的困苦。创新者和创业者往往要具备不怕挫折、不畏险阻、艰苦创业的心理素质及良好的心态和自控能力，没有成熟心理的人是难于胜任创新创业重任的。

5. 环境

环境认知是对社会自我的认知和职业环境的认知。社会自我的认知是指对人的社会因素的认识，包括社会地位、家庭背景和状况、人际关系、可利用资源等；职业环境认知包括对社会环境、行业环境、地域环境、企业环境的认知。在创新创业实践中，创新者与创业者都要受到政策法规环境、科技环境、资金环境、人才环境、产业环境、市场环境等的影响。两者的环境支撑有相似性，但也有所不同。创新者的环境支撑一般来自企业或职能部门的内部，获取难度较小；创业者的环境支撑一般来自市场，获取难度较大；创新者受环境影响的涉及面要小，面临的风险也较小；创业者面临的环境影响是全面的，任何一个环境因素的变化都可能会影响创业者的创业成功率。

创业者在兴趣、性格、能力、心理成熟度四个方面的自我认知，只能证明一个人是否具备创新创业的特质，但不能明确回答他是否可以做创新者或创业者这个问题。我们认为，在具备基本特质的前提下，环境因素决定了创新者和创业者的职业方向选择。人、环境与职业的匹配可以用 SWOT 分析法进行测试。

（二）创业者的职业生涯阶段

职业生涯即事业生涯，是指一个人一生连续从事和负担的职业、职务、职位的发展过程。一个人的事业究竟应向哪个方向发展，其一生要稳定从事哪种职业类型、扮演何种职业角色，都可以在此之前做出设想和规划，这就是职业生涯设计。职业生涯规划要把个人和组织相结合，在对自己职业生涯的主客观条件进行测定、分析、研究的基础上，确定最佳职业奋斗目标，并为实现这一目标做出行之有效的安排。

每个想成为创新者或创业者的人在做出决定前，都需要了解创新创业的需求、条件，了解将要面对的风险和挑战，并为之做好充足的准备。因此，创新者或创业者要想取得成功，除了个人要具备相应的特质外，还应有个人发展和提升规划、创新创业规划，以应对要面临的诸多不确定性和风险。

对于创业者来说，他们的职业生涯规划应该划分为前期、早期、中期和后期。而且创业者由于开始创业的年龄不同，也很难以年龄划分，而是应该以创业发展的进程来划分，如表 3-3 所示。

表 3-3 创业者的职业生涯规划阶段划分

创业阶段	职业生涯阶段	主要任务
还没有创业	职业生涯前期	学习创业所需基本知识与能力、寻找创业项目
刚刚成立企业 1～5 年，企业快速发展	职业生涯早期	管理企业、增长才干、寻找企业发展的行业与道路
企业发展到一定规模，企业已经有成熟的产品或服务项目	职业生涯中期	创新发展、辉煌贡献
企业规模较大，企业能独立运转	职业生涯后期	总结、教授经验、寻找接班人

创业者职业生涯规划的主要步骤如下所述。

1. 机会评估

机会评估包括两个层面：一是建立在自我认知基础上的机会评估。通过了解自己，包括自己的性格、特长、学识、智商、爱好、情商、技能、思维方式等，选择最适合自己的职业方向与道路；二是建立在环境认知基础上的评估，即充分了解自身所处环境的特点，明确环境对自己提出要求及自己在这个环境中的地位等。只有对自我内部因素和对环境外部因素进行了充分了解，才能做到科学、合理规划自己的职业路线，使自己的职业生涯规划具有现实意义。

2. 确定目标

根据职业生涯规划分为人生规划、长期规划、中期规划和短期规划，相对应的职业生涯目标也应包括人生目标、长期目标、中期目标与短期目标。在确定目标时，首先要根据个人的性格、气质、专业和价值观，并结合社会的发展趋势确定人生目标和长期目标，然后再对人生目标和长期目标进行分段细化，制定相应的中期目标和短期目标。

（1）人生规划。一般人的职业生涯时长为40年左右，对应的人生目标时长也是40年左右。例如，规划60岁成为一个有数亿资产的公司董事。

（2）长期规划。规划时长5～10年，对应的是长期目标。例如，规划30岁时成为一家中型公司的部门经理，规划40岁时成为一家大型公司的副总经理等。

（3）中期规划。规划时长2～5年，对应的是中期目标。例如，规划到中小型公司不同业务部门任职并有所成就。

（4）短期规划。规划时长2年以内，对应的是短期目标。例如，2年内掌握哪些业务知识和业务技能，等等。

3. 制订行动计划与措施

制定职业生涯目标后，关键是要付诸行动。而要行动，就得有具体措施和计划，主要包括时间分配、工作安排、学习培训等方面的措施。例如，计划学习哪些知识、掌握哪些技能？如何开发自身的潜能？如何分配时间？分哪些步骤？采取什么措施？如何提高工作效率？都要有具体计划与明确措施。

4. 实践尝试与能力提升

"纸上得来终觉浅，绝知此事要躬行"。职业规划必须有实践环节，每个人在确定自己的职业发展方向后，都应尝试在所选职业领域实践锻炼一段时间，一是验证规划中各种评估的准确性，二是在实践中学习，拓展知识，提高能力，为今后的职业生涯做好各种储备。

5. 反馈与调整

在人生的发展阶段，由于社会环境的巨大变化和一些不确定因素的存在，与原来制定的职业生涯目标规划有所偏差，这时就需要对职业生涯目标规划进行评估和做出适当的调整。职业生涯规划的评估与反馈过程是个人对自己的不断认识过程，也是对社会的不断认识过程，是使职业生涯规划更加科学、有效的保障。

（三）创业者职业生涯规划的管理

1. 创业者职业生涯前期的管理

这一阶段是创业者在创业之前为创业做准备的阶段。在这一阶段，有志创业的人在创业之前就应该做好各种准备。

（1）资金准备。想创办企业必须要有一定的注册资金，所以在创业之前必须要找到足够的资金。要找到资金，往往有两个途径：自有资金或投资资金。由于投资资金对一般创业者来说需要的条件太高，很难获得，所以往往需要创业者自己挣到资金。有的是创业者的工资收入，有的是创业者在创业之前做一些生意或提供服务得到的第一桶金。

（2）内职业生涯因素的准备。创业者在创业以后，视野开阔了，看到的东西太多了，也最容易没有了方向。所以创业者最好不要直接跳到创业的状态（开办企业），要有一个过程，如做做经理、副总一段时间，这样更有助于创业。很多老板原先是市场人才，也有很多老板原来是技术型的，这都无关紧要，关键是老板的主要工作是管理，而非去做好某一件具体事情，如写一段程序。即便具体事情是创业者以前最精通的，但创业后，特别是有了一定规模后，管理应该是创业者最精通的。创业者要学会把握事情的本质与企业的命脉。理论是用来指导实践的，没有实践，没有通过过程的掌握与运用将理论内化，"知道"再多也没有用。另外，在商场风云变幻的今天，很多成功的案例是不具备可模仿性的。所以，看成功方面的书与听成功者的故事，一定要学到他们创业的心理意志与心路历程，而不是他们创业的具体流程，因为那是不可直接复制的。所以经验的获取只有一个途径，就是实践。

2. 创业者职业生涯早期阶段的管理

这一阶段是创业者刚刚进入市场并为市场所接纳的过程，个人和市场的相互接纳是创业者所面临的重要的职业生涯管理任务。创业者在创业之前，工作中面对的是上下级关系。一旦创业，创业者就要面对主管部门、工商、税务、物价、劳动部门，除此之外还要面对客户、供应商、竞争者、合作者、利益相关者等。哪个环节处理不好，都会对企业的发展造成严重后果。

（1）个人特征。进取心强、具有积极向上、争强好胜的心态；创业竞争力不断增强，且有做出一番轰轰烈烈的事业的心理准备；逐步学习调适家庭和创业之间的关系。这一阶段，创业者虽然有以前的职业经验，但相对创业这个新工作而言又是一个新手。一切在学习探索之中，这一段的心智特征将对其职业生涯产生重要影响。

（2）主要任务。一是掌握创业技能、学会如何工作；二是适应新的工作环境，学会与人相处；三是正确面对困难，学会如何进步。

（3）注意问题。弄清岗位职责，明确工作任务；克服依赖性心理，学会自主地开展工作，从小事做起，树立良好的企业形象；尊重上级主管部门，学会与不同的客户和不同的社会群体融洽相处；寻找企业在社会中的位置，建立心理认同；遇到困难时千万不要心灰意冷、畏缩不前；不要安于现状，缺乏进取心。

3. 创业者职业生涯中期阶段的管理

创业者职业生涯在经过了职业生涯早期阶段，完成企业的初步发展后，必然步入职业生涯中期阶段，有两种表现形态：企业获得初步成功，创业者薪资福利增加，并成为稳定的贡献者，在这一时期是人生最漫长、最重要的时期，其特殊的生理和家庭特征也使其职业生涯发展面临着特定的问题与任务。该阶段的个人心理特征主要表现为认同感受到冲击，多方关系产生冲突。该阶段的个人能力及职业生涯特征表现为职业能力提升，并在市场中逐渐成熟；创造力旺盛，业绩突出。

（1）保持积极进取的精神和乐观心态。这是人生的一个关键时刻和转折点，对于有信心和把握获得使企业进一步提升的人来讲，正值劲头十足，有充分的潜力进步。但是，相当数量的创业者在步入企业的中期阶段后，由于面临职业生涯中期危机及创业而带来的家庭问题，内心感到失望、沉沦，甚至后悔不迭。其实，创业者职业生涯中期的诸多问题会给个人造成巨大压力，但同时也提供了发展机遇，如果能够正确地控制自己的感情，正视客观现实，保持积极进取和乐观的心态，积极寻求解决矛盾和问题的新方案，那么，中期职业危机就成为新的机会，从头再来，还可以实现职业发展的新跨越。

（2）面临新的职业与职业角色选择决策。在创业者职业生涯中期，每个人都经历了较长时间的职业工作，也面临着新的职业角色选择，这时个人必须查找自身的生活目标和价值观，以便取得一种更稳定的整合和生活结构，摆脱以往的角色模式或压力，选择新的角色。

（3）维护职业工作、家庭生活和自我发展间的均衡。职业生涯中期，每个人都面临着来自工作、家庭和个人发展三个生命周期的问题，其相互影响，相互制约。因此，正确处理好三个生命周期运作之间的关系，求得三者的适当均衡，是处于这一阶段创业者必须完成的重要任务。

4. 创业者职业生涯后期的管理

创业者职业生涯在经过了职业生涯中期阶段，步入职业生涯后期阶段，这时企业在市场中已经成熟；企业能够非常平稳地运行。这时往往由于创业者的能力到达一定瓶颈水平，需要创业者考虑企业制度、股权结构以及后备人选了。

综上所述，创业者的职业生涯规划有其特殊性。创业者身上往往具有多职业的特征。需要创业者发展的能力比一般的职业多得多。创业者的职业生涯与这个企业有着直接的关系。所以创业者在做职业生涯规划时，特别要注意内职业生涯发展的规划。

 经 典 分 享

孙正义的 50 年人生计划

日本软银集团的首席执行官孙正义指出："成功不会在几年内就降临，它需要多年的努力。我建议每个人都准备好自己的清单，来决定你的人生该怎样走，然后全心全意地去做你决定好的事情。99% 的人走一步看一步，所以他们只能取得一般性成功；早树立愿景的人，往往会取得巨大成功。"

他本人 19 岁时就规划好了自己的人生，列出了未来 50 年自己的人生计划：

20 岁时，投身于自己向往的行业并宣布自己的存在。

30 岁时，试做一个大的项目，资金规模在 1 亿美元以上。

40 岁时，拥有至少 1 000 亿日元资产，选好投资、经营的行业，并全力以赴这个行业，力争做到业界第一名。

50 岁时，在世界范围内有所影响，做出一番惊天动地的伟业。

60 岁时，获得标志性的事业成功。

70 岁时，找好自己的接班人，准备把事业交给下一任。

【分析】孙正义年少时就立下如此大志。他制订的这个野心勃勃的"50 年计划"，受到很多人的嘲笑。但是他认为，如果许下一个很大的愿望，拥有一个伟大的梦想，他的人生就会变得更加充实、精彩。事实证明，孙正义的理想并不是空想，当他的人生画卷徐徐展开时，竟几乎都是照这个"50 年计划"所设计的轨道运行的，那些当初的梦想，正在一个一个地成为现实。

 课 堂 活 动

创业人物访谈

1. 目标

通过访谈，使学生了解不同创业人物的创业过程，感受创业者素质在创业过程中的重要作用、树立职业生涯规划意识。

2. 规则和程序（时间：60 分钟）

（1）以小组为单位进行创业人物访谈。

进行一次创业人物访谈，内容包括：访谈时间、地点、被访者姓名、年龄、性别、创业动机、经历、如何发现商机、成功的关键因素、如何找寻合伙人、如何融资、初期生存阶段所经受的压力和危机有哪些、获得的外部帮助有哪些等，重点是创业者的经验、体会、教训等，并将访谈结果记录下来。访谈可参考以下提纲：

①你的创业点子、创业想法是如何产生的？

②你是如何确定创业项目的？

③创业前期需要进行哪些筹备工作？

④如何进行创业资金筹集？

⑤你是单独创业还是建立了一个团队？团队是如何建立的？

⑥创业的过程中如何抓住机遇，充分利用资源？

⑦创业中可能遇到什么样的困难和风险？作为创业者该如何应付不可控因素？遭遇困难时，你是如何重树信心的？

⑧你对自己的创业前景有何展望？接下来有何打算？

⑨你认为作为一个创业者应该具备哪些素质？

⑩哪些素质是创业者需要自己有意识锻炼培养的？

⑪大学生创业者应该做好怎样的心理准备？

　　选择你最想了解的 1～2 位创业者和企业，可以是你心目中的典范或仰慕的榜样，也可以是你所知甚少但非常想了解的，撰写一篇访谈的专题报告。

　　（2）步骤如下：

　　① 3～5 人为一组，每组选出一个负责人。

　　② 自行确定、联系访谈对象。

　　③ 拟定访谈提纲，内容包括创业人物的教育背景、成长环境、创业动机、创业历程、创业心得等。

　　④ 访谈结束后，每组撰写一份访谈报告，分析创业人物的创业者素质、创业成功的因素及从他们身上获得的启示。

　　⑤ 将报告内容制作成 PPT，在课堂上以小组为单位进行交流汇报，每组时间为 8 分钟。

第二节　创业素质和创业精神

☞ 能力目标

（1）了解创新精神与创业精神的概念及其内涵。

（2）掌握创业潜质提升的方法。

创业素质和创业精神

📢 引 入 案 例

"老干妈"的成功之道

　　在中国，相信没有多少人不知道"老干妈"（公司全名：贵阳南明老干妈风味食品有限责任公司，简称"老干妈"）。2014 年，"老干妈"入选 2014 年中国最有价值品牌 500 强榜单，以 160.59 亿元的品牌价值名列第 151 位。同年，获得政府奖励的"A8888"车牌，原因是其创下了三年缴税 18 亿元、产值 68 亿元的成绩，直接间接带动了 800 万农民致富。

　　"老干妈"创始人陶华碧，并不识字，也没有任何财务知识，但她喜欢钻研，记忆力惊人，执着做事，绝不涉足自己不熟悉的行业，每一次扩张都慎之又慎。"老干妈"到底是怎么成功的？

　　陶华碧出生在贵州省湄潭县一个偏僻的山村，由于家里贫穷，从小到大没读过一天书。陶华碧曾到南方打工，她吃不惯也吃不起外面的饭菜，就从家里带了很多辣椒，做成辣椒酱拌饭吃。经过不断调配，她做出一种很好吃的辣椒酱，这就是现在"老干妈"仍在使用的配方。

　　1994 年，贵阳修建环城公路，昔日偏僻的龙洞堡成为贵阳南环线的主干道，途经此处的货车司机日渐增多，他们成了"实惠饭店"的主要客源。陶华碧开始向司机免费赠送自家制作的豆豉辣酱、香辣菜等小吃和调味品，这些赠品大受欢迎。

1996年8月，陶华碧办起了辣椒酱加工厂，产品品牌就叫"老干妈"。刚刚成立的辣酱加工厂是一个只有40名员工的简陋手工作坊，没有生产线，全部工艺都采用最原始的手工操作。

作坊时代的"老干妈"虽然产量很小，但仅靠龙洞堡周边的凉粉店已经消化不了，必须开拓新市场。陶华碧第一次感受到经营的压力。她用了一个"笨办法"：提篮装起辣椒酱，走街串巷向各单位食堂和路边的商店推销。一开始，食品商店和单位食堂都不肯接受这瓶名不见经传的辣椒酱，陶华碧跟商家协商，将辣椒酱摆在商店和食堂柜台，卖出去了再收钱，卖不出就退货，商家这才肯试销。

一周后，商店和食堂纷纷打来电话，让她加倍送货。她派员工加倍送去，竟然很快又脱销了。于是，陶华碧开始扩大生产。

无论是收购农民的辣椒还是把辣椒酱卖给经销商，陶华碧永远是现款现货，"我从不欠别人一分钱，别人也不能欠我一分钱"。从第一次买玻璃瓶的几十元钱，到现在日销售额过千万，她始终坚持这个原则。"老干妈"没有库存，也没有应收账款和应付账款，只有高达十数亿元的现金流。

陶华碧的记忆力和心算能力惊人，财务报表之类的东西她完全不懂，"老干妈"也只有简单的账目，由财务人员念给她听，她听上一两遍就能记住，然后自己心算财务进出的总账，立刻就能知道数字是不是有问题。

1998年，在儿子李贵山的帮助下，陶华碧制定了"老干妈"的规章制度。所谓的规章制度其实非常简单，只有一些诸如"不能偷懒"之类的句子，更像是长辈的教诲而非员工必须执行的制度。就靠这样一套没改过一个字的简单制度，"老干妈"多年来始终保持稳定，公司内部从来没有出过什么问题。

陶华碧有一套可以称其为"干妈式管理"。例如，龙洞堡离贵阳市区比较远，附近也没什么吃饭的地方，陶华碧决定所有员工一律由公司包吃包住。从当初200人的小厂开始，"老干妈"就有宿舍，一直到现在2 000多人，他们的工资福利在贵阳是顶尖的。

在陶华碧的公司，没有人叫她董事长，全都喊她"老干妈"。公司2 000多名员工，她能叫出60%的人名，并记住了其中许多人的生日，每个员工结婚她都要亲自当证婚人。

除此之外，陶华碧还一直坚持她的一些"土原则"：隔三岔五地跑到员工家串门；每个员工的生日到了，都能收到她送的礼物和一碗长寿面加两个荷包蛋；有员工出差，她会像送儿女远行一样亲手为他们煮上几个鸡蛋，一直送到他们出厂坐上车后才转身回去。

【分析】"老干妈"的成功，本质上是"原生态创业素质"的成功。生活中摸爬滚打出来的朴素真理，如敬业、执着、诚信、友善，反而是很多人已然淡忘的创业素养，其实这些素养才是创业者成功的基石。

一、提升创业素质

（一）创业者必备的素质

创业素质是指个体在创业过程中应具备过硬的身体素质、心理素质、知识素质和能力素质。我们可以借用弗洛伊德的"冰山理论"描述：把大学生的全部才能看作是一座浮在水面的冰山。水上的是可以通过各种职业证书或者专业考试来证明的资质、知识、行为和技能等；而藏在水下的却是一种隐性素质，包括职业道德、职业意识、职业态度和职业心理等。

美国创业家格伦德认为，创业者应具备"九大素质"才能取得成功，分别是：选择一个爱好、制定目标、上岗带薪学习、和成功者做朋友、充分相信自己、努力创造财富、勇敢提问、不墨守成规和刻苦努力工作。也有人认为创业者应具备的素质是健康的体魄、远大的抱负、优秀的思想品质、良好的个性心理和扎实的专业基础。

"当你决定创业时，便意味着你没有了稳定的收入，没有了请假的权利，没有了得红包的机会。然而更意味着，你的收入不再受限制，时间运用更有效，手心向下不求人。想法不同，结果便不同；选择不一样，生活才变样。"马云用这句话不知道鼓舞了多少创业者。

在这个大众创业的时代，一个优秀的创业者需要具备哪些素质呢？

1. 健康的身体素质

俗话说：身体是革命的本钱。创业与经营企业是十分艰辛的，创业者往往压力大、工作繁忙、复杂，没有健康的体魄则难以承受创业重压。创业者应该身体健康、体力充沛、精力旺盛、思维敏捷，才能在创业之路上走得更长远。

创业者良好的身体条件是指身体健康、体力充沛、精力旺盛、思路敏捷。几乎所有的企业家都认为良好的身体条件是成功创业的重要前提。创业是艰苦而复杂的，在创业之初，受资金、环境等各方面条件的限制，许多事都需创业者亲力亲为。创业者工作繁忙、压力大、时间长，若无充沛的体力、旺盛的精力、敏捷的思路，必然力不从心，难以承受创业重任。舒尔茨在他的人力资本投资理论中认为："体现在物质产品上的资本被称为物力资本，体现在人身上特别是劳动者身上的资本，则是人力资本，如智力、知识、技能和健康状况等……躯体的健康是人健康的基本条件之一，也是创业者的必备条件。"

2. 过硬的心理素质

心理素质是指创业者应该具备的心理条件，包括自我意识、性格、情感、气质等心理构成要素。作为创业者，自我意识上应自信和自主；性格上应开朗、坚持、果断和刚强；情感上应更有理性色彩，不以物喜，不以己悲。遇到挫折和困难，创业者要有充分的心理准备，要有艰苦创业的心理准备，要有面对失败的心理准备。

国内学者认为，创业者应该具备六方面的良好心理素质，包括能独立思考、自主判断与选择；善于沟通、交流与合作；勇于担责、敢于冒险、积极行动；善于自我控制、敢于克服盲目冲动；百折不挠、坚持不懈、顽强拼搏；善于自我调适。

3. 丰富的知识素质

显然，并非学历越高，创业的概率就越大。但在知识经济时代，商业竞争日益激烈的今天，创业已转向科技和知识创业，知识素养对创业仍然有着举足轻重的作用。创业者要进行创造性思维，要做出正确决策，必须掌握广博知识，具有一专多能的知识结构。

创业者的知识结构包括以下三个方面内容：一是与创业活动密切相关的专业性知识，创业者在某一领域创业，就应熟悉掌握这一领域的相关专业知识；二是常识性知识，包括政治常识、经济常识、社会常识、法律常识等，这些常识有利于提高科学决策水平，可以帮助创业者少犯错误，少走弯路；三是经验性知识，包括商业经验、社会经验，生活经验等，是创业者的人生经历、工作实践中积累的知识。

当然，我们强调知识素养的重要性，并不是要求创业者必须完全具备这些知识才能去创业，而是希望创业者要有不断学习和完善知识结构的自觉性和实际行动。

4. 良好的道德素质

商海变幻莫测，市场千变万化，机会和风险并存。创业者要有家国情怀、责任担当。要时刻谨记重国家利益、民族利益和整体利益，强调对社会、民族、国家的责任意识和奉献精神，不做任何有损国家或他人利益之事。良好的道德素质是创业者走得更长远的法宝。

5. 优秀的人格品质

1) 强烈的创业追求

要想取得创业的成功，创业者必须有实现自我、追求成功的强烈欲望。现实中，"无欲"是不存在的，"欲"是一种生活目标，是一种人生理想。创业者的这种欲望我们称为追求。他们追求得到个人内在实现的满足，追求得到社会的尊重，追求拥有财富。创业者的追求往往超过他们的现实，一旦目标明确，就伴随着新动力和牺牲精神。

2) 诚信和责任

诚信是人的立足之本和发展源泉。创业者的诚信品质决定着企业的声誉和发展空间。不守诚信或许可以赢一时之利，但必然失长久之利。创业者的诚信应体现在平等合作与竞争上，体现在对产品、服务质量的保障上。创业者要重视树立良好的企业形象，不贪图眼前的暂时利益，自觉把个人事业、企业发展和社会需求有机统一起来。

3) 创新精神

创业的过程，其实质就是一个不断创新的过程。例如，创新方法生产老商品，开拓新的产品销路，改革生产模式等。金利来品牌创始人曾宪梓认为，做生意要靠创意而不是靠本钱。在竞争日益激烈的市场中，不追求创新的企业很难站稳脚跟，创新和改革永远是企业永葆活力与竞争力的源泉。成功的创业者追求以创造性的思维解决问题，他们不会墨守成规、简单重复地完成任务，而是不断打破常规，寻求新的、更有效率的方法完成任务。

6. 超强的能力

1) 学习能力

创业者要努力成为一个全才，不仅要懂产品、懂技术、懂市场，还要知道怎么带团队。但在创业之初，可能只是某一方面比较强，其他方面比较弱（比如对营销的了解、怎么建立品牌、怎么发展客户、对公司财务的掌握等）。因此，创业者要不断地学习，不断地努力汲取养分。

2）领导与管理才能

创业要有一个领袖、一个灵魂人物。这个领袖自身应有明晰的使命、愿景、价值观，有感召力，有高瞻远瞩的战略思维，有百折不挠的意志力和胸怀，有随机应变的灵活性和决策力，有统揽全局和明察秋毫的能力。同时，创业还需要有管理者整合、利用各项生产要素，形成合力，发挥其最大效用。管理者必须有脚踏实地的执行能力，具备高超的管理艺术，对自己经营管理的事业了如指掌，对生产和消费趋势有预测能力，必须善于选择合作伙伴，有组织或领导他人、驾驭局势变化的能力。

3）交往协调能力

交往协调能力是指能够妥善处理创办企业内部团队成员之间关系，企业与同业人员合作伙伴、竞争对手之间关系、企业与公众（政府部门、新闻媒体、客户等）之间关系的能力。创业不是单兵作战，需要有广泛的人际关系网以及由此形成的强大支撑系统。因此，创业者要积极进行有效沟通，团结各界力量，既做到坚持原则，又做到求同存异，协调发展。

4）机会捕捉能力

机会就是商机，成功总是属于那些善于捕捉机会的创业者。在创业过程中，机会往往稍纵即逝，只有嗅觉敏锐、决断果敢的创业者才能捕捉到。有些创业者经常抱怨："别人机遇好，我运气不好，没有机遇。"这其实是一种误解，很多时候我们缺的不是机会，而是发现并捕捉机会的能力。因此，创业者要多看、多听、多想，广泛获取信息，要有独特的思维和独立见解，善于发现别人没发现的机会，并做出快速反应。

5）创新能力

抓创新就是抓发展，谋创新就是谋未来。面对全球新一轮科技革命与产业变革的重大机遇与挑战，面对经济发展新常态下的趋势变化和特点，创业者唯有追求创新才能取得成功。因此，创业者需要有创新意识、创新思维和创新技巧，要敢于做新思想、新理论、新方法和发明的创造者。在这里，创业者不能单纯地为创新而创新，而应以解决问题为导向，在解决问题中发现创新的题材和内容、方法，只有这样才能体现创新的真正价值。

6）决策能力

决策能力是创业者根据主客观条件，因地制宜，正确地确定创业的发展方向、目标战略以及具体选择实施方案的能力。在创业过程中，决策是一项重要工作内容，是创业顺利进行并取得成功的前提，诸如创业团队组建、机会选择、创业融资、商业模式以及发展战略等重大决策，都与创业的成败直接相关。创业者要有很强的分析能力和判断能力，要以调查为基础，以事实为根据，以创新思维进行科学决策。

7）执行能力

对成功的创业者来讲，执行力非常重要，不管你有千条万条想法，光说不动是没有用的。想法必须要付诸实践，并且要很好地贯彻执行。

上面仅仅是最基本的素质要求。我国学者郑美群和吴秀娟研究提出：创业者素质由特质、知识素质和能力素质三个方面构成，其中特质是创业者创业成功的内驱动力，而知识素质和能力素质是创业成功的外延保障，形成"我国创业者的素质类型"（表3-4）。

表 3-4　我国创业者的素质类型

素质类型	表现面	素质内涵	
特质	事业心	具有强烈自我实现的愿望、明确的生活目标和人生理想	
	风险意识	具有冒险精神，敢于承担风险	
	情绪稳定	在面对压力与挫折情境下保持情绪稳定，保持注意力和效率的能力	
	自信	在面对面的情景下占据主动权的能力，并且机智与老练	
	诚信	忠诚正直，责任心强	
知识素质	技术知识	行业发展技术知识和现代科技知识，特别是对现代计算机网络技术知识的掌握	
	管理知识	企业战略、市场营销、人力资源管理、财务管理和生产运营等方面的知识	
	其他知识	交叉学科知识等	
能力素质	特殊能力	发现和识别市场需求的能力	识别市场机会，发现市场需求
		整合组织资源的能力	构建人际网络或社会网络，获取和组织各种所需资源的能力
		迅速反应决策能力	对商业机会的快速反应，及时做出准确的决策能力
		业务扩展能力	发展业务、拓展经营、吸引投资的能力
	一般能力	团队合作能力	作为群体中的一个成员，与群体中的其他人一起协作完成任务，而不是单独地或采取竞争的方式从事工作
		学习能力	在工作过程中积极地获取与工作有关的信息和知识，并对获取的信息进行加工和理解，从而不断地更新自己的知识结构、提高自己的工作技能
		战略规划能力	对整个行业市场发展的宏观把握，为企业发展做出明确的、具有前瞻性规划的能力
		人际沟通能力	了解他人的态度、兴趣、情绪、感觉、需求和观点，能够解释他人的非语言行为，了解他人行为的原因，知道如何激励他人等能力
		观察判断能力	个人对于问题的分析、归纳、推理和判断等一系列认知能力
		影响能力	在与他人的交往中，影响和改变他人心理和行为的能力

（二）创业素质提升的方法

少数创业精英具有创业天赋，这是不争的事实，但不具有代表性，不能片面夸大先天资质的成功创业者。大部分人才是通过后天的培养和艰苦实践，积累了雄厚的创业素养，成为成功的创业者。

提升创业者素质是一项涉及全社会的、系统而复杂的工程，需要建立起家庭、学校、企业、政府四位一体的宏观培养体系。本书主要从大学生创业者自身的微观角度，阐述创业者素质提升的直接方法和间接方法。

1. 创业素质提升的直接方法

创业素质提升的直接方法，除了参加校内的创业赛事活动、勤工俭学、创业模拟实训团学活动、校外假期兼职打工、企业实习、创业基地见习考察等第二课堂活动之外，还包括如下方法。

（1）拥有创业素质提升意愿。提升自身创业素质是创业者成功创业的基石，对此创业者必须拥有强烈的主观愿望，提高认识，端正态度，高度重视，形成内在的、自发的、潜意识的诉求，强化创业意识。

（2）参加校园创业文化活动。积极参加校园创业文化活动，接触创业启蒙，普及创业政策，遵守职业道德，增强创业法律意识，提升创业诚信品质，树立新时代创业观念。

（3）入驻创业虚拟交流社区。通过注册创业者论坛、创业沙龙、企业家论坛等，关注创业公众号、加入创业群等，从中获取创业信息，寻找合作伙伴，广泛交流，资源共享。

（4）创建小微企业实战练兵。物色一个好点子，锁定一个小本或无本项目创业，如微信创业（即微创业）。做微商成本低、风险小，特别适合大学生创业。大学生不妨从做代理业务起步，从中积累实战经验。

（5）挖掘好项目入驻创业园。积极参加校内外大学生创业园的各类创业活动，开拓视野，丰富知识，找机会付诸行动，努力挖掘一个小而精的项目入驻创业园，从创业实践活动中汲取创业素养。

（6）参加导师创业课题研究。积极参加创业导师关于创业课题的研究活动，能够提升大学生创业的综合素养。因为创业课题研究是一项理论联系实践的活动过程，既能提升参与者的创业理论素养，又能提高其创业实践能力。

2. 创业者素质提升的间接方法

（1）选修各类创业课程。在校大学生无论何时创业，都应该选修各类创业课程，如创业方法类、创业管理类、专创融合类、创业实战类等课程，丰富知识结构，提升创业综合素养。

（2）阅读课外创业书籍。通过实体图书馆或电子图书馆，以及网络教学系统，创业者应广泛阅读创业书籍，如企业家传记、创业案例分析等，学习间接经验，提升学习能力，降低创业成本。

（3）关注媒体创业信息。创业者应该通过各种媒体广泛涉猎创业信息，如借助报纸与杂志、电台与电视台、互联网媒体与移动新媒体获取创业资讯，去伪存真，加工、处理、管理信息，提升决策力。

（4）聆听专家报告讲座。创业者不要错过任何一场商界名流、专家学者的创业专题讲座、创业报告会、创业项目研讨会、创业咨询会等，这种高端交流能够开阔视野、激发创业热情、坚定创业信念。

（5）加入创业协会组织。创业者应该加入创业协会，如大学生创业者协会、大学生创新创业俱乐部、校友创业协会、青年创业联合会等。创业协会组织既是创业者抱团取暖、心灵慰藉的家园，也可以从中构建人脉，互助互利，互通有无，提升创业资源的优化整合能力。

（6）认知创业相关机构。创业者需要学会对接风险投资机构、创业资质评定机构、创业培训机构、创业资源开发机构等，以及与工商、税务、监管等政府部门打交道，提升交际力、融资力、抗风险力，提升创业情商。

二、涵养创业精神

（一）创业精神

1. 精神的内涵

"精神"一词来源于拉丁文 spiritus，意思是轻薄的空气、轻微的流动、气息。中文中"精神"有两种解释，一种解释是人的意识、思维活动和一般心理状态，另一种解释是指表现出来的活力。从对物质的关系来说，任何形式的精神都是由物质派生的，是第二性的。马克思主义哲学认为精神是高度组织起来的物质，即人脑的产物，是人们在改造世界的社会实践活动中通过人脑产生的观念、思想上的成果。但是，精神又具有极大的能动性，通过改造世界的社会实践活动，精神的东西可以转化为物质的东西。

2. 创业精神的含义

创业精神是由哲学层面的创业思想和创业观念、心理学层面的创业个性和创业意志、行为学层面的创业作风和创业品质三个层面所构成的整体。它是由多种精神特质（如创新精神、拼搏精神、进取精神、合作精神等）综合作用形成的。一般认为，创业精神的特征主要表现为自信执着、主动坚强、包容柔韧、激情创新、稳健应变这五个方面。

3. 创业精神的分类

创业分为广义创业和狭义创业，同样，创业精神也可以从广义和狭义两方面理解。广义的创业精神是指创业者在创立基业、开创新事业的过程中所具有的心理过程和心理特征。在这里，创业精神代表了一种以创新为基础的做事与思考方式，具体可以包括创新创业意识、创新精神、合作（或团队）意识、进取意识、风险意识、创业动机等。

狭义的创业精神就是企业家精神，不同的专家学者对狭义的创业精神做了不同的阐述。熊彼特认为，企业家精神是一种经济首创精神，即创新精神；企业家精神就是做别人没做过的事或是以别人没用过的方式做事的组合。

创业精神的内涵可以从以下三个方面理解。

其一，创业精神表现为一种心理过程或心理特征。在创业实践中，创业者心理过程往往表现出创新、冒险、领先行动等心理特征或行为特征。

其二，创业精神的形成是一个动态的由量变到质变的过程，是一个由不明确、不稳定到明确、稳定的内化过程。创业者在创业文化环境的影响下，不断积累创业相关的知识和经验，认知和意志不断变化，实现创业精神从量的积累到质的变化，将不明确、不稳定的创业精神内化为明确的、稳定的创业精神。

其三，创业精神的形成可能与创业者的天赋有关，但更多与创业者的后天知识和经验相关。创业者先天具有的诸如对创业机会的洞察力和敏感性等天赋，对创业精神的形成有着一定的影响，但是创业精神更多的是通过后天的教育和实践，随着创业者认知水平的提高及其在实践活动中相关经验的积累，不断内化而形成的。

（二）创业精神的特征

创业精神具有创新性、冒险性、领先行动、长期性、合作性、社会责任等特征。

1. 创新性

创新性是指创业者以强烈的创新愿望、动机和意图，在创业过程中持有强烈的事业心和成就欲，具有战略眼光，致力于开拓进取，力图创造出新的、不同的价值或把现有的资源组合成新的更具生产力的形态。创新性是创新精神的内在本质。无论是引进新的产品和新的生产方法、开拓新的市场、追求新资源，还是开发和执行新主意或新行为、创造新组织、创造新财富等，都是创新的体现。

2. 冒险性

冒险性之所以被包括在创业精神中，来源于创业型企业家与工人的比较。卡米伦曾提到，区别企业家与工人的最主要因素是冒险性。从主体角度看，创业者的冒险是向创新结果的不确定性挑战，并在挑战中得到高峰体验的心理特质；从客观过程看，创业者的冒险活动是以尽可能多的信息为基础，进行谨慎周密判断，独具慧眼，去发现别人还没有发现的获利机会，或抓住别人虽已发现但还不敢决断的获利机会；从概率上讲，创业者所冒的风险，是与创新活动相伴而生的无法克服的偶然性。在某种程度上，不敢冒险，就不会有创新；怕犯错误，只能因循守旧、墨守成规。但又必须指出，创业者的冒险与那种盲目的、无方向和无目的的胆大妄为有着根本区别。

3. 领先行动

创业型企业家的领先行动，即发现、运用新机会和参与刚出现的市场机会，对公司的成长起着很大作用，是公司保持竞争优势以获取稳定高收益的最好战略。毫无疑问，获得利润、实现利润最大化是创业者的直接目的，但创业者不只是把利润的多寡作为检验自己成功与否的外在尺度，其根本动机在于通过盈利多少来衡量自己贡献于社会的多少和作为人的价值的大小，去体验生命的意义。

4. 长期性

长期性是创业精神的基本元素，它使个体具有主动性而不仅等待问题的发生，更多地考虑将来和长期的工作效率。创业精神既不是上司要求的，也不是岗位职责中规定的，是主动的、自发的心理特征和行为过程，具有明显的坚定性特点，一旦形成，便会长期存在。

5. 合作性

单枪匹马可以成就一番事业，但是团结任何有利于成功的力量，成功的概率当然就会加大。在创业精神中，个人英雄主义并不能占到主导地位，反而团队意识、合作精神是其价值核心，个人在创业活动中经常要通过团队的资源去实现价值创造的过程。将不同的人组合到一起，开发各自的优势资源从而达到利益最大化的合作过程，是创业精神的一个重要体现。

6. 社会责任

伟大的创业者不完全为了实现个人的财富梦想，而是为了帮助普通人实现梦想，创业精神中也包括创业者必须承担社会责任以及甘于奉献的精神。一个人创业所做的事业，应该把实现社会价值和赚取阳光财富结合起来，成功的创业者应该是一个有社会责任感的人。随着"00后"创业者的涌现，年轻一代创业者最重要的变化就是他们对精神层面的追求更为纯粹，社会责任成为他们构建新的商业模式时主动考虑的重要组成部分。未来，中国最好的企业家都会以"社会企业家"的姿态出现。

（三）大学生创业精神的培养

中国就业促进会副会长陈宇曾说过，创业不一定是自己真的去办一个什么企业或者公司。创业是一种人生，是一种态度，是一种经历，是一种精神。只要你有了这样一种精神，在任何环境下，通过众多可能的形式或方式，你总能在这个世界上闯出一片展现你独特个性、人格、能力和魅力的新天地。

1. 大学生应具备的创业精神

1）创新创业意识与创业激情

创新创业意识是大学生创业的一个重要素质，在瞬息万变的环境中推陈出新是培养大学生创业精神的重要环节。创业的激情不是一时冲动，而是持久的追求与不懈的努力，是支持大学生创业的内在驱动力。创业是一个长期努力奋斗的过程，需要百折不挠、坚持不懈的意志。大学生在方向目标确定后，就要朝着既定的目标一步步迈进，纵有千难万险、迂回挫折，也不轻易改变、半途而废。培养创新创业意识，保持创业的激情，是大学生创业成功的关键因素之一。

2）坚定的创业信念

坚定的创业信念表现为自信、自强、自主、自立的创业精神。自信心能赋予人主动积极的人生态度和进取精神，不依赖、不等待。要成为一名成功的创业者，必须坚持信仰、信念，拥有使命感和责任感。自强就是在自信的基础上，不贪图眼前的利益，不甘于平淡的生活，敢于实践，勇于使自己成为生活与事业的强者。自主就是具有独立的人格，具有独立思考能力，不受传统和世俗偏见的束缚，能自己选择道路，善于设计和规划自己的未来，并采取相应的行动。

3）一定的创业知识素养

创业知识是进行大学生创业的基本要素。创业需要专业技术知识、经营管理知识和综合性知识三类知识。创业实践证明，良好的知识结构对于成功创业具有决定性的作用，创业者不仅要具备必要的专业知识，更要掌握综合性知识和管理科学知识。

4）鲜明的创业个性

大凡创业成功者，一般都有鲜明独特的个性品质。创业者的个性品质是大学生创业的原动力和精神内核。创业是开创性的事业，尤其在困难和不利的情况下，个性品质的魅力在关键时刻往往具有决定性的作用。在创业者人格品质中，使命责任、创新冒险、创业意志、正直诚信等与创业成败息息相关。

（1）使命责任：创业活动是社会性活动，是各种利益相关者协同运作的系统。培养大学生的使命感和责任感，上为国家做贡献，下为自己谋出路，才能创业成功，才能推进社会进步。

（2）创新冒险：创新意味着打破常规，冒险意味着能够承担各种不确定性，能够承受潜在的风险和失败。创新和冒险是创业精神的核心要素，亦是创业的内在要求。对于大学生创业者而言，创新冒险是他们内在动力的源泉，只有勇于创新，敢于承担一定的风险，才能够做别人没有做过的事情，才能在挫折中前行。

（3）创业意志：创业是对人的意志力的挑战。创业意志指创业者能百折不挠地把创业行动坚持到底，以达到目的的心理品质。创业意志包括：一是创业目的明确；二是决断果敢；三是具有恒心和毅力。面对险境、身处逆境时要有永不言败的创业精神，坚持信念，承受压力，坚持到底，才能取得创业的成功。

（4）正直诚信：讲信誉，守诺言；言行一致，身体力行；胸襟广阔，厚人薄己；敢于承担责任，勇于自我否定；坚持顾客价值、公司价值和社会价值的创造等品质，无不体现了当代大学生的精神风貌、人格魅力和综合素质。

5）积极的创业心态

积极的创业心态能发现潜能、激发潜能、拓展潜能并实现潜能，进而获得事业上的成就。积极的创业心态应包括：一是拥有巨大的创业热情；二是要清除内心障碍；三是要努力克服困难、创造条件，变不可能为可能。没有承担风险的意愿与能力，创业时就会缩手缩脚，裹足不前，创业的理想也就会成为空谈。愿意并且能够承担风险，具有非常强的心理调控能力，能够持续保持一种积极、处变不惊、沉稳的心态，即有良好的创业心理品质，是大学生创业者必备的一种积极心理状态。

6）经营管理能力

创办一个企业，不仅需要处理大量的事务性问题，还要为企业建章立制、整合团队乃至企业的资源、协调内外部环境，因此，大学生创业者还需要具备一定的经营管理能力和领导、决策能力，以保证及时处理所遇到的一切问题。

2. 大学生创业精神的培养

创业精神的形成可能与个体的天赋有关，但更多地与后天的学习或经验相关。创业精神的培养过程是一项非常系统或复杂的工作。就大学生创业精神的培养途径而言，包括家庭教育、学校教育、社会教育，创业精神的培养是三个系统共同作用的结果。

创业教育的目标，对于个体而言，就是培养创业者的创业精神或者培养创业者"以创业精神为核心"的创业综合素质，最终形成和提高创业能力。通过创业教育的反复实施或者个体不断地学习或实践，人们领会、掌握相关的知识、技能和经验；随着个体知识、经验的不断累积，由量变到质变，内化为个体的创业精神；具备创业精神的主体和创业环境互动，使创业动机转变为一种创业行为。创业行为的结果反过来又强化其动机，促使创业者不断去掌握、领会相关知识技能和经验，推进创业教育的开展，对创业精神的培养发挥积极的作用。

对于大学生而言，从自身角度出发，可以从两个角度提升自己的创业精神。

（1）通过知识和技能学习来培育。一是通过专业课学习，进行"专创融合"方向的思考，也就是结合所学专业将来的职业、行业、产业需求，自觉将创业意识、创业能力的培养渗透于专业知识学习和技能训练之中。例如，文科类专业的学生，可以多进行创业意识的自我培育；理工科专业的学生，可以直接结合未来的职业走向加强技能训练。二是尽量多选修或者辅修创新创业类课程。很多学校，除了创新创业教育的主干课程外，还有很多创新创业选修课、工商管理类商贸类辅修课等。多学一些，就会在融会贯通中，涵养并提升自己的创业精神。

（2）通过实践和实训活动来培育。创业精神是一些高度行为特征的集合，而行为特征需要在行为多次、反复强化中才能形成。任何实践活动以及与创业相关的实训活动都需要参与者付出实际行动来完成。良好的创业精神品质的形成重在实践训练，积极的实践能带来及时的反馈和成就感，也能磨炼出坚强的创业心理品质。所以，大学生在课余时间要主动参与创业实践，熟悉各种职业特点和自我的能力特点，积累创业经验，增长创业才干，减少将来创业的盲目性。大学生在校期间应多参与各种社会实践、校园活动、创新训练、沟通训练、拓展训练、创业实训、创业大赛、创业讲堂、创业社团等实践活动，强化自身的行为特征，培育创业精神。

 经 典 分 享

史玉柱的第一桶金

　　1989 年夏，史玉柱认为自己开发的 M-6401 桌面文字处理系统作为产品已经成熟，便用手中仅有的 4 000 元承包下天津大学深圳电脑部。该部虽名为电脑部却没有一台电脑，仅有一张营业执照。

　　当时深圳电脑价格最便宜的一台也要 8 500 元。为了向客户演示、宣传产品，史玉柱决定赌一把，以加价 1 000 元的代价获得推迟付款半个月的"优惠"，赊得一台电脑。以此方式，如史玉柱在半月之内没有收入，不能付清电脑款项，不但赊购的电脑需要交回，1 000 元押金也将鸡飞蛋打。为了尽快打开软件销路，史玉柱想到了做广告。他再下赌注，以软件版权作抵押，在《计算机世界》上先做广告后付款，推广预算共计 17 550 元。1989 年 8 月 2 日，史玉柱在《计算机世界》上打出半个版的广告，"M-6401，历史性的突破。"广告刊出后，史玉柱天天跑邮局看汇款单，整个人几乎为之疯狂。直到第 13 天头上，史玉柱终于收到汇款单，不是一笔，而是同时来了数笔。史玉柱长出一口气。此后，汇款便如雪片一般飞来，至当年 9 月中旬，史玉柱的销售额就已突破 10 万元。史玉柱付清全部欠账，将余下的钱重新投向广告宣传，4 个月后，M-6401 桌面文字处理系统的销售额突破 100 万元。这是他的第一桶金。

　　【分析】史玉柱的第一桶金来得恰逢其时，又步步惊心，上演了软件领域的破釜沉舟的大戏。"贫贱最安稳，富贵险中求。"创业是一件极具挑战性的事情，创业是与风险并存的，创业的成功有着很大的不确定性，而对于这种风险必须做好充分的心理准备。看准了就大胆地去闯，见了兔子就撒鹰。创业者在关键时刻只有爱拼才会赢。史玉柱的创业自信还是基于优质的产品，在营销环节充分发挥媒体广告的优势，其后就实现了持续增长的销售额。

课 堂 活 动

1. 阅读并讨论以下材料

哪些人不适合创业？

（1）缺少职业意识的人。职业意识是人们对所从事职业的认同感，它可以最大限度地激发人的活力和创造力，是敬业的前提。而有些人却对所从事的工作缺少职业意识，满足于机械地完成自己分内的工作，缺少进取心、主动性，这与激烈竞争的环境不相宜。

（2）优越感过强的人。自恃才高，我行我素，难以与集体融合。

（3）唯上是从，只会说"是"的人。这种人缺乏独立性、主动性和创造性。若当了经理，也只能因循守旧，难以开展开拓性的工作，对公司发展不利。

（4）偷懒的人。这种人被称作"工资小偷"。他们付出的劳动和工资不相符合，只会发牢骚、闲聊，每天晃来晃去浪费时间，影响他人工作。

（5）片面和傲慢的人。有的人只注意别人的缺点，看不到别人的优点；有的人总喜欢贬低别人，抬高自己，总以为自己是最强者，人格方面存在很大的缺陷。

（6）僵化死板的人。做事缺少灵活性，对任何事都只凭经验教条来处理，不肯灵活应对，习惯于将惯例当成金科玉律。

（7）感情用事的人。处理任何事情都要理智，感情用事者往往以感情代替原则，想如何干就如何干，不能用理智自控。

（8）"多嘴多舌"与"固执己见"的人。多嘴多舌的人，不管什么事，他们都要插上几句话；"固执己见"的人，从不倾听别人的意见。

（9）胆小怕事、毫无主见、树叶掉下来怕砸破脑袋的人。这种人宁可因循守旧也不敢尝试革新，遇事推诿，不肯负责，狭隘自私、庸碌委琐。

（10）患得患失却又容易自满自足的人。稍有收获，欣喜若狂；稍受挫折，一蹶不振，情绪大起大落，极不平衡。

2. 思考

结合事例谈谈成功创业者需要具备哪些素质和条件？影响创业成功的主要因素有哪些？创业者的素质可以通过培训得到提高吗？如何培训才会有好的效果呢？

模块四 创业环境分析

 模块导读

　　创业环境分析是发现创业机会的基础，是进行创业可行性分析的前提。随时变化的环境，能给创业者带来机遇，也能给创业者造成威胁。创业者必须清楚宏观的、微观的、行业的等各种环境因素及其发展趋势，以及对具体行业、企业的影响是限制性的还是促进性的。只有这样，创业者才能抓住机遇，避免严重威胁，成功创业。

　　本模块主要阐述了创业环境的内涵与现状，包括社会环境与自然环境、内部环境和外部环境、融资环境与投资环境、生产环境与消费环境等，同时，还介绍了宏观创业环境、微观创业环境及创业环境的分析方法（PEST分析法、SWOT分析法）。

　　本模块还安排了一些有针对性的训练游戏和活动，学生可以从中掌握创业环境的分析方法，如果能认真实践，并利用这些方法勤加练习，相信我们一定能成为具有创造力的人才。

第一节　宏观创业环境

☞ **能力目标**

（1）了解当前创业环境的现状及以后的发展趋势。

（2）学会分析宏观创业环境对创业的影响。

 引 入 案 例

视频直播开启创业之行

2016 年，高玉楼和大多数上班族一样，过着朝九晚五的规律生活。直到有一天，高玉楼在一款视频类的手机软件上看到一位水果商正在直播卖樱桃，直播间很多人在问如何购买。高玉楼陷入了沉思：家乡的芒果那么好，是不是也可以试试这种方式推销？于是萌生了返乡创业的想法。

高玉楼的家乡是素有"晚熟芒果之乡"美称的丽江市华坪县。回乡后，他开始到华坪县各个芒果园实地考察、记录、拍照，收集资料。7 月份正是芒果成熟的季节，高玉楼开始尝试第一次视频直播。他在自家的芒果园里，一边向收看直播的观众介绍芒果的品种、口感，一边从树上摘下新鲜的芒果放到纸箱里。"当时直播间有很多人问这些芒果的产地、价格、购买方式，我一边回复他们的问题，一边加对方微信填订购信息。"高玉楼说，让他没想到的是，20 分钟就销售出三箱芒果，与以往花费人力、物力到小镇市场上销售的方式相比，效率提高了很多。高玉楼特别开心，直播结束后立刻给对方发货。高玉楼通过直播方式销售芒果，2016 年销售额达 20 多万元。2017 年，仅 3 个月就达到 40 多万元的销售额。每年 7 月到 10 月芒果成熟，高玉楼就通过视频卖芒果，其余的时间就卖其他的水果、农特产品。说到未来规划，他想开一个无食品添加剂食品公司，让更多的人吃到健康美味的家乡美食，同时也宣传物产资源丰富的家乡。

【分析】高玉楼的创业迎合了当前的宏观创业环境。在人人看手机、热衷短视频的今日，以直播的方式进行产品推广不失为一个好方法。

一、创业环境的基本内涵与现状

（一）创业环境的内涵

创业环境是一般环境的特定层面和组成部分。现如今越来越多的人开始了创业，不管是在校学生还是职场人士，很多人都非常关注创业环境。创业环境，实际上就是创业活动的舞台。创业环境是创业者自身难以把握和不好控制的变化因素，它是一个复杂的、多层次的、多主体的立体结构系统，创业者可以利用从内外部环境中获取的信息进行战略思考与决策。创业成功的企业往往能够按照环境大趋势，不断评估行业内发生的各种变化，以便根据自身状况，对环境变化做出及时反应。

按照不同的分类方法，创业环境有以下几种类型。

1. 社会环境与自然环境

社会环境主要指的是国情，而自然环境则是指创业者面对的地理、资源、气候等自然状况，它们作为开创活动的宏观背景，对创业活动产生着巨大的不可抗拒的影响。创业者只能利用它们，却无法改变它们。

2. 内部环境和外部环境

内部环境是指创业组织内部各种创业要素和资源的总和，它是创业者的"家园"，也是创业活动的根基；外部环境是指创业组织外部的各种创业条件的总和，这对创业组织的发展具有广泛影响，是创业组织发展的保证。

3. 融资环境与投资环境

融资环境是创业者为了扩大创业实力、需要聚集资金的社会条件；投资环境特指创业者资金投向的项目、行业及地区的情况。

4. 生产环境与消费环境

生产环境是指创业者的资金转化为产品过程所需要的各种要素；消费环境是指创业者的商品转化为货币的过程。

（二）我国创业环境的现状

从目前的经济发展形势来看，我国的就业市场依旧比较严峻，这也将刺激更多年轻人选择创业，开始自己的创业之路。国家现已出台一系列政策措施，大力扶持创业创新。2015 年，党中央、国务院便制定出台了推进"大众创业、万众创新"的政策措施，如发展电子商务，在高等学校开展创新创业教育、支持返乡创业等。以大学生创业为例，我国加强了创业培训，在资金方面给予支持，同时出台了税费减免政策，进行落户政策支持，提供创业服务等。

长期以来，我国高技能人才总量不足、结构问题突出、人才断档现象严重，与世界先进水平差距较大，与我国目前经济社会发展的需要相比极不适应，也显然影响着创业所需的人才供给。

二、宏观创业环境

一个国家或地区的市场开发程度、政府的国际地位、信誉和工作效率、金融市场的有效性、劳动力市场的完善性、法律制度的健全性，形成了新的创业企业的外部宏观环境，对新创企业的生存和发展产生了重要的影响。

　　具体来说，创业的宏观环境主要包括政治法律、宏观经济、社会自然和科学技术四个方面。宏观环境对企业的影响可能是间接的，但影响巨大且难以控制。创业者需要根据自身特点和经营需要，搜集、监测、预测和评估那些最重要的影响因素，预期宏观环境中的变化和趋势，识别创业面临的机会及威胁，并做出适应性战略调整。宏观环境的分析方法称为 PEST 分析，P 是政治（politics）、E 是经济（economic）、S 是社会（society）、T 是技术（technology）。在分析一个企业所处的背景时，通常是通过这四个因素来分析企业所面临的状况。

（一）政治、法律法规与政策环境

　　党和国家制定的相关法律与政策，可分为大政策环境与小政策环境，前者是针对所有创业者而言的，后者则是针对某一特定人群，如大学生创业者。大政策环境包括民营企业的地位转变，大力扶持高新技术企业，高等院校的技术转让收入免征营业税，高等院校服务于各行业的技术成果转让、技术培训、技术咨询、技术服务、技术承包所取得的科技性服务收入暂免征收企业所得税，税收优惠政策向西部倾斜，制定《中华人民共和国中小企业促进法》等。小政策环境包括国家和各级政府为鼓励支持大学生自主创业，相继出台的一系列有利于大学生自主创业的政策，包括教育部、国务院办公厅、财政部、发展和改革委员会、人力资源和社会保障部、国家市场监督管理总局、团中央等针对大学生自主创业出台的相关政策和措施。

（二）经济环境

　　经济环境是国家或地区的整体经济状况，包括一个国家的经济制度、经济结构、经济体制、宏观经济政策、产业布局、资源状况、物价水平、劳动力情况及未来的经济走势等。构成经济环境的关键要素包括 GDP 的变化发展趋势、利率水平、通货膨胀程度及趋势、失业率、居民可支配收入水平、汇率水平、能源供给成本、市场机制的完善程度、市场需求状况等。由于企业是处于宏观大环境中的微观个体，经济环境决定和影响其自身战略的制定，经济全球化还带来了国家之间经济上的相互依赖性，企业在各种战略的决策过程中还需要关注、搜索、监测、预测和评估本国以外其他国家的经济状况。

　　例如，当前我国的经济结构正处于调整时期，大力扶持高新技术企业已被列为新时期主要任务之一，国家已出台了多项扶持措施，批准设立了专项基金，这类项目就应该是大学生创业优先选择的方向。

（三）社会文化环境

　　社会文化环境主要指的是一个国家或地区的民族特征、人口状况、社会阶层、价值观念、生活方式、风俗习惯、宗教信仰、伦理道德、文化传统等的总和。构成社会环境的要素包括人口规模、年龄结构、种族结构、收入分布、消费结构和水平、人口流动性等。社会文化因素影响社会对企业产品或劳务的需要，也能改变企业的战略选择。

　　社会文化是人们的价值观、思想、态度、社会行为等的综合体，文化因素强烈地影响着人们的购买决策和企业的经营行为。不同的国家有着不同的主导文化传统，也有着不同的亚文化群、不同的社会习俗和道德观念，从而会影响人们的消费方式和购买偏好，进而影响着企业的经营方式。因此，企业必须了解社会行业准则、社会习俗、社会道德观念等文化因素的变化对企业的影响，需要鉴别出对企业有影响的各种利益团体。

（四）科技与教育环境

科技与教育环境指的是一个国家或地区的科技发展水平、国民受教育程度、人力资源的开发程度及教育方式等。

例如，科技环境不仅包括那些引起革命性变化的发明，还包括与企业生产有关的新材料、新设备、新工艺、新技术的出现和发展趋势以及应用前景。在过去的半个世纪里，最迅速的变化就发生在技术领域，如微软、惠普、通用电气等高技术公司的崛起，改变着世界和人类的生活方式。同样，技术领先的医院、大学等非营利性组织，也比没有采用先进技术的同类组织具有更强的竞争力。

又如，我国职业教育学校中的广告设计专业学生，即使在计划经济年代也大部分会选择自主创业。因为他们的学习模式是边学边做，理论课课时只占其20%，而实践课课时占到了80%，学生走出校门时大多是一个有着丰富创意的职业人。

三、大学生创业现状的分析

目前，我国大学生自主创业还处于起步探索阶段。谈到创业话题时大家热情高涨，然而真正参与创业的人并不多。2017年，《全国大学生创业调研报告》显示，76.7%的在校大学生对创业感兴趣，希望通过创业来实现自己的理想和人生价值；甚至有26.8%的大学生打算毕业后就创业；但实际上最后真正走向创业的仅为1.2%，这与美国等国家大学生普遍创业率20%相比较，差距很大。

国家发出"大众创业、万众创新"号召，这是我国国民经济和社会发展在新的历史阶段的必然要求。近年来各级政府推出了一系列利于创新创业的政策，支持力度空前。对大学生创业更是有工商注册绿色通道、创业贷款、税收减免等诸多优惠措施。同时，职业院校毕业生人数持续增长，就业压力逐年攀升，创业作为就业的路径之一，已成为提高就业率和就业质量的重要动力。

无论哪个国家，大学生作为创新创业领域生力军，先天就汇聚了社会各界的目光，原因在于大学生创新创业必然会对社会、经济的发展产生巨大的、持续的推动作用。

（一）大学生创业的优势和劣势

大学生创业具备的独特优势：大学生身体素质较好，精力充沛；拥有较强的专业知识素养和学习能力；科学技术水平较高，并善于运用新鲜事物。但大学生创业也存在着经验有限、实践能力偏低、经济基础薄弱和行业认知不清等劣势。

（二）大学生创业的典型问题

相关报告显示，大学生创业过程中暴露出了很多问题，如目标宏伟不接地气导致无法"落地"；团队成员目标不一致而分道扬镳；盲目扩张抢占市场而服务下降等。这些问题归根结底是思维方式的错误，反映出职业院校创业教育中尚不够系统化、全面化。

（三）未来创业的发展趋势

大学生创业在职业院校中的发展趋势有着鲜明的特点，具体表现为以下几个方面。

（1）对创业的兴趣增加。经调查发现，不同专业的学生均表示对创业兴趣浓厚，想要自主创业的意愿明显增强，同时各职业院校的创业项目数量也在剧增。

（2）创业项目类型多元化。目前，在校大学生创业还是主要以服务类为主。放眼未来，大学生创业项目将越来越多地运用最新的科学技术、电子信息等方法，实现互联网类、智能生活类、节能环保类、新兴科技类等多种类型并存的景象。

（3）团队成员选择理性化。由身边最熟悉的同学、亲属转为不同年龄、不同地域、不同专业优势、能力互补的团队成员，他们拥有坚定的信念、共同的目标、清晰的定位、明确的分工，这更利于创业项目的发展。

（4）创业视野开放化。由于创业机遇更多，大学生不再局限于校内的资源，创业视野呈现出开放化趋势，如充分利用社会资源与政策、获得免费使用的场地、税收减免、积极与投资机构接洽、知识产权意识增强、运用法律武器维护自身权益等。

可以预见，未来一段时期，中西部地区、二线城市会因为经济改革的辐射作用而提供更多的就业机会；但从中长期来看，在互联网经济、智能经济中，还是由东部地区、一线城市继续发挥引领和先导作用。在国家提出"大众创业、万众创新"、限制大城市规模，以及引导毕业生到中小城市就业等举措的大背景下，民营企业的吸引力将越来越大，大学生创业的比重会有所增加，公务员、体制内单位的用人需求也会有变化，热度会稳中有降。

四、我国创新创业政策的梳理

创新创业政策是创业企业面临的外部宏观环境。创业法规与政策环境的好坏必然直接影响着企业发展的前景。为了大力推进"大众创业、万众创新"，我国各级政府拥有土地、资金、市场准入（信贷与上市机会等）控制权，在城建、民生工程、区级经济等方面都有一些因地制宜的政策配套。目前我国的创新创业政策，包括国家和各地政府对创业者的优惠政策、创业者奖励补贴政策和创业孵化基地优惠政策三类。

（一）创业者优惠政策

创业者的优惠政策，可以从融资政策、人才政策、创业保障政策等几个方面解读。例如，2019年《政府工作报告》在如何扶持中小企业方面明确了多项政策措施，实施更大规模减税，普惠性减税与结构性减税并举，重点降低制造业和小微企业税收负担；深化增值税改革。将制造业等行业现行16%的税率降至13%，将交通运输业、建筑业等行业现行10%的税率降至9%，确保主要行业的税负有明显降低；明显降低企业社保缴费负担。稳定现行征缴方式，各地在征收体制改革过程中不得采取增加小微企业实际缴费负担的做法，不对历史欠费进行集中清缴；着力缓解企业融资难、融资贵问题。加大对中小银行定向降准力度，释放的资金全部用于民营和小微企业贷款。2019年国有大型商业银行小微企业贷款要增长30%以上；强化普惠性支持。落实好小规模纳税人增值税起征点从月销售额 3 万元提高到 10 万元等税收优惠政策等。

如果在创业起步阶段有政策的扶持和优惠，对于较快地走过创业期，更好地运用技术、开发产品、拓展市场等，是能够起到一定的促进作用的，是能够帮助企业克服一些困难的，也是更加有利于创业者尽早步入良性轨道的。所以一定的政策扶持是必须的，尤其是高科技企业、创新型企业，更需要在初创期得到政策的扶持和优惠。

1. 融资政策

当前，随着高等教育事业的发展和高校扩招，我国每年职业院校毕业生人数呈上升趋势，就业形势日益严峻。国家提出"大众创业、万众创新"之后，大学生自主创业逐渐成为解决就业难的有效途径，国家不断出台相关的创业贷款及税收政策扶持。

1）大学生自主创业

2017 年，国家规定符合大学生自主创业条件申请创业担保贷款的，额度为 10 万元，且超过贷款基础利率 3% 以上部分由国家财政补贴。2018 年，鼓励各地对个人创业担保贷款额度从 10 万元上调至不低于 30 万元；创业的税收优惠也比 2017 年有了更大的减免额度。

2）资本市场优化

在资本市场，国家倡导综合运用征信管理、账户管理、外汇管理等手段，支持具有良好发展前景的创业企业在证券交易所、全国中小企业股份转让系统、股权交易中心上市、挂牌。

支持符合条件的创业企业在银行间发行超短期融资券、短期融资券、中期票据、企业债、资产支持票据等债务融资工具，募集资金用于创新项目建设。

鼓励具备高成长性的创业企业，依托高新技术产业开发区、产业基地、科技企业孵化器，以"区域集优"的模式发行集合票据。支持符合条件的发行主体发行小微企业增信集合债等企业债券创新品种。

3）银行支持方式创新

在金融领域，国家鼓励银行业金融机构针对创业创新企业资金需求和四众（众创、众包、众扶、众筹）特点，积极创新信贷产品和服务模式，发展小额贷款、债务融资、质押融资等新业务。

鼓励银行业金融机构在科技资源集聚区域设立专门从事创新金融服务的科技信贷专营机构，通过建立贷款绿色通道等方式，提高科技贷款审批效率。支持银行业金融机构利用互联网、大数据、云计算等新技术，构建金融公共云服务平台，积极向创业企业提供融资理财、资金托管、债券承销、信息咨询、财务顾问、并购贷款等一站式系统化金融服务。

2. 人才政策

1）支持大学生创业

搭建职业院校创业信息交流平台，建设大学生创业创新示范基地、大学生创业创新教育示范校、大学生创业园、创业孵化基地等实践平台。实施大学生创业素质提升、创业政策助推、创业服务优化和创业文化培育工程，提升大学生创业意识和能力，扩大大学生创业规模。鼓励职业院校成立创新创业俱乐部，聘请创业成功者、企业家、投资者等兼任创业创新导师，为大学生提供培训辅导。全面推进职业院校学分制管理改革，实行弹性学制管理，支持大学生保留学籍休学创业等。

　　2）健全创业人才培养与流动机制

　　支持职业院校开设创业创新教育课程，推动创新创业教育与专业教育有机融合。大力发展现代职业教育，坚持产教结合、校企合作，积极推动现代学徒制试点，着力培育技术技能人才。加快推进社会保障制度改革，实现社会保险关系顺畅转移接续。对符合条件的创业失败者可认定为就业困难人员，按规定落实社会保险补贴、岗位补贴、培训补贴、公益性岗位安置、职业介绍补贴、职业技能鉴定补贴等扶持政策。

3. 创业保障政策

　　1）创新体制机制，实现创业便利化

　　（1）优化市场准入制度。试行市场准入负面清单制度，市场准入负面清单以外的行业、领域、业务等，各类市场主体皆可依法平等进入。进一步取消妨碍"大众创业、万众创新"的行政审批事项，全面推行行政审批标准化，逐步实现同一事项同等条件无差别办理。

　　（2）深化商事制度改革。全面落实工商营业执照、组织机构代码证、税务登记证"三证合一、一照一码"登记制度以及"先照后证"改革，推进全程电子化登记和电子营业执照应用。开展住所（经营场所）登记改革，放宽登记条件限制，推动"一址多照"、集群注册等住所登记改革。积极开展企业简易注销改革试点，建立便捷的市场退出机制。

　　（3）完善公平竞争市场环境。加强公平竞争审查，打破地方保护主义，推动形成统一透明、有序规范的市场环境。完善反垄断执法办案机制，拓宽反垄断执法领域，对重点领域不正当竞争行为进行集中整治。清理规范行政审批中介服务及收费，取消政府部门设定的区域性、行业性或部门间中介服务机构执业限制和限额管理。依托企业信用信息公示系统建立小微企业名录，增强创业企业信息透明度。

　　（4）健全市场监管机制。建立健全以信用为核心的新型市场监管模式，加强跨部门、跨地区协同监管，完善守信激励机制和失信联合惩戒机制。完善企业信用信息管理目录，建立和规范企业信用信息发布制度，制定严重违法企业名单管理办法，把创业主体信用与市场准入、享受优惠政策挂钩，完善以信用管理为基础的创业创新监管模式，建立健全事中事后监管体系。

　　（5）加强知识产权保护。积极推动知识产权交易，强化知识产权运营公共服务，满足创业创新需求。探索区域和部门间知识产权保护协作机制。加大网络知识产权执法力度，积极探索在线创意及研发成果的知识产权保护机制。

　　2）优化财税政策，强化创业扶持

　　（1）加大财政支持力度。统筹用好各类支持小微企业和创业创新的财政资金，加大对创业创新人才和项目的支持力度，引导社会资源支持四众加快发展。不少省份设立省级创业引导基金，通过阶段参股、跟进投资、风险补偿等方式，重点支持以初创企业为主要投资对象的创业投资企业发展及大学生创业创新活动。对经认定并按规定为创业者提供创业孵化服务的创业孵化基地，按一定标准和实际孵化成功户数给予创业孵化补贴；对入驻政府主办的创业孵化基地（创业园区）的初创企业，按年度给予不同比例减免租金。落实创业培训补贴、一次性创业资助、租金补贴、创业带动就业补贴等各项扶持政策。

（2）落实普惠性税收政策。落实高新技术企业和创业投资企业税收优惠、研发费用加计扣除、股权奖励分期缴纳及科技企业孵化器、大学科技园、固定资产加速折旧等创新激励税收优惠政策。落实促进职业院校毕业生、残疾人、退役军人、登记失业人员等创业就业税收政策。将线下实体众创空间的财政扶持政策惠及网络众创空间。

（3）发挥政府采购支持作用。修订完善中小企业认定标准，落实促进中小企业发展的政府采购政策。推动实施创新产品和服务远期约定政府购买制度，发布远期约定购买创新产品与服务清单，加大创新产品和服务的采购力度。

3）拓展城乡创业渠道，实现创业带动就业

（1）支持返乡创业集聚发展。《国务院办公厅关于支持农民工等人员返乡创业的意见》（国办发〔2015〕47号）提出，大力实施鼓励农民工等人员返乡创业三年行动计划，强化政策衔接，鼓励和引导更多有技术、有资本、会经营、懂管理的进城务工人员等人员返乡创业。深入实施农村青年创业富民行动，支持返乡创业者因地制宜围绕休闲农业、农产品深加工、乡村旅游、农村服务业等开展创业，完善家庭农场等新型农业经营主体发展环境。

（2）支持依托电子商务创业就业。推动出台促进农村电子商务发展的指导意见，支持电商企业积极开展农村电子商务，鼓励建设特色产业电子商务平台，推动区域电子商务发展。引导和鼓励集办公服务、投融资支持、创业辅导、渠道开拓于一体的市场化网商创业平台发展。鼓励龙头企业结合乡村特点建立电子商务交易服务平台、商品集散平台和物流中心，推动农村依托互联网创业。

（3）完善基层创业支撑服务。加快完善覆盖城乡的公共就业创业服务体系，推动服务网点向基层延伸。从新型职业农民、农村实用人才、技术能手、大学生村官等群体中培养农民创业创新带头人。鼓励中小商业银行设立社区支行、小微事业部，加快发展农村普惠金融，支持社区和农村创业者创业。

4）促进线上线下融合，推动四众健康发展

（1）全面推进众创。汇众智搞创新，通过创业创新平台汇集众智，整合资源，实现人人都可参与创新。大力发展专业众创空间，推动基于"互联网＋"的创新创业活动，鼓励创客空间、创业咖啡、创新工场等新型众创空间及线上虚拟众创空间发展。推进网络平台众创，支持大型互联网企业、行业领军企业通过网络平台向各类创业创新主体开放技术、开发、营销、推广等资源，鼓励各类电子商务平台为小微企业和创业者提供支撑。积极培育壮大企业内部众创。在确保公平竞争前提下，鼓励对众创空间等孵化机构的办公用房、水电、网络等设施给予适当优惠，减轻创业者负担。

（2）积极推广众包。汇众力增就业，借助互联网手段，将传统由特定企业和机构完成的任务向自愿参与的所有企业和个人进行分工、分包。大力发展研发创意、制造运维、知识内容、生活服务等众包，鼓励服务外包示范市、技术先进型服务企业和服务外包重点联系企业积极应用众包模式。支持有能力的大中型制造企业通过互联网众包平台满足大规模标准化产品订单制造需求。推动交通出行、快件投递、旅游、医疗、教育等领域生活服务众包。

（3）立体实施众扶。汇众能助创业，通过政府和公益机构支持、企业帮扶援助、个人互助互扶等多种方式，共助小微企业和创业者成长。加快公共科技资源和信息资源开放共享，提升各类公益事业机构、创新平台和基地的服务能力，鼓励行业协会、产业联盟等对小微企业和创业者加强服务。鼓励大中型企业通过生产协作、开放平台、共享资源、开放标准等形式带动上下游小微企业和创业者发展。支持开源社区、开发者社群、资源共享平台、捐赠平台、创业沙龙等各类互助平台发展。

（4）稳健发展众筹。汇众资促发展，通过互联网平台向社会募集资金，拓展创业创新投融资新渠道。鼓励消费电子、智能家居、健康设备、特色农产品等创新产品开展实物众筹。稳步推进股权众筹试点，鼓励小微企业和创业者通过股权众筹融资方式募集早期股本。对投资者实行分类管理，切实保护投资者合法权益，防范金融风险。

推进"大众创业、万众创新"是培育和催生经济社会发展新动力、激发全社会创新潜能和创造力的重大举措。应进一步统一思想认识，加强组织领导，形成强大的政策合力，探索适应创新创业和四众新模式新业态发展的新形式，及时总结形成可复制、可推广的经验，进一步全力打通政策部署的"最先一公里"和政策落实的"最后一公里"，确保政策措施落到实处，积极营造大力推进"大众创业、万众创新"的良好社会氛围。

（二）地方奖励性补贴政策

各个地方政府，为促进"大众创业、万众创新"，也都相继出台了地方性的奖励性补贴政策。主要体现在三个方面：创业资助方面"提高标准、扩大范围"；积极降低企业招工费用；积极支持中小微企业吸纳就业。各地的政策在当地政府各相关职能部门官网上都可以公开查询，额度和措施都因地制宜、不尽相同。

（三）创新创业空间（孵化器/众创空间）优惠政策

科技企业孵化器（以下简称"孵化器"）是以科技创业企业为主要服务对象，通过提供办公空间和孵化服务，提升企业的存活率和成长率的各类科技创业服务载体。要求孵化场地面积不少于2 000平方米，在孵企业不少于20家。众创空间是以科技型创业项目为主要服务对象，以团队孵化为主要任务，通过提供联合办公和"前孵化"服务，提高创业团队素质和技能，降低创业成本和门槛，引导和帮助创业团队将科技创业点子转化为实业创业的各类科技创新创业场所。要求孵化场地面积不少于200平方米，为不少于10个创业团队（项目）提供服务。

孵化器、众创空间是"众创空间—孵化器—加速器"孵化育成链条中的重要环节。财政部、国家税务总局、科技部、教育部出台了《关于科技企业孵化器、大学科技园和众创空间税收政策的通知》（财税〔2018〕120号），明确了科技企业孵化器、大学科技园、众创空间的有关税收优惠政策，鼓励创业创新。自2019年1月1日至2021年12月31日，对国家级、省级科技企业孵化器、大学科技园和国家备案众创空间自用及无偿或通过出租等方式提供给在孵对象使用的房产、土地，免征房产税和城镇土地使用税；对其向在孵对象提供孵化服务取得的收入，免征增值税。通知规定，国家级、省级科技企业孵化器、大学科技园和国家备案众创空间应当单独核算孵化服务收入。

国家级、省级科技企业孵化器、大学科技园和国家备案众创空间应按规定申报享受免税政策，并将房产土地权属资料、房产原值资料、房产土地租赁合同、孵化协议等留存备查，税务部门依法加强后续管理。通知明确，2018 年 12 月 31 日以前认定的国家级科技企业孵化器、大学科技园，自 2019 年 1 月 1 日起享受本通知规定的税收优惠政策。2019 年 1 月 1 日以后认定的国家级、省级科技企业孵化器、大学科技园和国家备案众创空间，自认定之日次月起享受本通知规定的税收优惠政策。2019 年 1 月 1 日以后被取消资格的，自取消资格之日次月起停止享受本通知规定的税收优惠政策。

 经典分享

星巴克在中国发展的 PEST 分析

星巴克咖啡公司（简称"星巴克"）成立于 1971 年，是世界领先的特种咖啡零售商、烘焙者和星巴克品牌拥有者。旗下零售产品包括 30 多款全球顶级的咖啡豆、手工制作的浓缩咖啡和多款咖啡冷热饮料、新鲜美味的各式糕点食品以及丰富多样的咖啡机、咖啡杯等商品。

星巴克目前在中国拥有约 3 300 家门店。中国目前是星巴克在全球的第二大市场，其第一大市场正是其美国本土。2020 年 3 月，星巴克中国"咖啡创新产业园"项目签约仪式在江苏昆山举行，宣告星巴克在中国发展的一个新领域，延续着星巴克在中国的商业传奇。

【分析】星巴克在中国何以成功？未来如何发展？下面以 PEST 模型进行分析。

政治法律方面（P），中国有稳定的政治环境和日益完善的知识产权保护。对于星巴克的商标、品牌、技术等权利的保护，中国是一视同仁的。

经济方面（E）。中国经济正处于高速发展阶段，在这一阶段居民的收入增长速度加快。居民收入和生活水平的提高为星巴克的发展提供了稳定的经济环境，有益于星巴克咖啡进行稳步的市场开拓。中国市场潜力巨大。咖啡消费在中国城市里，平均每人每年的咖啡消费量是 4 杯，即使是在北京、上海这样的大城市，每人每年的消费量也仅有 20 杯。而在日本和英国，平均每人每天就要喝一杯咖啡。日本和英国都是世界著名的茶文化国家，目前已经发展成了巨大的咖啡市场，拥有强大茶文化的中国也具有广阔的咖啡消费潜力。

社会方面（S）。越来越多的人接受咖啡、喜欢咖啡；潜在消费人群增加；顾客转向，消费者开始认知咖啡的品牌、风格，并逐渐知道如何享受咖啡带来的乐趣；从人口年龄结构来看，咖啡文化属于一种外来文化，年轻人更容易接受这种文化，所以年轻人是星巴克的主要顾客群体。

技术方面（T）。第一，星巴克全球顶级的咖啡豆、手工制作的浓缩咖啡和多款咖啡冷热饮料、新鲜美味的各式糕点食品及丰富多样的咖啡机、咖啡杯都成为了星巴克独特的企业技术。第二，信息技术的进步增强了星巴克连锁经营的管理效率，星巴克总部可以在短时间内迅速掌握世界上所有分店的管理现状，并加以有效的指导。第三，星巴克公司在移动支付方面已经有了成功的实践，中国在移动支付方面恰恰是世界领先。第四，咖啡生命周期及成长性分析。由于星巴克进驻中国的市场还不长，咖啡市场的发展依旧处在成长阶段，因此会吸引大量的投资者进入，加大竞争压力，因此作为投资者，应该在企业现有的基础上，改善产品品质、寻找新的市场细分、改变广告的宣传重点、采取降低售价等一系列举措，应对未来更加激烈的竞争，从而更多地占领市场份额。

 课堂活动

创业环境分析大比拼

1. 目标

进一步熟悉国家创业政策，掌握 PEST 分析方法。

2. 规则和程序（时间：30分钟）

（1）将班级学生分成四个组，每组6~8人。

（2）为每组指定两个创业领域，进行 PEST 分析。

提示：创业领域可来源于传统的行业，也可以是新的业态，如工业机器人、新能源汽车、餐饮连锁业、课外托管服务、互联网金融等，也可从2019年人力资源和社会保障部公布的13个新职业中选择对应领域。

（3）学生分组完成分析报告，每组制作一个PPT（包含两个创业领域的PEST分析）。

（4）每组派一人展示PPT，教师点评。

第二节　微观创业环境

☞ **能力目标**

（1）了解微观创业环境的内涵。

（2）掌握并应用 SWOT 分析法。

（3）能够科学准确地评价某个地域或某个行业的创业环境。

微观创业环境

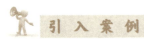 **引入案例**

孙宏斌迈过两道坎，卷土创业又回联想

提起孙宏斌，公众难免想起他与柳传志及联想集团（简称"联想"）的恩怨。27年前，孙宏斌是柳传志的得力爱将，因《联想企业报》事件被疑搞小团体而遭调查，后以"挪用公款"罪名获刑五年，遭遇人生的第一道坎。出狱后他进军房地产，于

1996 年创办顺驰置地，一年内进入全国 16 个城市疯狂拿地。2004 年"国八条"楼市调控政策出台，顺驰资金链断裂，遭遇人生的第二道坎。

后来他掌舵定位在中高端的融创中国控股有限公司（简称"融创"），2010 年在香港顺利上市。2016 年融创斥资 138 亿元，收购联想控股附属地产公司融科智地房地产开发有限公司，此时他离开联想已经 20 年。孙宏斌说"人一生中重要的抉择不超十次，一年中重要的决定不超五次。把最重要的选择做对，执行时就义无反顾"。

【分析】创业环境对创业有着巨大的影响。孙宏斌两次失败，源于没有认清当时的内部团队环境和遭遇财务危机，后来的成功则依赖于新企业资本雄厚。显然，创业者应该要学会科学、全面地评价自身所处的创业环境。

一、微观创业环境的分析

（一）微观创业环境的要素

新创企业的微观环境包括行业环境、竞争环境、中介环境、顾客环境、公众环境、内部环境六大要素，分别阐述如下。

1. 行业环境

创业者不论进入哪个行业，都会遇到行业壁垒。例如，一定程度的规模经济、投入巨资的风险程度、行业周期不同阶段供货商和消费者的议价能力等，都是创业者需要考虑和分析的行业环境影响因素。

2. 竞争环境

竞争环境是影响新创企业生存和发展的关键因素。创业者需要考虑新创企业所入行业可能需求的产品或服务差异化程度、生产的产品或经营的商品是否有替代品、行业现有竞争者的强弱、行业潜在进入者的潜能大小等因素。

3. 中介环境

创业者所面临的行业中的中介环境是由中间商和服务商两个群体及其行为要素形成的。一是由中间商（即代理商）、批发商、零售商三方业务水平高低，渠道冲突大小，管控难易程度等因素形成的；二是由服务机构，即调研公司、咨询公司、策划公司、广告公司、金融机构（银行、信用社、信贷公司、保险公司、孵化器等）服务水平的优劣形成的。

4. 顾客环境

创业者及其新创企业需要分析所进入的行业的顾客需求及其消费状况，即分析消费者市场，发现潜在需求，锁定目标市场。尤其要关注和分析潜在消费者对处在行业周期不同阶段的产品或服务的不同需求。满足顾客需求是新创企业经营活动的起点和归宿。

5. 公众环境

创业者及其新创企业面临的公众环境包括：政府机构（主管部门、工商、税务、财政、物价等）、媒体（报纸、杂志、电台、电视台、网络）、社会团体（行业协会、权益保护组织、环保组织等）、地方大众（地方官员、居民群众、社区组织等）、网民群体。

6. 内部环境

新创企业的内部环境影响因素包括：创业者自身的能力和素质、新创企业成员的整体素养、组织结构、激励机制、公关水平、企业文化等。

"知己知彼，百战不殆。"比"知彼"更为重要的是"知己"。因此，创业者在寻找和分析外部机遇时，时刻不能忘记自身的优势与劣势。只有将优势与外部的机遇有机地结合起来，才能创业成功。内部环境是创业组织内部各种创业要素和资源的总称，如人员、资金、设施、技术、产品、生产，管理环境分析与创业选择运行等方面的情况。内部环境是创业活动的根基，要从创业团队、资金及其来源、产品竞争力、技术开发水平、生产工艺、市场渠道能力、货源等方面找出自身的优势和劣势。

（二）微观创业环境分析方法

SWOT（strengths 优势、weakness 劣势、opportunities 机会、threats 威胁）分析是一种综合考虑企业内部条件和外部环境的各种因素后进行系统评价，从而选择最佳经营战略的方法。SWOT 分析实际上是对企业内外部条件进行综合、概括，从而分析企业的优劣势、面临的机会和威胁，进而帮助企业进行战略选择的一种方法。因此，可以将SWOT 用作分析微观创业环境的工具。

1. 优势—机会（SO）

增长型战略是一种发展企业内部优势与利用外部机会的战略，是一种理想的战略模式。当企业具有特定方面的优势，而外部环境又为发挥这种优势提供有利机会时，便可以采取该战略。例如，良好产品的市场前景、供应商规模的扩大和竞争对手有财务危机等外部条件，配合企业市场份额提高等内在优势，即可成为企业收购竞争对手、扩大生产规模的有利条件。

2. 劣势—机会（WO）

扭转型战略是利用外部机会来弥补内部劣势，使企业改正劣势从而获取优势的战略。这种战略存在外部机会，但由于企业内部存在一些劣势而妨碍其利用机会，可采取措施先克服这些劣势。

3. 劣势—威胁（WT）

防御型战略是一种旨在减少内部劣势，从而回避外部环境威胁的防御性战略。当企业处于内忧外患时，往往正面临生存危机。可在此时进行业务调整，设法避开威胁、消除劣势。

4. 优势—威胁（ST）

多元化战略是指企业利用自身优势，回避或减轻外部威胁所造成的影响。例如，竞争对手利用新技术大幅度降低成本，给企业很大成本压力、材料供应紧张，导致其价格可能上涨、消费者要求大幅度提高产品质量或企业要支付高额环保成本等，但若企业拥有充足的现金、熟练的技术工人和较强的产品开发能力，便可利用这些优势开发新工艺，简化生产工艺过程，提高原材料利用率，从而降低材料消耗和生产成本。

案　例

海底捞"无人餐厅"

随着消费升级、信息化、大数据、人工智能等新科技新理念的发展，"跨界"和"智能"成为餐饮业的关键词。2018 年 10 月 28 日，四川海底捞餐饮股份有限公司（简称"海底捞"）斥资 1.5 亿打造的海底捞全球首家"智慧餐厅"在北京正式营业。所谓"智慧餐厅"，是指从等位点餐，到厨房配菜、调制锅底和送菜，都融入了一系列"黑科技"，高度实现了"无人化"。海底捞的"智能餐厅"从"智能大脑""智能定制""智能出菜""智能体验"四个部分诠释了从生产到服务的全过程，给消费者带来全新的服务享受和就餐新体验。

海底捞的"智能餐厅"为国内智能餐饮打造了"样板间"。事实上，不只海底捞，多方巨头均不约而同地瞄准了"智能餐厅"。例如，天津顶巧餐饮服务咨询有限公司的著名快餐品牌德克士"要开 2 300 家'未来店'"、碧桂园控股有限公司"要开 1 000 家机器人餐厅"、四川长虹电子控股集团有限公司"要开机器人餐厅"。餐饮行业的迭代正在驶入"快车道"，智能餐厅具有"人力成本低、出品水平稳定、大数据加持"等竞争优势，未来"餐饮智能化"成行业趋势，将如同流水一样蔓延至整个行业，传统餐厅或将逐渐消失。

【分析】科技改变着我们的生活，海底捞的"智能餐厅"可以优化经营模式和链条，受益于低人力成本、高质量产品、全新智能体验。人工智能改变传统经营模式，顺应餐饮智能化的趋势，许多餐饮企业相继涌现，从"盒马鲜生"，到五芳斋、庆丰包子铺等都开始了智能餐厅的试验，利用移动互联网技术改变运营模式，改善服务质量。

二、创业孵化器

创业孵化器是微观创业环境的重要组成部分，指一种专门为扶持新创小企业而设计的新型社会经济组织，为初创企业提供办公场地、设备，甚至是咨询意见和资金支持，降低创业企业的创业风险和创业成本，提高创业的成功率。

在国外，创业孵化器已经有比较长的历史，自 1956 年世界上第一家创业孵化器在美国诞生，至今已有 60 多年的发展历史。孵化模式的成熟，获得了众多创业者垂青。专门扶持初创企业并为其提供创业指南的美国著名创业孵化器——YC（Y combinator），平均每分钟就会收到一封创业者加入孵化器的申请。加入知名孵化器比进美国顶级商学院还要困难。著名的云储存服务提供商 Dropbox、房屋短期租赁网站 Airbnb 等公司就是通过孵化器迅速发展起来的，YC 孵化出的企业的总价值已经超过 100 亿美元。由此可见，孵化器在帮助新创企业获得融资方面发挥着越来越重要的作用。同时，孵化器像是一所学校，为创业者提供创业导师、投资者、各领域专家的指导，降低创业的风险。

在中国，第一家创业孵化器——武汉东湖新技术创业中心于 1987 年诞生；第一家民营创业孵化器——南京民营创业中心于 1999 年创立。到现在，我国的创业孵化器已经经历了 30 年的发展，但相比美国、以色列等国家，仍然处于发展中阶段。

（一）创业孵化器类型

"大众创业、万众创新"，以简政放权的改革为市场主体释放出更大空间，让国人在创造物质财富的过程中同时实现精神追求。可以说，我国正处于创业的历史最好时期，无论是国家还是地方都全力支持大众创业。而对初创企业来说，孵化器能够为企业诊断问题、规划财务；可以降低创业风险和创业成本，并提高企业成活率。创业孵化器一般可以分为以下两种类型。

1. 托管型孵化器

托管型孵化器面向的人群为初次创业者或高科技及互联网创业者。其提供的典型服务包括：免费或付费的办公场所、定期的创业培训、投资者对接等。托管型孵化器为有想法的年轻人提供了良好的创业平台，借助平台资源，初创企业可以快速渡过婴儿期，并有机会获得投资、发展壮大。目前，很多大学为支持和促进大学生创业活动，建立了校内创业园。此外，还有很多企业家、投资者为了支持创业、孵化优质的高科技及互联网项目，成立了私营的托管型孵化器。例如，李开复先生创办的创新工场、联想集团旗下的联想之星孵化基地等。

2. 策划型孵化器

策划型孵化器一般依托于大型的咨询策划公司，面向人群为有一定经济基础的多次创业者或者中小微企业家。入驻策划型孵化器的企业可以分为两类：一类是企业初创阶段找不到合适的商业模式，需要进行资源对接的企业；另一类是企业由于社会、经济环境的变化，遇到瓶颈需要转型的企业。这些企业家往往在某一领域内拥有一定的人脉、技术等资源，但是由于行业的局限或者未能及时顺应时代的潮流而陷入困境。策划型孵化器依据其多年的企业服务经验，为企业提供一对一的咨询服务，通过自有基金直接投资或者对接外部投资机构投资；同时，策划型孵化器以企业联盟的形式搭建企业资源平台，共享孵化器的资本、咨询和人脉等资源。

（二）创业孵化器的功能

创业孵化器可以帮助中小企业缩短创业时间，让初创企业少走弯路；富有经验的创业孵化器管理人员及有关专家的咨询服务，可以及时帮助初创企业作出正确的选择，使企业朝着正确的方向发展。创业孵化器可以创造条件，为创业者提供良好的创业环境和优质的创业服务，使被孵化的创业者能方便地交流，分享经验和信息，甚至结成业务合作伙伴。此外，还可以加快初创企业的发展，提高创业成功率，让他们在孵化器中快速成长。

（三）创业孵化器的发展现状

创业孵化器发展到现在，逐渐形成了以科技创业服务中心、大学科技园、留学生创业园、省市级科技园、各类专业型孵化器、创意园等为主要形式的创业孵化器体系。我国创业孵化器的发展已形成了自己的特色并开始呈现多种形态，创业孵化器正朝着形式多样化、投资主体多元化、功能专业化、孵化服务网络化和发展模式国际化的方向发展。

（1）在形式多样化方面，不仅有高新技术创业服务中心，而且还发展了一批形式多样、富有特色的创业孵化器。例如，留学人员创业园、大学科技园和海外创业园等。如今，已有一些重点高等院校如清华大学、北京大学、上海交通大学、重庆大学、四川大学等建立了大学科技园孵化器；北京、上海、苏州等地依托创业中心和高新区建立了多家留学人员创业园，为海外留学人员和海外华人提供创业全程服务。

（2）在投资主体多元化方面，越来越多的社会资本进入创业孵化领域，除了有政策性孵化器外，商业性孵化器的发展呈现出良好态势。管理体制已从事业型为主向着企业型和事业单位企业化管理并重的模式转变。一批国有和民营大中型企业、风险投资机构和跨国公司已在中国创建了企业孵化器，这使创业孵化器的建设实现了从政府单一投资向社会各界多元化投资的转变。

（3）在功能专业化方面，我国专业型创业孵化器正在蓬勃发展，兴建了一批专门面向生物医药、信息技术、农业、环保等技术领域的专业型创业孵化器。

（4）在孵化服务网络化方面，为了促进各孵化器之间优势互补、协同发展，创业孵化器的孵化服务网络也应运而生。中国高新技术产业开发区协会创业服务中心专业委员会，是第一个全国性的科技企业孵化器网络（组织），每年都举办研讨、交流活动并与国外同行建立联系。

（5）在发展模式国际化方面，近年来我国创业孵化器开始进入人才跨国培养、企业跨国孵化等合作阶段，为海内外留学人员和海外华人提供创业全程服务。在美国、俄罗斯、新加坡、英国等地建立了海外创业园，为我国中小企业进入国际市场发展提供服务，以此促进企业向国外拓展。

（四）大学生创业孵化体系的建设

20世纪60年代末，美国硅谷地区成功的创新创业使得大学创业教育的需求显著增加，大批的创业基地建设和大量风险投资注入，催化了大学生创业园的发展。1987年，我国第一家创业孵化器——武汉东湖新技术创业中心诞生，由此开始了我国创业孵化器的发展历程。之后，多个城市建立了大学科技创业园，为大学生自主创业提供全方位的支持，促进科技成果市场化、产业化。构建大学生创业孵化体系对于将科学技术转化为生产力、推动大学生创业、缓解大学生就业难等具有非常积极的意义。

1. 大学生创业孵化体系建设的必要性

（1）政府方面。大学生创业孵化体系的构建，能够集聚职业院校优势资源及创新创业人才，并整合地方的科研优质资源，实现知识创新和科研成果产业化，为地方经济发展提供智力支撑，从而带动地方优势产业发展。

（2）职业院校方面。职业院校能够结合自身的优势学科，鼓励并指导有条件的在校大学生积极创业，为解决大学生就业困难提供新思路。同时，发展大学生创业指导的新课程、新理论，有效指导大学生创业活动，提高创业成功率。

（3）大学生方面。大学生创业孵化体系提供科学、全面、完整的创业理论指导，激发大学生群体的创新意识，鼓励并指导有意向的大学毕业生创业并为其创业提供支持，可以避免大学生盲目创业，提高创业成功率。更重要的是，把大学生的智力资源和创新精神转化为服务社会的实践活动。

2. 大学生创业孵化体系建设在社会发展中的作用

大学生创业孵化基地通过整合服务资源，帮助创业企业享受国家及地方政府的相关优惠政策，合理、科学地帮助大学生创业者规避创业风险，从而成功孵化创业企业。通过这种形式，可以有效地提高大学生的创新创业能力，引导并鼓励大学生自主创业。构建大学生创业孵化体系可以为大学生的创业实践活动，以及开展大学生创业教育提供一个方便有效的平台。

通过构建大学生创业孵化体系，可以让学生的思维从被动就业的状态中扭转过来，变为主动创业、谋求自我发展，这对拓展学生的视野，培养学生敢闯敢拼的创业胆识和勇气至关重要。

大学生创业孵化体系的构建，可以有效地对素质教育与创新教育进行深化和改革，推进职业院校教育教学体制的改革，完善职业院校创新创业教育体系，从而开展一种建立在素质教育基础上的创新型人才培养模式。创业作为一种既需要专业知识也需要丰富社会经验和管理能力的创新活动，能有效地推动我国教育体制及人才培养模式的进步，从而实现产、学、研、创的有机结合。

三、创业环境的评价

在对创业环境的宏观层面和微观层面都进行了科学分析之后，就可以对创业环境进行整体评价。

评估创业机会
和项目例子——
智能购物车

（一）创业环境评价的原则

1. 全面性原则

影响创业环境的因素有很多，既有内部因素，也有外部因素；既有宏观因素，也有微观因素；既有社会因素，也有自然因素。这些因素涉及市场、行业、经济、环境、政治、社会等各个方面，要全面考虑，综合评价。

2. 科学性原则

创业环境评价的科学性体现在评价指标的科学性和评价方法的科学性。对于评价指标而言，科学性表现在两个方面：第一，指标是在实证的基础上确定的；第二，是在参考相关评价指标体系的基础上，结合创业实际确定的。评价方法的科学性体现在对关键指标要采取定性分析法，然后结合定量分析法进行评价。

3. 重要性原则

在坚持全面性原则的基础上，应对影响创业环境的指标进行分类。对影响创业机会的关键指标采用定性分析的方法，这也是创业环境评价的第一步；同时，考虑不同地区、不同地域、不同历史阶段的差异性，对创业环境指标体系进行调整，保留那些影响创业环境的关键要素，去掉对创业环境影响不大的因素。

4. 可操作性原则

创业环境的评价最终要落实到操作层面。评价指标要在结合实际的基础上，通过实证取得。创业环境评价指标体系由定量指标和定性指标组成，无论是定量指标还是定性指标，指标的赋值要容易取得；另外，评价的过程在追求科学性的基础上不宜太复杂，无论是创业主体还是投资方都容易操作。

（二）创业环境的评价体系

对创业环境的评价，可按照表 4-1 所示指标体系进行系统分析与评价。

表 4-1　创业环境评价指标体系

一级指标	二级指标	三级指标	判定指标
与创业相关的宏观经济景气指标	经济增长拉动创业	近三年 GDP 年均增长率	百分数
		当年通货膨胀率	百分数
	市场扩张刺激创业	近三年消费年均增长率	百分数
		近三年出口年均增长率	百分数
	投资活跃推动创业	近三年投资年均增长率	百分数
	经济增长拉动创业	近三年城镇居民可支配收入年均增长率	百分数
鼓励创业的环境指标	教育鼓励创业	中小学教育是否有关于创业创新的内容	是或否
		创业管理教育是否进入大学课堂	是或否
	宣传鼓励创业	发布可操作的《鼓励创业条例》手册数	册
		举办创业宣传周（月）宣传次数与参与人数	次或人
		奖励优秀创业者的人数或金额	人或万元
	舆论鼓励创业	互联网创业网站个数	个
		互联网上检索创业新闻条数	条
		专业核心期刊研究创业文章数及其影响因子	篇或影响度
	文化鼓励创业	个人冒险意识	强或弱
		团队合作精神	强或弱
		对收入差距的态度	接受或改变

续表

一级指标	二级指标	三级指标	判定指标
支持创业的环境指标	人才支持创业	吸引海外留学人员回国创业的人才数	人
		重点扶持国内具有潜力的创业者人数	人
		免费提供劳动力就业培训的结业人数	人
	金融支持创业	银行提供的创业小额信贷总额	万元
		政府设立创业投资基金总额	万元
	技术支持创业	研究与开发支出	万元
		技术成果交易和转让价值	万元
	信息支持创业	安排商务访问团次数或人数规模	次或人
		定期公布有效创业信息条数	条
	项目支持创业	政府为创业者直接提供的资金或政策项目数或规模	个或万元
		政府组织社会力量为创业者提供的项目数或规模	个或万元
支持创业的环境指标	网络支持创业	是否开放式创业网络	是或否
		投资家网络是否健全	是或否
		产业地域聚集程度高低	高或低
	政策支持创业	税收减免与优惠估计值	万元
		创业企业承担税收外各项费用的平均值	万元
		政府采购对创业企业产品的购买额	万元
服务创业的环境指标	"一站式"服务创业	审批一家新办企业所需工作日	天
		审批一家新办企业所需交纳的费用	万元
	"孵化器"服务创业	创业中心有形基础设施的配套状况	好或偏差
		创业中心在孵企业数	个
		创业中心在孵企业总收入	万元
	"创业板"服务创业	风险投资资本供给总额	亿元
		创业板证券市场的上市企业数或规模	个或亿元
	中介组织服务创业	组建分行业创业者协会	个
保护创业的环境指标	法律保护创业	知识产权保护	好或偏差
		财产和人身安全保障	好或偏差
	道德保护创业	社会信用状况	好或偏差
	社会化保护创业	建立创业失败企业的退出通道	好或偏差
综合体现创业企业环境水平的成果指标	创业景气指数	中小企业开市率	百分数
		中小企业闭市率	百分数
		前两年创业企业成活率	百分数
	创业类型	机会拉动型创业比重	百分数
		贫穷推动型创业比重	百分数
	创业企业经营状况	创业企业资产总额	万元
		创业企业销售收入	万元
		创业企业就业人数	人

四、创业环境对创业的影响

创业环境对创业的影响主要表现为以下几个方面。

（一）对创业机会的影响

创业机会受环境因素的影响和制约，在环境变化的同时消费需求也随之变化。客观上存在着许多尚未满足的新需要，即商业机会，创业环境变化往往会带来众多创业机会。但是创业环境的恶化，也可能使创业者遭遇创业风险。市场需求所保证的顾客购买、顾客群成长速度和潜力、顾客群的可接触性，决定了商业机会的吸引力大小。市场需求的结构、规模和竞争等都会影响到创业机会的数量和分布。

（二）对创业战略的影响

创业战略由创业者制定，既要考虑地理环境、社会文化环境，又要考虑科技环境、经济环境等，合理的创业战略是这些因素的综合反映。创业战略的制定应针对创业环境，重点分析其对创业成效的影响。

（三）对创业地域的影响

在社会经济发展的过程中，区位发展的不平衡，将产生不同的经济梯度。例如，我国东部地区有较强大的科技力量，有发达的交通、完备的基础设施和协作条件，有雄厚的资本和集中的市场，创业环境比较优越。而西部地区可以通过各种各样的经济联系，从中东部地区的发展中得到一定的利益，促使创业效益发生转移，从而使创业环境得到改善。因此，不同区域的经济效益给予创业者不同的创业环境。

（四）对创业资源的影响

创业资源可分为要素资源和环境资源两大类。要素资源是直接参与企业日常生产、经营活动的资源，包括资金、人力、原材料等；环境资源是指未直接参与企业生产，但其存在可以极大地影响企业运营效率的资源，包括政策、文化和品牌资源等。政策的调整和资源成本的变化会影响创业资源的获取。

（五）对创业者和创业团队的影响

创业的发生有赖于众多优秀创业者的涌现。创业活动通常需要由创业团队来实现。市场进入障碍、创业的风险和收益，以及相关能力的培养都会影响创业者是否从事创业活动。

 经 典 分 享

韶关学院玉蕈园师生创业团队

以韶关学院英东生命科学院方白玉副教授为首的食药用菌研发实践团队，从1992年3月开始，在一小块蘑菇种植试验田栽培"最简单的平菇"，历经26年的实践探索，如今在食药用菌产学研孵化基地栽培出"绿色、营养、健康产品的精品"。这主要得益于韶关学院高度重视大学生创新创业工作，构建了校企协同双创育人平台，促进了产学研深度融合。学校投入建设资金超1 000万元，优秀校友捐助300万元，现已建成一个现代化无公害智能化栽培食药用菌的产学研孵化基地。

学校已安排该团队进驻"北区创业孵化基地"和"青年创业服务亭孵化基地"，支持该创业团队（项目）的孵化工作，为其配备了校外创新创业导师，并对其进行"一对一"的指导。同时，提供了工商代理、法律咨询、创新创业竞赛申报、投资对接等服务工作。2015年该团队荣获全国第四届创新创业大赛总决赛生物医药行业团队第六名和优秀团队荣誉，被中央电视台新闻频道专题播出。

该团队积极响应国家科技扶贫、产业扶贫号召，尝试与地方共建示范科技产业扶贫新模式，服务地方经济发展，广东一家企业已与玉蕈园创业团队达成合作协议，首期投入1 000万元，扩大无公害天然菌菇的栽培规模，创业项目已落户韶关市浈江区，目标是打造食药用菌深加工基地，带动当地贫困户脱贫。

该团队研发的食药用菌获国家发明专利2项、注册商标2个，其创业园成为科技部备案的国家级"星创天地"和广东省农村创新创业星创天地，每年可培养500名食药用菌行业的专用人才。这使得濒临倒闭的湖南味菇坊生物科技有限公司"起死回生"，获得2亿元融资，员工由30多人发展到300多人。玉蕈团队成立了师生共同创业的玉蕈公司，而黄丁全、罗添洪、王志辉三位同学均自主创业，从事食药用菌栽培工作，已创办了两家公司。

【分析】创新创业环境对企业的发展起着巨大的作用，尤其是对初创企业和成长型企业的影响非常巨大。因此，创新创业者在创业前必须了解或熟悉相应的创新创业环境因素，对创业行业状况进行分析，对创业市场进行调查、预测和调研，寻找合适的行业商机。

 课 堂 活 动

大学生创业项目分析

1. 目标

运用SWOT分析法分析某创业计划。

2. 规则和程序（时间：30分钟）

（1）选定创业项目。全班分两组进行，选定创业项目进行分析。

（2）介绍分析报告。结合PPT介绍分析报告出发点、分析过程、分析结果等。

（3）讨论创业项目的问题与改进。通过分析的报告得出结论，并提出改进的措施等。

模块五   创业机会与创业计划

 模 块 导 读

　　创业因机会而存在。机会具有时效性，是未明确的市场需求、未充分使用的资源或能力。创业机会是指在市场经济条件下，社会的经济活动过程中形成和产生的一种有利于企业经营成功的因素，是一种带有偶然性并能被创业者认识和利用的契机。创业机会的本质来源是：存在的问题、不断变化的环境、创造发明、竞争、新知识和新技术的产生等。

　　创业过程中，创业者自身的素质及想法固然重要，但并不是每个想法都能转化为创业机会。寻找一个适合自己的项目是首要任务，识别正确的创业机会是重要技能。只有用科学的方法和手段去寻找和识别创业机会，才能少走弯路。不是每个创业机会都一定会成功。创业者在实施创业之前要对创业机会进行科学分析与评价，再做出是否创业的决策。

　　创业模式是指创业者为保障自身的创业理想与权益，对各种创业要素的合理搭配而选择的组织形式、方式确定、行业选择等。在创业之初第一个重要选择就是寻找一个适合自己的创业模式，对一个创业者来说，一个真正好的模式，应该是适合自己的。创业者在创业过程中，根据自身特点和现实情况，合理选择适合自身的创业模式，对创业取得成功至关重要。

　　创业计划是一份全方位的项目计划，其主要意图是提供给投资者，以便于他们能对企业或者项目做出评估判断，从而使企业获得融资。内容翔实的创业计划书才能吸引投资者，让他们看懂企业或项目商业运作计划，同时，还要对商业计划书进行适当的宣传、展示，才能使融资需求成为现实。

　　本模块主要介绍了创业机会的评估、创业模式的选择、创业计划书的撰写和展示三个部分内容。通过本模块的学习，旨在让学生熟练掌握评估和选择创业项目和创业模式的方法，学会撰写和展示创业计划书。

第一节　评估创业机会

☞ **能力目标**

（1）掌握发现创业机会的渠道。
（2）了解创业机会评估准则。
（3）掌握创业机会评估方法。

 引 入 案 例

寻找创业机会，创造"复星"神话

　　"复星四剑客"分别是郭广昌、梁信军、汪群斌和范伟。在郭广昌带领下，他们不断创造着资本神话。复星集团（简称"复星"）把握商机有独到的眼光，每开辟一个新领域，都选择在行业低谷时进入。复星的"第一桶金"是 1992 年靠做市场调查赚到的，一年就赚到了第一个 100 万元。1994 年，复星作为上海早期的房产销售商之一，当年就赚到了第一个 1 000 万元。1997 年，复星主攻 PCR 试剂生产，生物制药业务又给他们带来了第一个 1 亿元。1998 年，改制后的"复星实业"上市，随即募集资金 3.5 亿元。2001 年，复星对上海豫园旅游商城（集团）股份有限公司、上海友谊集团股份有限公司进行控股收购，真正将产业与资本对接。2002 年，复星对建龙集团钢铁投资时，中国钢铁行业正处于低迷时期，复星以极低的成本投资了建龙集团。2003 年，复星投资德邦证券时，证券业也正处在低潮期，没人愿意购买。2004 年，复星投资招金矿业股份有限公司，黄金价格也处在历史低点。这样的消费理念，也逐渐形成了复星人常挂在嘴边的"快半步"文化，就连复星的上海总部大楼，都是 1999 年买下的烂尾楼盘，当时的价格只有 4 500 元 / 平方米。

　　【分析】"复星四剑客"成功的关键在于把握住了良好的创业机会。把握住稍纵即逝的创业机会，就等于成功了一半。现在国家出台了大量的创新创业扶持政策，我们正处在一个充满机会的年代。能否把握住机会，其中的关键在于对机会的识别和把握。只有善于发现商机，善于开创项目，找对创业的战略及技巧，才能让创业机会转化成切实的项目。

一、创业机会的捕捉

（一）创业机会的概念及其特征

　　创业机会是指在创业活动中能给企业和创业者带来营利性的、客观存在的市场需求，是一种能够创造价值和利润的合法机遇。面对机会，不同的人有不同的感受，只有正确认识创业机会的特征，才有助于对创业机会的识别和捕捉。创业机会具有以下几种特征。

1. 时代性

机会总是与时代紧密联系的，具有鲜明的时代特征。时代是机会的土壤，好的时代像肥沃的土壤，孕育着大量机会；而差的时代则像荒凉的土地，很少有成功的机会和可能。寻求成功的人们，要紧跟时代的脉搏，捕捉机会，创造更多成功的可能。

2. 普遍性

凡是有市场、有经营的地方，客观上就存在着创业机会。创业机会普遍存在于各种经营活动过程之中。

3. 偶然性

机会在大多数情况下是偶然被捕捉到的。人们越刻意地寻找，很可能就越无法寻找到其踪影；然而在你毫无准备的时候，机会却突然出现在面前。机会的偶然性，考验着人们的综合能力。

4. 风险性

机会带来利益的同时，也给人们带来投资风险。这是因为机会本身带来的是一种新兴的事物，需要物力、财力、人力等资源的投资，同时需要一定时间的坚持与努力。

5. 隐蔽性

机会是一种无形的事物，人们只能凭感觉意识到它的存在，而无法用眼睛看到它。机会往往隐藏在现象背后，很难找到踪影，需要人们细心敏感地去发觉。

6. 易逝性

机会还有显著的特征——易逝性，表现为稍纵即逝和一去不复返，这就是"机不可失，时不再来"。虽然机会可能还会有，但同样的机会是极难再重来的。

（二）创业机会的来源

产生创业机会的来源主要有以下几个方面。

1. 未被解决的问题

找创业机会的一个重要途径，是善于发现和体会自己与他人在需求方面的问题或生活中的难处。现实生活中会存在一些尚未解决的问题和一些不协调的现象，这些问题时常会给人们带来困扰和不便，而问题的存在说明有改变或改进的空间，这恰恰是创业机会的主要来源之一。创业者要善于去发现和体会自己和他人在工作、学习和生活中遇到的问题和难处，把这些问题转化为创业机会。例如，吉列小时候常常看到父亲用剃刀剃须时会刮破脸，于是创造出来一种安全、方便并且可以更换刀片的新型刮胡刀，成功创办了"吉列"品牌。

2. 变化的环境因素

创业机会大都产生于不断变化的环境，经济、社会、技术、政策这些方面的变化通常会刺激创业机会的产生。这种变化主要来自产业结构的变动、消费结构升级、城市化加速、人们的思想观念转变、政府政策变化、人口结构变化、居民收入水平提高、全球化趋势等方面。

1）经济的发展

通过对经济发展趋势的了解和分析，有助于创业者辨别和选择合适的创业方向及行业领域。例如，银行利率下调通常是刺激房地产及配套行业的增长；经济发展持续向好会带动非生活必需品甚至是奢侈品的消费需求等等。

2）社会的变革

社会和人口结构的变化趋势会对人们的行为方式和生活需求产生一定的影响，这往往孕育着更多的创业机会。例如，社交模式的改变使得微信和直播这样的社交平台备受欢迎；大家对健康的关注提高了人们对绿色食品的消费兴趣；越来越快的生活节奏导致连锁快餐业的蓬勃发展；人口结构的老龄化使得医疗保健、健康养生等行业逐渐兴起；职场竞争和生活压力的不断增大带动了"脱发经济"。

3）技术的创新

技术创新也是有价值创业机会的重要来源，新技术正在改造和重构经济与商业。新技术浪潮下，一系列传统行业和商业模式将面临着全新竞争、彻底改造甚至全面颠覆。创造发明提供了新产品、新服务，更好地满足了顾客需求，同时也带来了创业机会。例如，智能手机的出现带动了操作系统、应用程序、移动互联网、手机配件等产业的发展；对新能源的利用加速了新能源汽车、蓄电池、配套设施等产业的兴起。

4）政策的调整

政策的变化可以促进创业环境的变化，新政策出台往往引发新的创业机会。创业者要善于研究和利用政策，有助于抢先把握商机，站在潮头。例如，电动汽车、环境监测、教育培训、代驾等都是由于政策法规的调整带动起来的新兴行业。

3. 出现的市场缝隙

创业机会依附于为用户创造价值的产品或服务中，而顾客的需求是有差异的，在现代市场中总会存在着市场盲点。中小企业生产经营活动要围绕着"寻找市场缝隙"而展开，并以新产品或服务的开发作为填补市场缝隙的核心战略。例如，美国有一家生产"即拍得"照相机的公司，准备打开日本市场时，别人都认为这完全是行不通的。因为日本已有佳能、尼康等各种优质照相机产品存在，不仅在日本国内拥有雄厚的市场实力，在国际市场上也占有很大的份额。美国这家公司却认为，"即拍得"是一种与上述产品有区别的新型产品，并非把一种普通照相机推销到日本市场，而是把一种"只要10秒钟就可洗出照片来的喜悦"提供给用户。正是靠着能为用户提供一种新的体验和乐趣，"即拍得"相机成功打入了日本市场。可以看到，现代市场并非铁板一块，它完全是可以被细分的，只要在细分市场中找准适合自己的缝隙，就能找到创业机会的突破口。

（三）如何发现创业机会

创业者要取得成功与发展，首先思想上必须重视寻找商机，千方百计地发现商机，并利用资源最大限度地抓住商机。有句话叫作"愚蠢的人等待商机，聪明的人抓住商机，卓越的人创造商机"，商机永远属于有准备的人。创业者可以从以下几个方面捕捉创业机会。

1. 从身边的需求和问题中捕捉机会

创业的根本目的是满足顾客需求。寻找创业机会的一个重要途径，是善于去发现和体会自己与他人在需求方面的问题或生活中的难处。例如，双职工家庭，没有时间照顾小孩，于是有了家庭托儿所；没有时间买菜，就产生了送菜公司等，这些都是把问题转化为创业机会的成功案例。

每个人的需求都是有差异的，如果我们时常关注某些人的日常生活和工作，就会从中发现某些机会。因此，在寻找机会时，应习惯把顾客分类，认真研究各类人员的需求特点。

2. 从变化中捕捉机会

创业的机会大都产生于不断变化的市场环境中。例如，通过分析新一代消费者价值观念和认识的改变，就可能寻求到新的商业创意，各种垂直细分电商即是如此。又如，在国有体制改革和公共事业产业开放的调整中，就可能在能源、电信、交通产业中挖掘到更多的商业机会。

3. 从新知识、新技术的产生中捕捉机会

新知识、新技术的产生也带来了许多市场机会。例如，人类基因图谱的破译，可以给生物与医疗服务领域带来商机。人工智能技术，已然开始代替很多服务业中简单重复的人力劳动，将产生更多智能控制、智能服务项目。

4. 从重大事件和热点领域中捕捉机会

重大事件和热点领域中也孕育着无限的商机，创业者应关注新闻报道，以便从中寻找"灵感"。例如，2008 年北京奥运会的成功举办，不仅是中国在和平发展时期的国际地位提升和经济发展成功的标志，也使北京的"人文奥运、绿色奥运、科技奥运"三大主题所带来的无限商机促进着中国经济的发展。据国家统计局统计，北京奥运会开幕前投资 2 800 亿元人民币建设的场馆等配套设施，每年拉动中国经济增长 0.3%～0.4%，增加 200 万个就业岗位。这实际上就为众多创业者提供了千载难逢的商机。

5. 通过分析特殊事件，寻找商业创意

例如，美国一家炼钢厂因为资金不足，不得不购买小型炼钢炉，而后竟发现后者的获利率要高于大型炼钢炉。经过分析发现钢产品的市场结构已发生了变化，于是该厂就将投资重点放在了小型炼钢炉的炼钢技术上。

6. 通过分析矛盾，寻求商业创意

例如，金融机构提供的服务与产品大多针对专业投资大户，但占市场很大比例的一般投资者却没有受到应有的重视。这样的矛盾显示出为一般大众的投资提供服务的市场是极具潜力的。

7. 通过分析作业程序，寻求商业创意

例如，分析某行业的生产作业流程，可挖掘软件开发和信息服务方面的商业创意。

8. 通过复制外地市场，寻找创意

例如，外地市场出现了一个新奇的事物，那么可以复制到当地市场来产生商机。

 案　例

1号店创始人的领悟

于刚，1号店网站前董事长，上海益实多电子商务有限公司联合创始人。谈到创业时，于刚说："要敢于否定自己。"

1. 在创业过程中，决策的速度，往往比决策的质量更重要

"在创业过程中，尤其是互联网类企业，我认为决策的速度通常比决策质量更重要。为什么？因为如果在那个时间没有做出决策的话，机会就失去了，也没有再做这个决策的机会了。因为互联网信息量很大，传播速度非常快，要做非常快的决策。从最早10平方米面对面一张桌子的办公室，我们搬了5次办公室，但是，我们一直都在一个办公室里，做决策讨论后，马上就往前推动。没有关系，因为我们知道大方向是对的，要往前走，不能停滞不前。但是，我们有一个纠错机制，这个机制让我们每两周回头看看过去做的决策对不对，哪些地方需要改正。这样的话，我们始终能往前走。"

2. 有舍才有得，人生最后悔的不是做事失败，而是有机会没去做

"人生里，你最后悔的不是一件事做坏了，做错了，失败了，而是有机会你没有去做。我记得以前在亚马逊时，去欧洲访问配送中心，路上我们做了一些交流。贝佐斯当时是华尔街投资公司的资深副总裁，和他太太开着车，一路上写创业计划，到了西雅图开始融资，最后，建造了亚马逊。在车库里用门装了4条腿作为他的桌子创业时，他认可他的决定，他看到这个机会，当时互联网以一年24倍的速度在增长，他觉得他不做的话，一生都会后悔。"

【分析】2015年7月，于刚从1号店离职；同年8月就以壹药网创始人、董事长的身份强势回归。他说"很多人过去创过业，很多人正在创业，也有很多人有意将来创业。可是你有没有深层次地想过，你创业的目的是什么？是因为现在的工作不顺心，想逃离职场？还是很羡慕那些成功人士，像马云、俞敏洪、马化腾，希望能功成名就？还是你真正有激情有梦想，想做一件实现价值的事情？"于刚的成功，在于永不停歇地寻找并把握住机会。

（四）有价值创业机会的基本特征

在过去几十年里，通过创业走上所谓"人生巅峰"的确是凤毛麟角。成功与失败的原因，除了不可控的各种因素外，还有一些原因是创业者在开始的时候，未能对创业机会进行评估就贸然实施。创业本身当然是一种做中学的高风险行为，但如果做好分析评估，失败的概率就会下降很多。

一般来说，有价值潜力的创意具有以下基本特征。

1. 独特、新颖，难以模仿

创业的本质是创新，创意的新颖性可以是新的发明、新的技术，可以是新的解决方案，可以是差异化的解决办法，也可以是更好的措施。另外，新颖性还意味着一定程度的领先性。不少创业者在选择创业机会时，关注国家政策优先支持的领域就是在寻找领先性的项目。不具有新颖性的想法不仅将来不会吸引投资者和消费者，对创业者本人都不会有激励作用。当然，新颖性也会加大被模仿的难度。

2. 客观、真实，可以操作

有价值的创意绝对不会是空想，而要有现实意义，具有实用价值。简单的判断标准是能够开发出可以把握机会的产品或服务，而且市场上存在对产品或服务的真实需求，或可以找到让潜在消费者接受产品或服务的方法。同时，市场对这些产品和服务的需求容量也要足够大。

3. 对用户的价值与对创业者的价值

有潜力的创意还必须具备对用户的价值与对创业者的价值。创意的价值特征是根本，好的创意要能给消费者带来真正的价值。好的创意需要进行市场测试，必须给创业者带来价值，这是创业动机产生的前提。

二、创业机会的选择

现实经济生活中，适合创业的机会并不是很多。创业者需要借助"机会选择漏斗"，经过层层筛选，选出真正适合自己的创业机会。

（一）要筛选出较好的创业机会

好的创业机会大多有五个特点：一是前五年中的市场需求会稳步快速增长；二是创业者能够获得利用该机会所需的关键资源；三是创业者不会被锁定在"刚性的创业路径"上，而是可以中途调整创业的"技术路径"；四是创业者有可能创造新的市场需求；五是特定机会的商业风险是明朗的，且至少有部分创业者能够承受相应风险。

（二）要筛选出有利于自身的创业机会

面对较好的创业机会，创业者需要回答四个问题：一是创业者能否获得自己缺少，但他人控制的资源；二是遇到竞争对手时，自己是否有能力与之抗衡；三是是否存在创业者可能创造的新增市场；四是创业者是否有能力承受利用该机会的各种风险。

由于大学生创业者群体的特殊性，筛选创业项目时要尽量发挥自身优势，优先考虑以下八个方面。

1. 优先考虑能发挥自身资源优势的项目

创业者在选择项目之前，应该对自己的状况有一个清楚的认识和判断，如自己的优缺点、兴趣和爱好、有哪些专业特长和从业经验、个人社会关系如何、经济实力怎样等。对自己情况分析越透彻，就越容易找到扬长避短并适合自己的创业项目，越能提高创业的成功率。

同时，看清自身状况，审视创业环境之后，应从中甄选出重点利用开发的资源。自有资源优先，如专业技术、行业从业经验、经营管理能力、个人社会关系、私有物质资产等。自有资源的取得和使用成本较低，也容易使项目获得优势。

2. 优先考虑国家政策扶持行业项目

创业只有激情是远远不够的，还要有理智的头脑。在创业之前，就必须先要知道国家目前在扶持、鼓励哪些行业发展，哪些行业是允许创业的，哪些是限制的。创业者选择国家政策扶持、鼓励的行业，对于企业日后的发展也将起到十分重要的作用。

3. 优先考虑技术可行性高的项目

大学生创业者应尽量避免一开始创业就进入不太熟悉的高新科技行业，高新科技行业往往需投入大量的研发资金，对于资金较少的创业者是难以实现的，因此大学生创业者可以选择技术可行性高的成熟行业，在积累了一定的资金和技术资源后，再考虑转入高新科技行业。

4. 优先考虑处于成长期的项目

大学生创业者在创业时往往会选择毫无市场基础的项目，这样做会有很大的风险。只有当一个项目处于市场已经开发，但是现有的供应能力不足的时候，才应该及时介入，这样成功的概率会大很多。选择这些处于成长期的项目，不仅能有效降低风险，而且可以获得相对较大的利润空间。

5. 优先考虑有创新、有特色的项目

别人没有的、与别人不同的、先于别人发现的、比别人强的项目都可以归类为有特色的项目。特色项目除了可以避免陷入与同类型的竞争者同质化竞争的困境，还可以提升产品的辨识度和认知度，拥有更高的定价空间。

著名经济学家熊彼特提出，创新是"企业家对生产要素的重新组合"。对创业者来说，创新更具紧迫性和重要性，原因有以下两点：

（1）目前市场上不缺普通商品、一般的劳务，缺的是特殊的商品、有创意的服务。创业者只有加强市场调研，刺激和创造需求，生产适合需求的新的具有特色的产品和服

务，才能使企业得以生存和发展。

（2）刚开始创业，投资较小，容易进入行业领域，但是竞争十分激烈，只有创新才能在产品和服务上形成竞争优势。坚持创新与特色的原则，就是要力求做到"人无我有，人有我优，人优我专"。

6. 优先考虑初始投入资金较少，资金周转期短的项目

大学生开始创业时，应尽量选择初期投入少，资金周转快的项目，这样才能有充足的流动现金维持企业的正常经营。投资大、成本高、获利时间长、库存量大、周转慢的项目容易使企业现金流出现问题，是大学生创业者尤其需要注意的创业陷阱。

7. 优先考虑雇佣人力较少的项目

大学生创业者普遍缺少实际的管理经验，如果一上手就开始管理很多的员工，往往会使企业内部管理混乱。没有人力资源管理经验的大学生，可以先选择创建不超过5个人的小微企业，随着初创企业的发展壮大，不断积累管理经验，当需要管理更多员工时自然可以游刃有余。

8. 优先考虑有创业政策优惠的项目

为了鼓励大学生创业，各级政府和行政主管部门都出台了一系列的优惠政策，其中有一些是专门针对具体行业的。大学生创业者可以根据自身的实际情况，在这些可享受优惠的项目中找到适合自己的创业机会。

"中药鸡"传奇

张正群，返乡创业青年，是来自重庆的"80后""辣妹子"。2012年，她不顾亲人朋友反对，不畏乡村环境艰辛，毅然跑到重庆大山里养鸡。她历经艰辛，从"门外汉"自学成养殖专家，独创的"中药鸡"年销上千万元，并且带动周边农户走向富裕。

2008年，中国爆发了震惊全国的三聚氰胺奶制品污染事件，而张正群的女儿此前正在吃三鹿奶粉，这件事让她既震惊又愤怒。"那个时候我就在想，农产品要保证安全，源头企业一定要有良知。如果有机会，我一定要做一家有良知的农产品生产企业，让全国的家庭都能吃上放心的食物！"

2012年，张正群在老家一山之隔的青峰镇牌坊坝村流转了100多亩山坡，成立了永川态聚家禽养殖股份合作社，开始了土鸡养殖。

2013年4月，张正群邀请了西南大学的教授作为技术顾问，用200只土鸡进行实验，以人参、山楂、当归等30多味中药1∶20的比例添加杂粮作为主食，以昆虫及菜叶为辅进行喂养。此外，她还将过去的圈养改为竹林下散养，并严格控制出栏时间。

半年后，张正群将"中药鸡"送往权威机构检测，结果表明，中药鸡抵抗力大幅增强，抗生素、药物残留几乎为零，脂肪含量是普通土鸡的1/3，而蛋白质和钙却高出1/3。在越来越讲求食物品质的当下，张正群的"中药鸡"以高钙、高蛋白、低脂

肪的特点迅速打开市场，受到热烈追捧。

【分析】"中药鸡"提供了特色、创新"土鸡"，捕捉到了食品安全和健康的市场需求；同时张正群也主动学习成长为技术专家，项目实施技术有了保障，成功也就不奇怪了。

三、创业项目的评估和分析

对创业机会加以系统构思，明确商业模式和盈利模式，达到可以实施和操作的阶段，就形成了创业项目。对创业项目的评估是多方面的，包括对项目的评估、竞争优势评估、经营策略评估，也包括对团队的评估、对个人的评估等。

（一）创业项目的评估

对于创业项目的评估，可以从市场效益和财务效益两个方面进行评估。

1. 市场效益

（1）市场定位，包括市场定位是否明确、顾客需求分析是否清晰、顾客接触通道是否流畅及产品线是否可以持续衍生等。

（2）市场结构，包括进入障碍、上游供应商、顾客、销售商的实力、替代性竞争产品的威胁及市场内部竞争的激烈程度。

（3）市场规模与成长速度。市场规模大的行业，虽然进入相对容易，但是需要的资金却较多，竞争的激烈程度相对较低，如传统制造业；如果进入一个十分成熟的市场，市场规模虽大，但是利润空间很小，如个人计算机市场；而正在成长中的市场，通常是一个充满商机的市场，如大健康行业和泛娱乐行业。

（4）市场渗透力。聪明的创业者知道选择适当的时间进入市场，既不成为哺育市场的先驱，也不成为最后赴宴的人，而要做那个一入市就能接到订单的人。

（5）市场占有率。要成为市场的领导厂商，最少需要拥有 20% 以上的市场占有率。如果低于 5% 的市场占有率，创业的成功率不会太高，尤其在一方独霸的高科技产业，新事业必须拥有能够成为市场前几名的能力，或者是与众不同的地方。

（6）计算产品的成本。例如，物料与人工成本所占比重的高低、可变成本与固定成本的比重及经济规模与产量，都可以用于判断自己的利润空间与附加价值。

2. 财务效益

1）合理的税后净利

一般而言，具有吸引力的创业机会，至少需要能够创造 15% 以上的税后净利。如果创业预期的税后净利是在 15% 以下，那么这就不是一个好的投资机会。

2）达到损益平衡所需的时间

合理的损益平衡时间应该能在两年内达到。不过，有的创业机会确实需要经过比较长的耕耘时间，此时可将前期投入视为一种投资，以容忍较长的损益平衡时间。

3）投资回报率

考虑创业可能面临的各项风险，合理的投资回报率应该在 25% 以上。一般而言，15% 以下的投资回报率，是不值得考虑的创业机会。

4）资本需求

创业资本是创业者的一个拦路虎，但在创业开始的时候，不要募集太多资金。而且，比较低的资本额，也有利于提高每股盈余。

5）毛利率

毛利率高的创业机会，相对风险较低，也比较容易达成损益平衡。一般而言，理想的毛利率是 40%。当毛利率低于 20% 的时候，这个创业机会就不值得考虑。

6）策略性价值

能否创造在市场上的策略性价值，也是一项重要的评价指标。一般而言，策略性价值与产业网络规模、利益机制、竞争程度密切相关。新创业机会对于产业价值链所能创造的增值效果，也与其经营策略与经营模式密切相关。

7）资本市场活力

当创业处于一个具有高度活力的资本市场，获利回收机会相对也比较高。不过资本市场的变化幅度极大，因此在市场高点时投入，资金成本较低，筹资相对容易。但在资本市场低点时，投资新创业开发的诱因则较低，好的新创业机会也相对较少。不过对投资者而言，市场低点的取得成本较低，有的时候反而投资回报会更高。一般而言，新创企业在活络的资本市场比较容易创造增值效果，因此资本市场活力也是一项可以被用来评价新创业机会的外部环境指标。

8）退出机制与策略

所有投资的目的都在于回收，因此退出机制与策略就成为一项评估新创业机会的重要指标。企业的价值一般也要由具有客观评估能力的交易市场来决定，而这种交易机制的完善程度也会影响投资者退出机制的弹性。由于退出的困难度普遍要高于进入，所以一个具有吸引力的新创业机会，应该要为所有投资者考虑退出机制以及退出的策略规划。

（二）竞争优势评估指标

1. 成本竞争力

一个好的创业方案，通常都能通过持续降低成本来创造竞争力。除了以经济规模来降低成本之外，良好的品质管理、高效率的生产管理、优越的采购能力、快速的产品设计、较高的自制率等，也都有助于降低成本。因此一项具有吸引力的新创业机会，应该能够对物料成本、制造成本、营销成本等拥有掌控与持续降低的能力。总之，新创业机会所呈现的成本竞争力，将是评价这项创业最后能否获得成功的重要指标。

2. 市场控制力

对于市场的产品价格、客户、渠道、原材料的控制力，攸关企业的竞争优势，因此市场领导厂商通常都具有比较高的市场控制力。如果一个新创企业对于关键零件来源与价格缺乏控制力，对于经销渠道与经销商也缺乏控制力，同时订单几乎完全依赖少数一两个客户，就存在着风险高、持续获利困难的问题。如果新创业企业具有持续推进产品创新的能力，那么就比较有机会摆脱这种为他人所控制的市场困局。

3. 进入障碍

进入高障碍的市场，对于新创业企业相对比较不具有吸引力。同样的，新创业企业如果无法制造进入壁垒，也不是一个好的投资机会。制造进入壁垒的方式，包括专利、核心能力、规模经济、商誉、高品质低成本、掌握稀有资源、掌握通路、快速创新缩短生命周期等。在一个处处存在壁垒的市场中，通常比较困难找到好的创业机会。缺乏进入壁垒的新市场，却容易吸引大量竞争者，而使毛利快速下降。因此所谓具吸引力的新创业机会，应该是一个壁垒还不太高的新市场，但进去以后就需要具备制造进入壁垒的能力，以之保护自身的市场利益。

（三）经营策略评估指标

1. 服务品质

顾客服务品质攸关企业的市场竞争力，因此新创业企业的经营模式是否能在服务品质方面具有差异化特色，且能够创造明显的竞争优势，也是创业机会评价时的重要考量。

2. 定价策略

一个好的定价策略是采取略低于市场领导厂商产品的价格，而不是以过低的价格进行市场竞争。以低价位低毛利抢占市场，通常不是一种可取的竞争策略。因此在进行新创业机会评估时，也需要评估其定价策略是否具备优势。

3. 策略弹性

成熟大型企业的最大弱点就是决策缓慢，尤其在需要调整策略方向的时候，往往要经过长期的内部折冲。反之，新创企业组织的包袱较少，决策速度与弹性相对较快，因此策略弹性将成为新创业企业发展的竞争优势。对于一项新创业机会的评估，我们当然也要考量其在面临经营环境变化之际，经营决策方面能做出怎样快速弹性的应对。

4. 技术优势

新创业企业拥有的技术领先程度、技术专利、技术授权、技术联盟关系等，都可能成为一种可以创造优势的策略特色。

5. 进入时机

能掌握市场机会窗口打开的时机，采取适当的进入策略，新创业企业成功的概率自然也会大幅提升。因此对市场进入时机的判断水准，也是创业者一项重要的策略。

6. 销售渠道

渠道经常是一个被忽略的议题，但渠道却可能是对新创业企业发展产生致命影响的因素之一。技术背景创业者通常会有一种错误认知，他们以为只要产品精良，自然顾客就会上门。但实际上，许多优秀的产品却从来没有接触消费者的机会，原因就是它们缺乏适当的销售渠道。所以新创业企业是否在销售渠道规划方面具有一定程度的创新优势与策略特色，也应该是评估新创业机会不可忽视的重点。

7. 误差承受力

由于创业规划属于预估，因此未来的实际情况必定与假设情境有极大出入。所谓新创业规划误差承受力，是指在实现创业目标前提下，执行创业计划的弹性，以及创业团队与创业资源能够承受变动的程度。一项新创业项目，如果对于未来情境预测误差能有比较高的承受力量，则也应该被视为是一项具有策略特色的新创业机会。

（四）团队评估指标

1. 最佳团队组合

由声誉卓著的创业家领军，结合一群各具专业背景成员所组成的创业团队，加上紧密的组织内聚力与共同的价值观分享，这种最佳团队组合可以被视为新创业机会成功的最佳保证。因此评价新创业机会，绝对不可忽视创业团队组合的构成以及团队整体能够对外发挥作用的程度。

2. 产业经验与专业背景

创业者与他的团队成员对于所要投入产业的相关经验与了解程度，也会影响新创业企业获得成功的概率。一般可以由产业内专家对于创业团队成员的背景经验与专业能力进行评价。再好的新创业机会，如果创业团队不具备相关产业经验或专业背景，则对于投资者也不会具有吸引力。

3. 诚信正直的人格

创业者的人格特质也是一项会影响新创业机会成败的关键因素，尤其针对创业者的人品与道德观。在业界具有良好声誉，重视诚信、正直、无私、公平等基本做人处事原则的创业者，对于评价新创业机会通常都具有显著加分的效果。许多绝佳的创业机会，最后都是因为内部争权夺利而导致功败垂成，这也突显出领导者人格特质对于创业成功的重要性。

4. 专业坦诚

一个好的创业者与他的团队成员，在各项经营管理与技术专业工作上，通常能够以理性客观的态度，坦诚面对各项问题，不刻意欺骗客户与投资者，不逃避事实，不否认自己的不足，并且创业团队成员也知道应该如何去做，才能克服自己的缺失。精明的投资者经常可由访谈的过程中，来判断创业团队的专业坦诚度，并作为是否支持该项创业的重要决策参考。

（五）个人评估指标

1. 与个人目标契合程度

创业过程中遭遇的困难与风险极大，因此有必要了解创业者的创业动机，以利于判断他愿意为创业活动付出的代价程度。一般认为，新创业机会与个人目标的契合程度越高，则创业者投入意愿与风险承受意愿自然也会越大，新创业目标最后获得实现的概率也相对较高。因此，一个具有吸引力的新创业机会，一定是能充分与创业者个人目标相契合的创业计划。

2. 机会成本

一个人一生的黄金岁月大约只有 30 年光景，其间可分为学习、发展与收获等不同阶段，而为了这项创业机会，你将需要放弃什么？可以获得什么？得失的评价如何？决定创业之前，创业者都需要仔细思考创业所要付出的机会成本。必须经由机会成本的客观判断，才可以得知新创业机会是否真的对于个人生涯发展具有吸引。

3. 对于失败的底线

古人说，留得青山在，不怕没柴烧。创业必须面对可能失败的风险，但创业者也不宜将个人声誉与全部资源都压在一次创业活动上。理性的创业者必须要自己设定失败的底线，以便保留下次可以东山再起的机会。因此在评估新创业机会的时候，也需要了解有关创业团队对于失败底线的看法。通常铤而走险、成王败寇的创业构想，也不会是一个好的创业机会。

4. 个人偏好

评估新创业机会的时候，也需要考虑新创业机会的内容与进行方式是否能够符合创业者个人的偏好，包括工作地点、生活习惯、个人嗜好等。

5. 风险承受度

每个人的风险承受度可能都不一样，因此这也将成为影响新创业机会评估的重要因素。一般而言，风险承受度太高或太低均不利于新创业企业的发展。风险承受度太低的创业家，由于决策过于保守，相对拥有的创新机会也会比较少。但风险承受度太高的创业家，也容易因孤注一掷的举动，将企业陷入险境。一个能以理性分析并直面风险的人，才是比较理想的创业者，由他来执行的新创业机会相对才具有吸引力。

6. 负荷承受度

创业团队的耐压性与负荷承受度，也是评量新创业机会的一项重要指针。负荷承受度与创业团队成员愿意为新创业投入工作量多寡，以及愿意忍受的辛苦程度密切相关。一般来说，由负荷承受度较低的创业团队所提出的创业构想，成功概率较低。

四、主要分析工具

如何评价创业机会，目前还没有一种一致公认的方法。创业者在进行正式评价时，往往不考虑评价指标体系和评价方法，仅凭直觉做出判断，容易做出错误的决策。综合考虑国内外的一些研究，可将创业机会的评价方法分为定性分析和定量分析两类。

（一）定性分析方法

定性评价创业机会的流程，包括以下五大步骤。

第一步，判断新产品或服务使用的潜在障碍及如何克服。根据产品和市场认可度分析，得出新产品潜在需求、早期使用者行为特征、产品达到创造收益的预期时间。

第二步，分析产品在目标市场投放的技术风险、财务风险和竞争风险、机会分析。

第三步，在产品的制造过程中是否能保证足够的生产批量和可接受的产品质量。

第四步，估算新产品项目的初始投资额，使用何种融资渠道。

第五步，在更大的范围内考虑风险，以及如何控制和管理风险。

SWOT 分析法是一种值得推荐的定性分析法。SWOT 方法能帮助创业者分析企业自身的竞争优势、劣势、机会和威胁，从而将公司的战略与公司内部资源、外部环境有机结合起来。利用 SWOT 分析法，创业者可以更方便地抓住机会、发挥优势、克服不足、回避威胁。

1. S——企业的优势

企业的优势不仅是会什么或有什么，更重要的是竞争优势。例如，产品比竞争对手好，店铺位置非常有利，员工技术水平高，拥有核心技术、大量现成用户、先发优势，符合用户消费习惯等。

2. W——企业的弱势

企业的弱势包括自己的产品比竞争对手贵、没有足够的资金做广告、无法提供综合性的系列服务、有想法但并没有技术实现能力、没有维持项目启动和发展资金、未成功组建团队等。需要了解存在于企业外部的、个人无法施加影响的因素，如国家政治、经济、科学技术及地区变迁等。

3. O——市场上存在什么机遇

市场上存在什么机遇一般是指周边地区存在的对企业有利的事情。例如，想制作的产品越来越流行；附近没有类似店铺；许多新小区正在附近建设，潜在顾客数量将会上升等。

4. T——周边地区存在的对自己企业不利的因素

周边地区存在的对自己企业不利的因素包括政策的风险、在这个地区有生产同样产品的其他企业、原材料价格上涨、人员流失或生存压力等。

（二）定量分析方法

1. 标准打分矩阵

通过选择对创业机会成功有重要影响的因素，再由专家小组对每一个因素进行最好（3分）、好（2分）、一般（1分）三个等级（或者5个等级）的打分，最后求出对于每个因素在各个创业机会下的加权平均分，对不同的创业机会进行比较。蒂蒙斯的商业机会评价框架就是一种典型的标准打分矩阵（见课堂活动表5-1）。

2. 公式法

典型的创业机会评价公式有威斯汀豪斯公式：

$$机会优先级＝技术成功概率 × 商业成功概率 × 平均年销售数 × （价格－成本） × 投资生命周期 / 总成本$$

其中，技术和商业成功的概率是以百分比表示的，平均年销售数量以销售的产品数量计算，成本是以单位产品的成本计算，投资生命周期是指可以预期的年均销售数保持不变的年限，总成本指预期的所有投入，包括研究、设计、制造和营销费用。对于不同的创业机会，将具体数值带入计算，特定机会的优先级越高，越有可能成功。

 经典分享

在生活中选择创业机会

古语云："人之需万千，不能尽由己足，方有商。"人们的生活需求就是商机。发达国家之"发达"，往往意味着市场的饱和，一切产品和服务都被开发和经营。即使市场饱和了，往往也会催生创新。苹果公司就是研发新产品、创造新需求，也创造了发展奇迹。

我国作为发展中国家，市场离饱和还差得远，人们生活中的不如意还有很多，差距和不如意就蕴含着商机。例如，在广大农村，低价商品仍大有市场，价廉物美的正品空间巨大。又如，农户分散养殖是食品质量监管的难点，也是食品安全问题时有发生的重要原因，同时也意味着工厂化养殖业发展的美好前景；入托难、打车难、找保姆难、找对象难等生活中的难题，蕴含着城市生活服务业发展的巨大空间。当许多产品和服务让人"信不过"时，诚信经营本身就有极高的市场价值……中国经济要迈向中高端水平，需要以人们生活消费水平的升级为基础，对正品、品牌、方便、舒适、质优等的追求，正孕育着无限商机。

【分析】创业可以模仿和移植，从发达国家经验中学习是一条路子。但更需要创新，就如乔布斯名言："一个企业的目标就是去创造那些消费者需要但无法形容和表达的需求。"创新的本质不仅在于创造人们没见过、没用过的实物，更包括那些未听过、未见过的未来，以此创造新的生活方式。相对竞争惨烈、渐入夕阳的传统产业和已知市场，未知的新业态、新市场必将超越陈旧的产业边界，打破落后的游戏规则，绽放后发优势，实现后来居上。

课堂活动

创业机会识别与评估

1. 活动目标

掌握识别和评估创业机会的科学方法。

2. 程序与步骤（时间：25 分钟）

（1）从以下主题（但不限于这些主题）：中国高铁、杂交水稻、小米手机、iPad、iPhone、百度、如家、QQ、微信、人人车、5G、物联网、云计算、大数据中，分小组选择 2～3 个热点做创业机会分析。

（2）以 6～8 人一组进行分组。运用头脑风暴法讨论上述主题中有哪些创业机会？投票决定选择哪个创业机会，并用有价值创业机会的基本特征着手分析选出来的创业机会，以列表 5-1 进行打分评估。

表 5-1 蒂蒙斯创业机会评估表

评估框架	评估因素	评估结果（5 分制） 1—2—3—4—5
行业与市场	市场容易识别，可以带来持续收入	
	顾客可以接受产品或服务，愿意为此付费	
	产品的附加价值高	
	产品对市场的影响力高	
	将要开发的产品生命长久	
	项目所在的行业是新兴行业，竞争不完善	
	市场规模大，销售潜力达到 1 000 万～10 亿元	
	市场成长率在 30%～50% 甚至更高	
	现有厂商的生产能力几乎完全饱和	
	在五年内能占据市场的领导地位，达到 20% 以上	
	拥有低成本的供货商，具有成本优势	
经济因素	达到盈亏平衡点所需要的时间在 2 年以下	
	盈亏平衡点不会逐渐提高	
	投资回报率在 25% 以上	
	项目对资金的要求不是很大，能够获得融资	
	销售额的年增长率高于 15%	
	有良好的现金流量，能占到销售额的 20% 以上	
	能获得持久的毛利，毛利率要达到 40% 以上	
	能获得持久的税后利润，税后利润率要超过 10%	
	资产集中程度低	
	运营资金不多，需求量是逐渐增加的	
	研究开发工作对资金的要求不高	

评估框架	评估因素	评估结果（5 分制） 1—2—3—4—5
收获条件	项目带来的附加价值具有较高的战略意义	
	存在现有的或可预料的退出方式	
	资本市场环境有利，可以实现资本的流动	
竞争优势	固定成本和可变成本低	
	对成本、价格和销售的控制较高	
	已经获得或可以获得对专利所有权的保护	
	竞争对手尚未觉醒，竞争较弱	
	拥有专利或具有某种独占性	
	拥有发展良好的网络关系，容易获得合同	
	拥有杰出的关键人员和管理团队	
管理团队	创业者团队是一个优秀管理者的组合	
	行业和技术经验达到了本行业内的最高水平	
	管理团队的正直廉洁程度能达到最高水平	
	管理团队知道自己缺乏哪方面的知识	
致命缺陷	是否存在任何致命缺陷	
创业者的 个人标准	个人目标与创业活动相符合	
	创业家可以做到在有限的风险下实现成功	
	创业家能接受薪水减少等损失	
	创业家渴望进行创业这种生活方式，而不只是为了赚大钱	
	创业家可以承受适当的风险	
	创业家在压力下状态依然良好	
理想与现实的 战略性差异	理想与现实情况相吻合	
	管理团队已经是最好的	
	在客户服务管理方面有很好的服务理念	
	所创办的事业顺应时代潮流	
	所采取的技术具有突破性，不存在许多替代品或竞争对手	
	具备灵活的适应能力，能快速地进行取舍	
	始终在寻找新的机会	
	定价与市场领先者几乎持平	
	能够获得销售渠道，或已经拥有现成的网络	
	能够允许失败	
评估结果汇总		

第二节　选择创业模式

 能力目标

（1）了解创业模式种类和概念。
（2）分析制约大学生创业模式选择的因素。
（3）掌握"互联网＋"创业的背景、类型和模式。

引入案例

跨境电商，年入百万

武昌理工学院商学院 2013 级学生刘欢，毕业后被该学院评为企业家明星。他的创业经历受到了老师和同学的一致赞扬。从电子商务领域的小白到跨境电子商务的先驱，他向全球 40 多个国家和地区销售电子产品和汽车配件，年收入超过 20 万元。

创业之初，无人指导，业务始终无法有效开展，刘欢也备受打击。但他没有放弃，坚持了下来。后来，他发现物流服务对于跨境电子商务非常重要。在逐步解决物流公司的谈判问题后 6 个月，他终于迎来了第一个订单。

现在，刘欢的创业之路已走上正轨，还增加了两名合作伙伴。现在他的工作目标比以前更加稳定，出口范围正逐步扩大，包括美国、俄罗斯和欧洲一些地区。回顾创业之路，刘欢觉得选好自己的竞争点最重要。当然，最重要的是坚持。无论如何，只要坚持下去，总会找到适合自己的竞争模式。

【分析】企业竞争始于商业模式，好的商业模式，是创业成功的保证。刘欢依托电子商务，开展特定产品的销售，取得了阶段性成果，值得肯定。设计模式首先应考虑战略，然后结合内外部环境、市场、资源、产品（服务）等因素，整合资源，匹配价值。

一、创业的类型

创业从不同的角度、根据不同的标准可以做不同的分类。

（一）根据创业动机划分

根据创业动机创业可分为机会型创业与就业型创业。

（1）机会型创业，指创业的出发点并非为谋生，而是为了抓住、利用市场机遇。它以市场机会为目标，能创造出新的需要，或满足潜在的需求。因而会带动新的产业发展，一般也不会加剧市场竞争。

（2）就业型创业，指为了谋生而走上创业之路。这类创业是在现有的市场上寻找创业机会，并没有创造新需求，大多属于尾随型和模仿型，因而往往小富即安，不着眼做大做强。

虽然创业动机与主观选择相关，但创业者所处的环境及其所具备的能力对于创业动机类型的选择有决定性作用。因此，通过教育和培训来提高创业能力，就可增加机会型创业的数量，不断增加新的市场，减少低水平竞争。

（二）根据创业者数量划分

根据创业者数量创业可分为独立创业与合伙创业。

（1）独立创业，指创业者独立创办自己的企业。其特点在于产权是创业者个人独有的，企业由创业者自主掌控，决策迅速。但它需要创业者独自承担风险，创业资源准备也比较困难，还要受个人才能限制。

（2）合伙创业，指与他人共同创办企业。其优劣势与独立创业相反。优势在于资源准备相对容易，风险均摊，决策制衡，可以发挥集体智慧。缺点在于权力多头，决策层级多，响应速度慢。

（三）根据创业项目性质划分

根据创业项目性质创业可分为传统技能型创业、高新技术型创业和知识服务型创业。

（1）传统技能型创业，指使用传统技术、工艺的创业项目，它具有永恒的生命力。尤其是酿酒、饮料、中药、工艺美术品、服装与食品加工、修理等与人们日常生活紧密相关的行业中，独特的传统技能项目表现出了经久不衰的竞争力，许多现代技术都无法与之竞争。

（2）高新技术型创业，指知识密集度高，带有前沿性研究开发性质的新技术、新产品项目。

（3）知识服务型创业，指为人们提供知识、信息的创业项目。当今社会，信息量越来越大，知识更新越来越快，各类知识性咨询服务的机构将会不断细化和增加，如律师事务所、会计师事务所、管理咨询公司等。这类项目投资少、见效快。

（四）根据创业方向或风险

根据创业方向或风险创业可分为依附型创业、尾随型创业、独创型创业和对抗型创业。

（1）依附型创业，可分为两种情况：一是依附于大企业或产业链而生存，为大企业提供配套服务。例如，专门为某个或某类企业生产零配件，或生产、印刷包装材料。二是特许经营权的使用，如加盟麦当劳、肯德基等成熟品牌。

（2）尾随型创业，即模仿他人创业，学着别人做。一是短期内只求能维持下去，随着学习的成熟，再逐步进入强者行列；二是在市场上拾遗补缺，不求独家承揽全部业务，只求在市场上分得一杯羹。

（3）独创型创业，指提供的产品或服务能够填补市场空白。大到商品独创性，小到某种技术的独创性。例如，生产的洗衣粉比市场上卖的环保性好且去污力强，首档真人秀电视节目等。也可以是旧内容新形式，如产品销售送货上门，经营的商品并无变化，但在服务方式上扩大了，从而更具竞争力。独创型创业也有一定风险，因为消费者对新事物往往会有一个接受过程。

（4）对抗型创业，指进入其他企业已形成垄断的某个市场，与之对抗较量。这类创业风险最高，必须在知己知彼、科学决策的前提下，乘势而上，把自己的优势发挥到淋漓尽致。例如，针对 1990 年年初国外饲料厂商在中国市场大量倾销合成饲料的背景，"希望集团"运用对抗型创业，建立了西南最大的饲料研究所，定位于与国外饲料争市场，从而取得成功。

选择创业机会后，创业者要根据创业机会选择合理的创业模式。所谓合理，一是创业风险较小；二是创业成功率较高；三是创业收益较大；四是创业见效快，创业时间成本低。

二、创业模式及选择因素

（一）创业模式的概念

创业模式是指创业者为保障自身的创业理想与权益，对各种创业要素合理搭配而选择的组织形式、方式确定、行业选择等。在创业之初第一个重要选择就是寻找一个适合自己的创业模式，对一个创业者来说，一个真正好的模式，应该是适合自己的，即其有能力操作而且能把现有资源有效整合的。准确判断自己的优势和劣势，选择最适合自己的创业模式，可以克服很多不利因素。创业者在创业过程中，根据自身特点和现实情况，合理选择适合自身的创业模式，对创业取得成功至关重要。因此，在创业之前，创业者首先要对各类创业模式有初步了解。

（二）常见的创业模式

提起创业，人们想到最多的是开店、办公司、搞企业。随着时代发展，创业方式正在不断发生变化，出现了兼职创业、代理模式、加盟创业、团队创业、概念创业、内部创业、网络创业等多种模式。

1. 兼职创业

对上班族来说，如果头脑活络，有钱又有闲，想"钱生钱"又不愿放弃现有工作，兼职做老板应是最佳选择。兼职创业，无须放弃本职工作，又能充分利用工作中积累的商业资源和人际关系，实现鱼和熊掌兼得，而且进退自如，大大减少了创业风险。

兼职创业，需要在主业和副业、工作和家庭等几条战线上同时作战，对创业者的精力、体力、能力、忍耐力都是极大的考验，因此要量力而行。此外，兼职创业族最好选择自己熟悉的领域，但要注意不能侵犯受雇企业的权益。

2. 代理模式

代理是一种很常见的创业方式。代理商是生产商的经营延伸，做代理商虽然是为他人做嫁衣，但同时也是在为自己积累经验。通过代理可以完成自己的原始资本积累，同时还能学习营销知识，建立渠道网络。寻找那些品牌信誉好、发展潜力大的产品做代理，是一桩本小利大、事半功倍的买卖，适合初始创业者。

代理模式下，需要注意以下几点：

（1）选择市场占有率高、品牌信誉好、发展潜力大的公司的产品。

（2）代理最大的危险是被厂家"卸磨杀驴"，因此只能依附，不能依赖。

（3）要建立自己的品牌，维护自己的渠道。不能将自己的命运始终交给别人。

3. 加盟创业

可以持续分享品牌发展、经营诀窍、资源支持，连锁加盟凭借诸多优势，成为极受青睐的创业新方式。目前，连锁加盟有直营、委托加盟、特许加盟等形式。投资金额根据商品种类、店铺要求、技术设备的不同从几万元至几百万元不等，可满足不同需求的创业者。

加盟创业的最大特点是利益共享，风险共担。但是，鱼龙混杂现象日趋严重，一些不法者利用加盟圈钱的事件屡有曝光。因此，创业者在选择加盟项目时要有理性心态，事先进行充足的准备，包括收集资料、实地考察、分析市场等，并结合自身实际情况决定。

4. 团队创业

如今，创业已非纯粹追求个人英雄主义的行为，团队创业成功的概率要远高于个人独立创业。一个由研发、技术、市场、融资等各方面组成且优势互补的创业团队，是创业成功的法宝，尤其对高科技创业企业更是如此。最重要的是考虑成员之间的知识、资源、能力或技术上的互补，充分发挥每个人的知识经验优势，这种互补将有助于强化团队成员间彼此的合作。一般来说，团队成员的知识、能力结构越合理，团队创业的成功率就越大。

5. 概念创业

概念创业，顾名思义就是凭借创意、点子、想法创业。当然，这些创业概念必须标新立异，至少在打算进入的行业或领域是个创举。只有这样，才能抢占市场先机，才能吸引风险投资者的眼球。同时，这些超常规的想法还必须具有可操作性，而非天方夜谭。概念创业具有点石成金的神奇作用，特别是本身没有很多资源的创业者，可通过独特的创意来获得各种资源。创业需要创意，但创意不等同于创业，创业还需要在创意的基础上，融合技术、资金、人才、市场经验、管理经验等各种因素，如果仅凭点子贸然行动，基本上是行不通的。

6. 内部创业

内部创业，是指一些有创业意向的员工在企业的支持下，承担企业内部某些业务或项目，并与企业分享成果的创业模式。内部创业由于具有"大树底下好乘凉"的优势，受到越来越多创业者的关注。

员工在企业内部创业，可获得企业多方面的资源。同时，企业内部所提供的创业环境较为宽松，即使创业失败，创业者所需承担的责任也较小。内部创业的受众面有限，只有那些大型企业的优秀员工才有机会一试身手。此外，这是一种以创造"双赢"为目的的创业方式，员工要做好周密的前期准备，选择合理的创业项目，保证最大化地创造利润，这样才能持续获得企业高层的支持。

7. 网络创业

目前，网络创业主要有两种形式：网上自主开店，网上加盟开店。网络创业的优势是门槛低、成本少、风险小、方式灵活，特别适合初涉商海的创业者。如阿里巴巴、淘宝、京东等知名商务网站，有较完善的交易系统、交易规则、支付方式和成熟的客户群，每年还会投入大量的宣传费用。

 案 例

"网络祭奠"之风悄然兴起

清明祭扫，以寄哀思，是中华民族延续几千年的传统习俗。伴随"互联网+"时代到来，"网络祭奠"悄然兴起：网络直播"代扫"、微信远程祭扫、网上纪念堂等以互联网为载体的各种服务应运而生。

远在苏州的邓华（化名）轻击鼠标，为逝去的亲人建起一座"网上纪念堂"，弥补了清明期间无法赶回承德老家祭拜先人的遗憾。邓华还将"网上纪念堂"的链接发给亲友，亲友都可以通过单击网页上设置的送花、鞠躬等按钮，在网络上完成缅怀先人、传承家风的行为。

微信公众号"烛光会"创始人之一姜波（化名），在2014年和朋友创建了这个以微信为依托的线上祭奠平台，用户通过关注该微信公众号，在平台上为逝去的亲友建立网上纪念堂，并在线上进行祭奠，追思悼念。

姜波介绍，"烛光会"可以永久保留逝者生前的影像资料，用户在平台上能够为逝者献花、敬酒、点烛、留言、祈祷等。人们还可转发给亲友或分享到朋友圈，让散居各地的人们随时可祭奠，表达对已故亲友的思念情怀。

事实上，与"烛光会"类似的线上祭奠平台近年来在网络上频频涌现。通过观察发现这些网络祭奠平台大多属于公益创业性质，用户创建网上纪念堂和使用网络祭品大多都是免费的。

【分析】流传几千年的祭奠习俗本就应因时而异，在互联网如此发达的今天，祭奠习俗也需与时俱进。人们在现代社会传承"祭祖追思"传统文化的同时，应该用更文明、绿色的祭奠方式来表达对逝者的哀思之情。

（三）制约大学生创业模式选择的因素

我国大学生创业起步较晚，在选择创业模式时会受到诸多因素影响。例如，创业模式的选择具有同一性，缺乏创新性等。制约我国大学生创业模式选择的因素主要体现在以下几个方面。

1. 受自身思维和眼界制约

创业既复杂又灵活，创业模式的选择需要有创新思维和行业预见性。大学生作为一个特殊创业群体，有较高的文化和专业素养，充满活力，富有挑战性，有较强的创新意识；但由于缺乏社会经验，行业预见性较差，往往会制约创业模式的选择。

2. 受资金制约

创业不仅凭热情、知识、能力就能完成，它还需要有一定的物质基础作为支撑。大学生筹集创业资金的渠道较为有限，主要以个人积蓄、小额贷款为主。而刚跨出校门的大学生，几乎没有资金积累，又很难申请到小额贷款，资金因素在一定程度上限制着大学生创业模式的选择。

3. 受个人教育背景制约

大学生在创业和就业的时候，会受到学校资源、专业背景的影响。一些省市的职业院校，由于学术研究能力强、实验条件好、有创业园区等，为大学生创业提供了良好的创业环境，尤其能给予技术和人力支持。这些学生在创业过程中，能够更顺畅选择适合自己的创业模式。而有些院校学生，学校对创业教育不够重视，很难从学校层面得到援助，从而导致创业举步维艰，选择的创业模式也比较僵化。

4. 受区域制约

我国地域广阔，各地区的经济发展水平不平衡、差异较大，这也部分影响了不同区域大学生创业模式选择。我国地区发展呈现多层次性，东中西部地区在教育发展、商业氛围、融资渠道、开放程度、政策支持方面存在差异，东部地区优于中西部地区，大学生创业模式有更大的选择余地。

三、"互联网＋"创业

（一）"互联网＋"创业背景

互联网服务功能的转变及"互联网＋"时代变革，敲开了又一扇创新时代的大门。各行各业都在掀起革命，互联网金融、互联网教育、互联网医疗遍地开花。凭着对互联网新技术的敏感和青春的激情，越来越多的年轻人正踊跃加入"互联网＋"创业的大军。

（二）"互联网＋"创业类型

交流便捷、数据海量、注意力稀缺、机会均等是互联网时代的基本特征。这是"信息过剩"的时代，也是"注意力稀缺"的时代，怎样在"无限的信息中"获取"有限的注意力"，便成为"互联网＋"创业中的核心命题。目前常见的"互联网＋"创业模式有：工具＋社群＋电商／微商、长尾商业模式、跨界商业模式、免费商业模式、线上到线下商业模式、平台商业模式等。

1. 工具＋社群＋电商／微商

互联网的发展，使信息交流越来越便捷，志同道合的人更容易聚在一起，形成社群，同时也将散落在各地的分散需求聚拢在一个平台上，产生了新的共同需求，并形成规模，彰显了"融合、重聚"的价值，形成了诸如"工具＋社群＋电商／微商"的模式。微信最开始就是一个社交工具，先是通过各自工具属性、社交属性、价值内容的核心功能过滤到海量的目标用户，加入了朋友圈点赞与评论等社区功能，继而添加了微信支付、精选商品、电影票、手机话费充值等商业功能。社群特指互联网上的各类社群团体。有了工具、社群，就可以将其和电商或微商有机地结合起来，从而形成"工具＋社群＋电商／微商"这一高效、独特的商业模式。在这一商业模式中，工具、社群以及电商或微商都可发挥各自的优势，推动其他两者的发展前进。

2. 长尾商业模式

长尾概念由克里斯·安德森提出，这个概念描述了媒体行业从面向大量用户销售少数拳头产品，到销售庞大数量的利基产品（与大热门产品相对应的普通产品）的转变，虽然每种利基产品相对而言只产生小额销售量，但利基产品销售总额可以与传统面向大量用户销售少数拳头产品的销售模式媲美。通过 C2B（customer to business，即消费者到企业）实现大规模个性化定制，核心是"多款少量"。

这种商业模式在于少量多种地销售自己的产品，并致力于提供相当多种类的产品，而其中每一种卖出量相对很少。将这些小众产品的销售汇总，所得收入可以像传统模式销售一样可观。亚马逊图书销售、淘宝等都是较典型地运用了长尾商业模式。

3. 跨界商业模式

互联网的"颠覆"特性实质上就是利用高效率来整合低效率，对传统产业核心要素的再分配，也是生产关系的重构，并以此来提升整体系统效率。互联网企业通过减少中间环节，减少所有渠道不必要的损耗，减少产品从生产到进入用户手中所需要经历的环节，以此来提高效率，降低成本。因此，对于互联网企业来说，只要抓住传统行业价值链条当中的低效或高利润环节，利用互联网工具和"互联网＋"思维，根据客户自身需求的细微变化，重新构建商业价值链，就有机会获得成功。

马云曾经说过一句貌似"很任性"的话。他说，如果银行不改变，那我们就改变银行。于是余额宝就诞生了。余额宝推出半年规模就接近 3 000 亿元；北京小米科技有限责任公司生产了手机，生产了电视，还涉及了农业领域，汽车制造、智能家居。

4. 免费商业模式

注意力稀缺导致众多互联网创业者开始想尽办法去争夺注意力资源，而互联网产品最重要的就是流量，有了流量才能够以此为基础构建自己的商业模式，所以说互联网经济就是以吸引大众注意力为基础，去创造价值，然后转化成盈利。

很多互联网企业都是以免费、好的产品吸引到很多用户，然后通过新的产品或服务不同的用户，在此基础上再构建商业模式。互联网颠覆传统企业的常用打法就是在传统企业用来赚钱的领域免费，从而彻底把传统企业的客户群带走，继而转化成流量，然后再用延伸价值链或增值服务来实现盈利。

所有的"免费商业模式"最终都要通过其他渠道实现盈利，免费商业模式的盈利方式总结起来可分为三点。

（1）直接交叉补贴。直接交叉补贴是为了在一种产品上盈利，而降低另一种产品的价格或免费进行销售的行为，从而以高获利产品补贴亏损产品。例如，在手机营业厅内，工作人员都会殷勤地向顾客推荐免费手机，当然条件是之后每个月都需要办理相应的套餐，或者向顾客赠送话费，但前提是要购买指定的某款手机。

（2）第三方市场。在这种免费模式中，第三方付费参与前两方之间的免费商品交换。企业向特定的消费者群体提供免费的务、体验或者商品，吸引这部分消费者感兴趣的相关品牌来投放广告，所得收入一部分用于再投入，其余作为盈利。例如，很多手机游戏，除了提供增值服务盈利之外，还在游戏中插入广告，或是让玩家观看广告以获得一定游戏奖励的形式来投放玩家可能感兴趣的广告，收取广告收益作为盈利。

（3）免费+收费。这种模式在互联网背景下十分常见，向全部用户提供免费的最基础的服务，并开发部分增值服务让用户付费使用。例如，360安全卫士向所有用户提供电脑免费清理服务，但是如果需要额外的人工维修服务就需要收费了。

5. 线上到线下商业模式

"线上到线下"的英文缩写为"O2O"（online to offline，或称"线上到线下"），其狭义来理解就是线上交易、线下体验消费的商业模式，主要包括两种场景：一是线上到线下，用户在线上购买或预订服务，再到线下商户实地享受服务；二是线下到线上，用户通过线下实体店体验并选好商品，然后通过线上下单来购买商品。广义的"线上到线下"模式就是将"互联网＋"思维与传统产业相融合。未来"线上到线下"的发展将突破线上和线下的界限，实现线上线下、虚实之间的深度融合，其模式的核心是基于平等、开放、互动、迭代、共享等"互联网＋"思维。利用高效率、低成本的互联网信息技术，改造传统产业链中的低效率环节。通过这种方式，可以将店铺信息和口碑在消费者中更快、更远地扩散，可以量化消费者数据，同时还能较容易地传递面对面的实体服务和品牌价值。

"线上到线下"是互联网与传统商业模式结合的一个非常好的突破口，与传统的消费者在商家直接消费的模式不同，在"线上到线下"模式中，整个消费过程由线上和线下两部分构成。线上平台为消费者提供消费指南、优惠信息、便利服务（预订、在线支付、地图等）和分享平台，而线下商户则专注于提供服务。未来，随着技术发展，"线上到线下"模式进入壁垒越来越严实，需专注垂直领域，线上线下并重。

6. 平台商业模式

平台商业模式的核心是打造足够大的平台，使产品更为多元化和多样化，更加重视用户体验和产品的闭环设计。在平台商业模式下，企业可以放大，原因有两点。第一，这个平台是开放的，可以整合全球的各种资源；第二，这个平台可以让所有的用户参与进来，实现企业和用户之间的零距离。在互联网时代，用户的需求变化越来越快，越来越难以捉摸，单靠企业自身所拥有的资源、人才和能力，很难快速满足用户的个性化需求，这就要求打开企业的边界，建立一个更大的商业生态网络来满足用户的个性化需求。通过平台以最快的速度汇聚资源，满足用户多元化的个性化需求。所以平台模式的精髓，在于打造一个多方共赢互利的生态圈。

但是对于传统企业而言，不要轻易尝试做平台，尤其是中小企业不应该一味地追求大而全、做大平台，而是应该集中自己的优势资源，发现自身产品或服务的独特性，瞄准精准的目标用户，发掘出用户的痛点，设计好针对用户痛点的极致产品，围绕产品打造核心用户群，并以此为据点快速地打造一个品牌。

（三）基于电商平台的大学生"互联网＋"创业经济

现在在电商平台的业务范围包含了生活的各个角落，其中有房屋销售资料、餐饮娱乐招聘资料、废物收购、汽车销售、旅游信息、沟通交友、兼职服务等相关生活信息，几乎占据了中国所有大中城市。

1. "互联网＋"思维为大学生创业提供机遇

（1）可以利用"众创空间"创业服务平台为大学生创业提供土壤。国务院于2015年3月11日出台《国务院办公厅关于发展众创空间推进大众创新创业的指导意见》（国办发〔2015〕9号），制订了"互联网＋"行动计划，成为影响中国发展的重要历史机遇。例如，杭州市推出了大学生创业的特色小镇，作为与传统的园区、开发区不同的创新载体，在理念、机制、模式等方面全面升级。后来，在全国掀起了"特色小镇"热潮。杭州"梦想小镇"作为首个"互联网＋特色小镇"的探索，展开了一系列创新引领下的城乡发展转型探索，取得了一定的经验，为后续特色小镇建设发展探索了一条新的路径。

（2）积极培育项目丰富的"互联网＋"创业新模式，树立典型，引领大学生创业。一位85后大学生刘海鹏和合伙人开了一家"互联网＋"面皮店。"互联网＋面皮"的营销思路有更胜一筹之处。该大学生看中商机：白领上班族、注重品质时尚的休闲人群是走街串巷寻美食的资深吃货。根据"互联网＋"思维，该大学生认为，外卖服务距离不能超过5公里，否则时间太久了，会影响面皮的物理性质。他们的外卖服务不适合抵达的范围，提供真空包装面皮，在公司自己的网上商城可以选购。这是这位大学生从不同维度给出"互联网＋面皮"的差异化营销思路。

在互联网时代，产品用户是消费者，也是传播者。产品做好，消费体验好，口碑就会好。传统行业要依靠互联网口碑的力量自建流量，从而赢得更多用户。实体店好比地面作战，一对一吸引消费者，而线上市场好比是空中力量，能实现一对多覆盖。线上线下互补，不可偏废。线上是宣传销售渠道，能吸引粉丝增加用户黏性，还可以实现二次营销。

2. 电子商务发展为大学生创业提供平台

在现在的就业模式中，电子商务是很多大学生创业发展的主要方式。我国电子商务市场发展拥有很大潜力，在目前的1 000多万家大中小型企业中，已有80%能够运用电子商务手段进行贸易活动，而成千上万的大学生加盟，将为中国电子商务市场进一步发展锦上添花。因此，大学生创业者们要在这个良好的全民自主创业的大环境下，充分利用电子商务，抓住机遇，拓宽思路，勇于尝试，学会创业。

3. 网络经济为大学生创业提供土壤

1）国家扶持政策化

一方面，国务院颁发的《国务院关于积极推进"互联网"行动的指导意见》指出要顺应世界互联网发展趋势，推动大学生创业格局的形成。有关职业院校需加强创新创业教育和实践，建立优秀导师人才库，配齐配强专兼职教师，对有创业意愿的学生和已经开展创业实践的学生进行针对性培训。同时，广泛举办各类创新创业大赛活动，支持职业院校学生成立创新创业社团、举办讲座论坛等。另一方面，有关部门要积极支持职业院校建设形式多样的创新创业平台。职业院校的实验室、实验设备等各类资源，原则上要向全体在校学生开放。落实大学科技园的税收优惠政策，将符合条件的众创空间等校内新型孵化机构纳入创业孵化基地管理范畴，并按规定享受孵化基地相关优惠政策。

2）消费者需求多样化

大学生从事电子商务平台或者是网络营销，必须在整个生产过程中，从产品的构思、设计、制造，到产品的包装、运输、销售，认真思考各种差异性，采取有针对性的方法和措施。要注重深入挖掘新业态创造的就业机会。职业院校毕业生要主动到金融租赁、节能环保、电子商务、现代物流等生产性服务业和旅游休闲、健康养老、文化体育、社会工作等生活性服务业岗位实习实践，增加行业经验。

3）市场趋于国际化

移动互联网使得以前分裂的区域性市场统一成虚拟化的全球大市场，相关部门要以提高人才培养质量为核心，以拓宽就业创业渠道为重点，以完善就业创业政策为支撑，以提高就业创业指导服务为保障，坚持改革创新，坚持问题导向，坚持协同推进，使我国职业院校毕业生就业渠道进一步向全世界拓宽，就业空间进一步增大。

 经 典 分 享

"互联网＋"特色农产品　搭上网络快车走出深山

云南的松茸、鸡枞、东北的新鲜人参……把中国各地区的农产品带出深山，直接输送到城市千家万户的餐桌上。吉林大学珠海学院的云翼农业团队项目"三营—新零售模式下的原生态农特商贸城"就是立足东莞万江，为都市家庭服务，提供新鲜、有特色的农贸商品。

云翼农业创始人周国荣接受记者采访时表示，自己此前曾接触到物流行业，了解到由于信息不畅通、销售方式单一，农产品滞销现象时有发生，而都市人希望享受到新鲜珍贵的食材，却苦于没有购买渠道。周国荣深入原产地调研，与当地的农户、基地、政府建立起合作关系，再通过互联网营销和推广，开拓有需求的买家，成功连接起农户与消费者的直接输送通道。"目前，我们已经与东莞200多户家庭建立直接联系的关系，为他们提供当季新鲜高端的农产品。通过互联网开拓客户、维护客户、联系客户，能够降低成本。"

【分析】创业的根本目的是满足顾客需求，而顾客需求在没有满足前就是问题。因此，寻找创业机会的一个重要途径是善于去发现和体会自己和他人在需求方面的问题或生活中的难处。云翼农业团队借助互联网的媒介手段，链接了生产者和消费者，将高端食材推送到目标顾客。民以食为天，因为平台提供的是反复消费的食品，所以这个创业项目具有可持续发展性。此外，他们结合自身的专业特长，认真分析市场需求和自身情况而选定细分市场，根据整体市场上顾客需求的差异性，提供了从田间到餐桌的精准服务。

 课 堂 活 动

寻找商业机会

1. 思考

思考并回答以下问题：

（1）创业机会与商业机会的区别是什么？

（2）有价值的创业机会具有什么特征？

（3）影响创业机会识别的因素有哪些？

（4）如果对某个创业机会进行识别，需要做哪些方面的分析？

2. 小组讨论

生活中确实存在着大量的创业机会，但为什么有的人发现了，有的人却发现不了？3～5人一组，结合影响创业机会识别的因素进行分析讨论。讨论结束后，每组选一位代表讲述讨论的过程及内容。

3. 寻找创业机会

（1）假如你所在的社区存在以下几个问题，你能否从中发现创业机会？

①当地没有令人感到舒服的、可与朋友会面的休闲咖啡店。

②当地的餐厅较多，菜品、服务相似，没有特色。

③社区服务不健全，离家近的菜店种类少、价格高；离家远的地方虽有个综合性的蔬菜购买市场，种类多、价格低。但坐车需要花费20分钟。

④在当地的商店里，玩具品种比较少，顾客选择的余地不大。

（2）关注社会变化，政策变化。根据表5-2列出社会变化、政策变化带来的创业机会。

表 5-2　变化带来的创业机会

社会、政策变化	机会（一）	机会（二）	机会（三）	机会（四）
"互联网＋" 时代				
数字电视普及				
产业化升级				
旅游业的兴起				
一带一路倡议				
食品安全				

第三节　展示创业计划

展示创业计划

 引 入 案 例

计划书是创业者的"另一张脸"

大多数创业者都希望自己成为被投资者选中的"幸运儿"。一份"吸睛"的创业计划书必不可少。

创业计划书容易陷入哪些误区？2019年全国大学生创业实训营创业计划与商业评估培训中，创业大咖为大学生创业者抽丝剥茧，帮助他们对项目计划加深理解和认识，选好创业行业和方向，教他们迈好创业的关键一步。

"宁愿在纸上犯错误，也不要在实践中犯错误。"哈尔滨工程大学团委书记、创业教育学院常务副院长史波认为，很多人看不起创业计划书，但实际上它可以帮助创业者理清思路、查找错误，让整个团队步伐一致，也可以让投资者进一步了解理念，取得投资者的信任。

创业计划书由五个部分组成，包括市场调研、数据证据、文档优化、换位思考、团队合作。在史波看来，创业计划书制作的核心是数据和证据，"怎么能让人相信你？一定要用数据和证据说话。"

数据的来源是什么？是否具有权威性？这些都需要外部证明，也就是证据。史波举例，有些数据来自政府工作报告、行业分析报告或者年检等，这些都是有利的出处，而获得这些数据和证据的途径就是详实的市场调查。

史波发现，大学生创业最缺乏的就是市场调研，"往往没有深入地去了解项目真正的目标客户是谁，需求量有多大，是否愿意为产品买单。"

"市场调研其实是分析的基础，在创业计划书中行业与市场分析越详细越好。"史波说，市场调查可以从直接和间接两种途径展开。直接调查需要亲赴一线，对目标客户群体进行问卷调查或深度访谈，了解他们的真正需求；间接调查就是把别人的数据为己所用。既可以通过网站、报告等公开信息中获得数据，也可从他人创业项目的创业计划书中来获得。

澳盈资本创始合伙人肖毅从投资者的角度为大学生分析了创业计划书的重要性。他认为无论是找FA机构还是风投机构，没有一个完美的创业计划书都无法与投资者沟通。创业计划书必须规划合理、拥有严谨的逻辑，"如果创业计划书很简单或者应付，其实就是在拒绝你的潜在投资者"。

从公司简介到发展方向、内容、团队，再到融资的规模、用在何处，这种创业计划书的顺序往往是投资者最喜欢的。

肖毅提到，创业者在设计商业逻辑和模式时，也一定要考虑清楚项目的逻辑，而不是表象。"怎么去探寻细分市场，调查清楚用户的核心诉求，怎么从表象一直驱动用户去追随核心，在创业计划书中也都需要体现。"

"创业梦想实现的前提要以商业计划为依托，创业的每一个细节都值得大家去思考，每一个细节和问题都要认真区别对待。"在史波看来，文档优化也是吸人眼球的关键。根据信息传递的角度，图片表达方式要优于表格，表格要优于文字，创业计划书要做到图文并茂。同时，还要特别注意细节。如果计划书里存在很多错别字、排版格式问题，也会失去投资者和评委的信任。"大学生不缺乏创意，缺乏的是怎么把创意转化成行动，这些细节都体现执行力。"

肖毅建议，大学生创业一定不能"干现在的事"。他解释，现在哪个风口创业比较好，你发现了，别人也发现了，等你做好准备，这个风口也就过了。"拿着创业计划书就能融资的时代已经过去了，做平台已经没有太多机会了。现在资本、用户都更精明了，你要寻找无人区，去干别人没有干的事。"

创业总部合伙人陈荣根也认为，创业者需要搞清楚每个产业的体量，分析创业项目是不是未来社会发展的趋势、是不是产业发展的趋势、是不是社会体验上的趋势。他建议，大学生可以多关注以航天航空、生物技术、光电芯片、信息技术、新材料、新能源、智能制造等硬科技领域，科技的创新将带来更多的创业机会。

"创业计划书虽然无法代替真正的创业实践，但对大学生创业具有指导性意义，可以不停地督促他们砥砺前行。"史波说。

【分析】创业梦想实现的前提要以商业计划为依托，它可以帮助创业者理清思路、查找错误，让整个团队步伐一致，也可以让投资者进一步了解理念，取得投资者的信任。一份成功的创业计划书，对大学生创业具有指导性意义。

一、关于创业计划书

创业计划书，也就是一种商业计划书，英文为 business plan（简称"BP"）。创业计划书是一份全方位的项目计划，其主要意图是递交给投资者，以便于他们能对企业或者项目做出评估判断，从而使企业获得融资。

创业计划书有相对固定的格式，它几乎包括了反映投资者所有感兴趣的内容，是创业者叩响投资者大门的"敲门砖"。只有内容翔实、数据丰富、体系完整、装订精致的创业计划书才能吸引投资人，让他们看懂企业或项目商业运作计划，才能使融资需求成为现实，所以创业计划书的质量对项目融资至关重要。

撰写和展示创业计划——商业计划书

创业计划书的起草与创业本身一样是一个复杂的系统工程，不但要对行业、市场进行充分的研究，而且还要有很好的文字功底。对于一个发展中的企业，专业的创业计划书既是寻找投资的必备材料，也是企业对自身的现状及未来发展战略全面思索和重新定位的过程。

二、创业计划书的特点

虽然创业方案不需要很复杂，但它一定是创业者经过大量的调研、周密的思考后精心制定的，在技术上和经济上都是可行的。一份成功的创业计划书必须体现项目五个方面的特点。

（一）技术上的先进性和新颖性

从风险资本的定义中可以得知，风险资本一定是和高科技紧密联系在一起的。风险投资看好的投资产品应该是在技术上领先同类产品，或是在某些方面具有独创性。否则，市场上充斥着的相同类型产品将会成为该新产品的有力竞争，从而使初创企业面临巨大的经营风险。

（二）广阔的市场前景

好的创意并不一定意味着产品具有相当的市场前景，其原因是多方面的。产品接入市场的时机不成熟、宏观经济环境的影响、消费者的购买心理等诸多因素常常会使新颖的产品不具有市场。因此，分析产品的市场前景在创业计划中显得非常重要。

（三）高额的预期利润

在进行风险投资的过程中，投资者最为关注的问题就是投资回报率的高低。投资者当然期望所投入的资本获得的利润越高越好。需要指出的是，筹资企业能产生的预期利润率一定要高于投资方的资金预期回报率，这是获取风险资本的一个前提条件。

（四）短时间内获利的可能性

资金投资回收期过长意味着潜在投资风险增加。风险资本越是能在短时间内实现创利，越能坚定风险投资方的信心。风险资本投资者往往认为，在有限的时间里，不能向一个短期不能创利的企业投资。

（五）合理的经费预算

在创业方案中，经费多少是投、融资双方无法回避的重要问题。在经费预算上双方往往存在较大的分歧。投资方为降低投资风险，同时为获得更高的投资回报率，希望投入的资本越少越好。筹资方为开拓市场、提高自身的竞争能力和抗风险能力，常常希望筹得的风险资本越多越好。在创业风险资本筹资过程中，经费额度完全掌握在投资方的手中。要想最大限度地获得风险资本，就必须证明经费预算中所需的每一分钱都是最合理的。

三、创业计划书的作用

创业计划书具有两个最基本的功能，一是为创业者、创业管理团队和企业雇员提供一份清晰的、关于新创企业发展目标和发展战略的说明书；二是为潜在顾客、商业银行和投资者提供一份推销新创企业的报告。

创业计划书发展至今，已经由单纯的面向投资者转变为企业向外部推销宣传自己的工具，以及企业对外部加强管理的依据，其作用具体表现在以下几个方面。

（一）使创业者整体把握创业思路、明确经营理念

创业计划书是创业者为自己开拓事业而量身定制的一面镜子。在撰写过程中，创业者必须理性分析和全面审视自己的创业计划与思路，明确经营理念，以免因企业破产或失败而可能导致的巨大损失。另外，在研究和编写创业计划书的过程中，经常会发现经营机会与所期望的不一样，此时创业者会根据实际情况采用不同的策略使创业活动更加可行。只有对创业前景拥有一个清晰的认识，才能更好地开展创业活动。

（二）帮助创业者有效管理新创企业

在创业过程中，各种生产要素是分散的，信息是凌乱的，在撰写计划书的过程中要理清思路，找到企业运行各个程序的连接点，实现资源的有效整合和利用，形成完整流畅的商业运作计划。创业计划书既提供了企业的全部现状及其发展方向，又提供了良好的效益评价体系及管理监控标准，使创业者在管理企业的过程中对企业发展中的每一步都能做出客观的评价，并及时根据具体的经营情况调整经营目标，完善管理方法，最终达到创造和形成商业利润的目的。

（三）宣传本企业，聚集人才

书面的创业计划是新创企业的象征和代表，它使创业者与外部企业的组织及人员得以良好沟通，是企业进行对外宣传的重要工具。通过一份优秀的计划书，能让投资者看到发展潜力，也能吸引志同道合者一起加入创业的团队中，具体表现在以下方面：

（1）寻求战略合作伙伴和签订大规模的合同。

（2）吸收优秀管理人员。

（3）吸引对创业计划感兴趣的单位赞助和支持。

（四）实现创业计划的融资需求

一份准备充分的创业计划书，能够帮助新创企业获得投资方的信任，从而有助于新创企业得到优厚的融资条件。各类投资人和债权人，包括商业银行，都要以通过创业计划书了解新创企业的产品（或服务）、管理策略、市场规划、营利预测等，增进对新创企业产品或服务的类型、市场性质，以及创业者及其管理团队素质的认同，从而决定是否有必要进行合作。因此，创业计划书可以有效帮助新创企业与各类投资者及商业银行建立起良好的关系，创业者须在新创企业项目启动的初期使用创业计划书来激起投资者的兴趣。

四、创业计划书的撰写

（一）创业计划书十大要素

1. 事业描述

必须描述所要进入的是什么行业，如销售业、制造业还是服务业？卖产品还是提供服务？谁是主要客户？进入产业生命周期是处于萌芽、成长、成熟还是衰退阶段？进入事业的状况是新创的还是加入或承接既有的？是用独资的方式还是合伙或公司的型态？为何能获利、如何成长？产品或服务是否有季节性等。

2. 产品或服务

产品和服务是什么？有什么特色产品？能带给客户什么利益？跟竞争者有什么差异？如果产品或服务是创新、独特的，怎样培养客户需求？怎样持续获得客户？

3. 市场

界定目标市场在哪里，如客户是几岁到几岁的年龄层？是在既有的市场去服务既有的客户，还是在既有市场去开发新客户？或者是在新市场去服务既有客户？是在新市场去开发新客户？不同市场、不同客户，都有不同的营销方式。要知道真正的客户在哪里，产品对客户有什么样的利益，用哪种营销方式，通路是直销还是要找经销商，怎样去定位、上市、促销。这些都跟市场规模多大、想要有的市场占有率和每年成长的潜力有关。当市场成长时，市场占率会上升或下降？市场是否竞争激烈？包括如何定价，预算要怎么做，要采取什么样的策略等。

4. 地点

一般来说，依靠互联网的公司对地点的选择可能影响不那么大。但如果要开实体店，店面地点选择就很重要。例如，麦当劳就偏爱开在街口转角，更大视角地吸引顾客。一个不好的地点，有时甚至会导致项目难以为继；而好的地点往往会让利润增多。

5. 竞争

市场瞬息万变，要想生存和发展，必须时时做好竞争分析，厘清竞争者的优劣关系。一般来说，打算创业或要进入一个新市场时，必须先做竞争分析。另外，当自己经营的市场，出现一个新的竞争者时，要做竞争分析，警惕来者不善。竞争分析可从几方面思考：谁是最接近的五大竞争者？他们的业务如何？他们与己方业务相似的程度？从他们那里可以学到什么？如何做得比他们更好？

6. 管理

创业之初要清楚自己的弱势，明确团队人员的各自特点，做好经营管理。特别是界定好团队成员间的责任分工、权力范畴，以及要努力对外寻求是否还有其他资源可分配或者可争取。有专家断言，中小企业 98% 的失败是来自管理的缺失。缺乏管理经验，重技术轻内控，人员分工不均衡，危机处理不当，甚至决策随意、受人欺诈等，其核心都是管理方面缺乏现代企业运营的基本规则和流程共识。

7. 人事

要考虑人事需求是什么，还需要引进哪些专业技术人才，到哪里可以找到？引入人才是全职还是兼职？薪水是月薪或时薪？福利有哪些？有没有培训、晋升机会？如何对员工进行绩效考评等。

8. 财务需求与运用

筹资 / 融资款项要如何运用？是用来营运周转还是添购设备、备料进货或是技术开发？供货商、规格、品牌、价格、数量、运费、税金等如何预算？未来三年的损益表、资产负债表和现金流量表是否有预估？

9. 风险

经营企业一定会有风险。竞争对手可能带来风险，更多则是自身面对的风险。例如，选址时的交通和正式运营时发生变化，因此客流量急剧下降是风险；再如全球金融危机或者重大疫情，会给大多行业带来风险；以及突发安全事故、面临资金链断裂等。风险几乎是无法完全避免的，重要的是要先做好预案，想清楚风险来临时该采取哪些应对措施，以及自身承受风险的底线评估等。

10. 成长与发展

事物总是在动态成长的。创业计划书还要思考到下一步怎样发展，如三年后的目标，五年后的目标，要着眼当前的创业计划是可以长期甚至永续经营的，做到深耕化，思考多元化，面向全球化。

（二）创业计划书主要内容

一般来说，在创业计划书中应该包括创业的种类、资金规划及来源、资金总额的分配比例、阶段目标、财务预估、行销策略、可能风险评估、创业动机、股东名册、预定员工人数，具体内容一般包括以下 12 个方面。

1. 封面

封面的设计要有美观度和艺术性，一个好的封面会使阅读者产生最初的好感，形成良好的第一印象。

2. 目录

别人在阅读创业计划书时，不一定会从头到尾全部通读，而会按需检索相关内容，因此建立一个附带页码的目录，能够帮助对方快速找到感兴趣的信息。

3. 概述（摘要）

概述是浓缩了的创业计划书精华。计划摘要涵盖了计划的要点，以求一目了然，以便对方能在最短的时间内评审计划并做出判断。一般包括以下内容：①公司介绍；②管理者及其组织；③主要产品和业务范围；④市场概貌；⑤营销策略；⑥销售计划；⑦生产管理计划；⑧财务计划；⑨资金需求状况等。

概述要尽量简明、生动。特别要说明自身企业的不同之处，以及企业获取成功的市场因素。

注意：这一部分不是创业计划书的前言或引言，而是对整个创业计划书的概括。篇幅不宜超过 3 页纸，依序介绍创业计划书中的各部分，其中章节顺序应与计划书中的顺序一致。另外，虽然概述的位置是出现在创业计划书的第一部分，但它应该是在创业计划书完成后再写。

4. 公司介绍

这一部分需对公司基本情况做初步介绍，让投资者在短时间内对公司有一个整体的初步了解。这一部分需关注如下要点问题。

（1）公司的名称、类型、地址、联系方式分别是什么？

（2）公司的主要业务是什么？发展历史是怎样的？

（3）公司的宗旨是什么？目标是什么？未来的发展规划是什么？

（4）公司拥有的竞争优势和独特性有哪些？

（5）主要创业者的背景、经历、经验和特长是什么？

（6）公司拥有哪些知识产权（专利、商标、版权等）？

5. 产品/服务

这一部分需对公司主要产品或服务做出详细的阐述，语言务必通俗易懂，让阅读者能很好明白理解。最好附上产品/服务的原型照片或者其他佐证材料。这一部分需关注如下要点问题。

（1）产品/服务的概念、性能及特性介绍。

（2）产品/服务是面向什么样的客户？能帮助解决什么样的"痛点"问题？客户能从公司的产品/服务中获得什么样的客户价值？

（3）产品/服务的市场定位是什么？与市场同类产品的竞争状况是怎么样的？

（4）公司对自己的产品/服务采取了哪些保护措施来构建进入壁垒（如拥有哪些专利、许可证、版权等）？

（5）公司的产品/服务处于哪个发展阶段？市场前景预测是怎样的？新产品/服务的开发计划有哪些？

6. 行业与市场分析

行业分析与市场分析是创业公司对其所生存的外部环境的具体研究。缺少这一部分的分析，创业计划将会变成不切实际的空谈。

"行业"和"市场"是两个不同的概念，需要区分开来分析。"行业"是指生产或提供相似产品/服务的企业群体，是指公司所生存的整个行业大环境。"市场"是行业中的一部分，是企业所追逐和吸引消费者注意的那部分目标市场。

这一部分需关注如下要点问题。

1）行业分析部分

（1）行业定义。用几句话描述企业所涉及的行业是什么？

（2）行业的发展现状如何？行业规模多大？增长速度怎样？利润率如何？

（3）产业结构具有什么样的特征？参与者的性质是怎样的？由哪些因素决定和驱动着该行业的发展（可用 PEST 分析方法分析影响行业发展的主要外部因素）？

（4）进入该行业的壁垒是什么？用波特五力竞争模型分析产业内部竞争格局，包括现有企业间竞争、潜在进入者、替代品威胁、供应商议价能力、购买者议价能力。

（5）行业趋势预测。①环境趋势：经济趋势、社会趋势、技术进步、政策法规变化等，哪些是有利的？哪些是不利的？②商业趋势：利润率将上升还是下降？增长速率会加快还是减慢？

2）市场分析部分

这一部分需将行业进行细分，并瞄准企业所涉及的具体细分市场（目标市场）。大多数企业并不致力于服务整个行业，而是只关注如何为行业中的某个具体市场提供更好的产品或服务。

（1）企业所涉及行业的市场细分情况是怎样的？企业的目标市场是如何选择的？目标市场的规模有多大？未来是否可以拓展新的市场？

（2）竞争者分析。最主要的竞争对手有哪些？相较竞争者来说，己方企业的竞争优劣势是怎样的（可用 SWOT 分析方法）？如果没有直接竞争对手，那谁是间接竞争者或谁最有可能成为潜在竞争者？

（3）针对该目标市场情况，企业未来 3～5 年的年销售额预测是多少？市场份额预计多少？

7. 营销计划

这一部分需要阐述公司产品/服务如何从生产现场到达最终用户的营销策略，需从产品策略、价格策略、渠道策略和促销策略等多个方面进行阐述。企业营销计划的全部内容都应该明确以客户需求为导向。确保营销活动都是基于营销的总体任务和对目标市场的深入了解。

这一部分需关注如下要点问题。

（1）企业的营销计划制定的总体思路是什么？

（2）企业所具体追逐的目标市场和人群是什么？与竞争者的差异化点在哪里？

（3）打算从哪些目标客户群着手进入市场？后期将如何扩展？

（4）对每个目标市场，你希望最终的产品/服务的销售价格是多少（预计）？企业是用什么样的标准得出这一价格的？在这样定价情况下的利润率预计是多少？

（5）企业希望用低价渗透市场还是从一开始就争取高价格高回报？

（6）阐述企业的销售流程，在此过程中哪些因素最终影响客户的购买决策？

（7）企业打算通过什么样的分销方法触达目标客户？

（8）企业将利用什么方法使目标客户注意到企业的产品或服务？争取一个客户的时间和资源成本是多少？

（9）如何吸引顾客多次购买？如何维持长久的客户忠诚度？

8. 运营计划

这一部分需介绍企业如何生产产品和提供服务，应包含以下内容：企业选址、工艺流程、设备引进、生产周期、生产计划、物料需求、劳动力需求、库房管理、质量管理、售后服务等。如果是创意服务类，由于运营的复杂性较低，这一部分可侧重于介绍企业的人力资源、位置优势、信息优势、售后等。

需关注如下要点问题：

（1）企业的运营模式与程序是怎样的（可用运营流程图来说明生产产品或提供服务的关键步骤）？

（2）企业如何选址？采用了哪些评价指标来衡量选址问题？

（3）企业的生产过程是如何计划的？如何保证新产品在进入规模化生产时的稳定性和可靠性？

（4）设备的购买、引进情况如何？供应商是谁？生产工艺流程的设计需要考虑哪些因素和方法？

（5）物料需求计划是怎样的？公司将从供应商或第三方那里购买什么原材料、零部件或服务？

（6）描述企业产品 / 服务的生产周期。如企业什么时候支付原料投入款？生产产品将花费多长时间？顾客什么时候购买产品？企业什么时候能获得盈利？

（7）企业打算具备多大的产品生产能力和服务提供能力（产品数量或服务数量）？

（8）企业打算如何组织和安排库存问题？库存多久能周转一次？

（9）产品 / 服务的成本结构（固定成本和可变成本）是怎样的？

（10）企业需要什么样的人力资源？未来人力资源需求的规划是什么？

（11）企业采用什么样的措施来保证产品的质量？

（12）企业的售后服务是如何处理的？

9. 管理团队

这一部分需详细阐述初创企业的管理团队和企业组织结构。高素质的管理团队和良好的组织结构是管理好企业的重要保证。

对主要管理人员需介绍他们所具备的能力、经历、背景及在公司的职务和责任。

对公司的组织结构需提供公司的组织结构图，并介绍各部门的功能和职责范围、各部门负责人及主要成员、公司的报酬体系、公司的股权分配情况等。

这一部分需关注如下要点问题。

（1）企业管理团队的构成是怎样的？团队中每位成员的职务和责任是什么？是什么样的教育背景？以前的工作和相关经历有哪些？团队成员获得过哪些业绩或表彰？

（2）企业的股权人有哪些？股权是如何划分的？

（3）企业的组织结构图是怎样的？各部门的主要负责人和成员是谁？企业现有多少雇员？企业的报酬体系是怎样的？

（4）企业的人员缺口有哪些？企业将如何补充这些人员？

10. 财务计划

创业计划书中的财务计划是指初创企业对相关资金使用、经营收支及财务成果等信息梳理整合的书面文件。

这一部分首先需做出企业的基本财务假定，即对销售量、销售成本和毛利润做出预期或假设；还需要制作和分析三大财务报表：现金流量表、资产负债表和利润表；除此之外，还需分析盈亏平衡点、资金的来源和使用情况。

这一部分需关注如下要点问题。

（1）产品 / 服务在每一个期间的生产量和售出量有多少？生产费用是多少？每件（项）产品（服务）的定价是多少？预期的成本和利润是多少？

（2）企业的盈利能力有哪些分析指标？盈亏平衡点在哪里？

（3）企业的现金流量发展趋势是怎样的？预计什么时候能达到收支平衡？

（4）目前企业已有哪些资金来源？能否满足融资需求？

（5）创业者期望从风险投资者那里获得多少投资？是通过债权融资、股权融资还是其他方式？如果是股权融资，将会出让多少股权？企业将如何使用这些资金？

（6）投资者可以得到多少回报？什么时候用什么形式可以得到这些回报？

11. 风险控制与资本退出

这一部分需详细分析初创企业可能会面对的风险种类和程度，企业将采取何种措施和方案去降低或防范风险。

创业者需在这一部分中告诉风险投资者，他们的投资将会以何种方式退出，预期能获得多少回报。

这一部分需关注如下要点问题。

（1）企业将会面临哪些风险？其中哪些风险是最影响公司生存和发展的？

（2）面临相关风险，企业将会采取哪些措施来进行防范？

（3）市场中的最大风险可能会出现在哪里？如何应对？

（4）技术风险会出现在哪些方面？如何应对？

（5）是否考虑企业将来的退出方式？有哪些退出方式？首选何种？

12. 附录

为了保证创业计划书正文内容重点突出且不影响阅读的连贯性，需要把一些非必要内容和相关支撑材料放在附录中，为创业计划书的正文内容提供客观详实的补充材料。

附录的主要内容可包括：①合同资料；②信誉证明；③相关获奖或专利；④授权使用书；⑤图片资料；⑥市场调研分析报告；⑦财务报表；⑧相关政策文件；⑨企业宣传材料。

（三）创业计划书的撰写步骤

创业计划书的撰写一般包括资料准备阶段、创业构思阶段、市场调研阶段、方案起草阶段、检查更新阶段。

1. 资料准备阶段

以创业计划书总体的框架为指导，针对创业目的和宗旨，搜寻内部与外部资料，包括创业企业所在行业的发展趋势、产品市场信息、产品测试、实验资料、竞争对手信息、行业同类企业财务报表等。资料收集分为实地调查和收集二手资料两种方式。与此同时，搜集和整理其他创业成功者的创业计划书案例，借鉴他人的成功经验，有针对性地准备自己的创业计划书。

2. 创业构思阶段

在分析自身条件和了解创业计划基础上，创业者可对创业项目做初步的构思和选择，即选择创业的切入点。

1）环境分析

环境分析主要包括宏观环境和微观环境分析。宏观环境指的是能对企业活动产生强制性、不确定性和不可控因素的影响因素，如要充分了解国家政策是鼓励发展还是限制发展。微观环境是指直接制约和影响企业活动的力量与因素，如供应商、企业内的各个部门。创业者必须学会规避风险，找到发展的机遇，获得创业的先机。

2）产品和服务的定位

好的企业建立在好的创业构思上，而好的创业构思则建立在市场需求和服务开发上。所以，创业者在开拓自己事业前，需要明确定位产品或服务的目标，根据市场的需求设计开发具有价值的产品或服务，只有这样才能牢牢把握住市场的发展趋势。

3. 市场调研阶段

确定创业构思之后，要详细调查和论证产品或服务是否符合市场需求，从而明确市场需求和自我定位。可以尝试思考并回答以下问题：

（1）自己如何向顾客提供有价值的产品或服务？

（2）自己给顾客提供的商品会被其他商品轻易代替吗？

（3）市场上确定有这种需求吗？竞争对手的情况如何？

（4）产品或服务处于什么样的阶段？市场前景如何？

（5）确定自己是最适合的产品或服务的提供者吗？

4. 方案起草阶段

根据创业构思和市场调研的结果，对企业介绍、产品或服务介绍、管理团队介绍、商业模式、营销策略、市场分析及风险管理、发展规划、财务规划、融资需求及资金用途等内容进行全面编写，初步形成比较完整的创业计划方案。一般而言，计划书主要包括计划书摘要、演示文件、完整版的创业计划书、未来3～5年的财务预测等。

5. 检查更新阶段

检查主要是对计划书的格式、文字、内容进行检查和修改，使其更符合创业计划书规范，并对计划书进行提升和提炼，从而进一步理清创业思路，夯实创业准备工作。

完成一份创业计划书并不意味着一劳永逸。实际过程中，由于环境、市场的变动，需要经常对计划进行更新，确保计划的时效性、真实性和完备性，以备不时之需。

（四）创业计划书的撰写原则

一份好的创业计划书必须呈现竞争优势与投资者利益，同时也要具体可行，并提出尽可能多的客观数据来加以佐证。

1. 市场导向

利润来自市场的需求，没有对市场进行过深入调查和分析，所撰写的创业计划书就会是空泛的。创业计划书应该以市场为导向进行撰写，并充分体现对市场现状的掌控和对未来发展趋势的预测能力。

2. 直切主题

创业计划书应该避免那些与主题无关的内容，要直切主题。投资者没有时间也不愿意花过多的时间来阅读一些对其来说毫无意义的东西。这种直切主题的写法比较容易引起投资者的注意和兴趣，能提高融资成功的概率。

3. 清晰明了

创业计划书应该把自己的观点清晰明了地亮出来。如果读完整份计划书都没有发现创业者明确的观点，不知道其"卖点"，那么别人是不可能产生兴趣的。

4. 实事求是

不要用大量的形容词来吹嘘，计划书中的所有内容必须实事求是。即便是预期假设的财务计划，也不应该是凭空想象出来的，必须事先进行大量的调查和科学分析。

5. 通俗易懂

计划书中应该尽量避免技术性很强的专业术语，这些专业术语不是谁都可以看得明白的，而投资者更关心的是项目能创造多少价值。过多的专业术语会影响读者的兴趣，让他们觉得太深奥，即使不得以要使用专业术语，也应该在附录中加以解释和说明。这是因为创业计划书的内容复杂繁多，容易出现前后不一、自相矛盾的现象。如果出现这种情况，会让人很难明白，甚至会对计划书产生怀疑。所以，列出的数据和事实一定要前后一致，互相之间没有冲突。

6. 突出优势

突出优势也就是应该突出这份计划书的"卖点"。这就需要在计划书中呈现以下内容：竞争优势、创业者有强烈的上进心、创业者有非凡的竞争能力和目标一致的管理团队、独一无二的技术优势、对市场的清晰认识等。同时，也应该说明可能遇到的风险或威胁，不能只是强调优势和机遇而忽略风险。

7. 循序渐进

创业计划书不是一个简单的计划书，它是指导企业运行的管理工具。在创业初期，计划书主要的功能是吸引投资者和顾客。但这并不是说计划书只要吸引到投资者和顾客就行了，还要在计划书中确定企业的目标和具体措施，以指导企业未来的工作。创业计划书的内容非常繁多，写作时应该注意逻辑性，遵循循序渐进的原则，不能片面追求一气呵成，更不能杂乱无章。

 案 例

周鸿祎：教您打造十页完美的创业计划书

第一页，用几句话清楚说明你发现目前市场中存在一个什么空白点，或者存在一个什么问题，以及这个问题有多严重，几句话就够了。例如，现在网游市场上盗号严重，你有一个产品能解决这个问题，只需要一句话说清楚就可以。

第二页，说明你有什么样的解决方案或者什么样的产品，能够解决这个问题；你的方案或者产品是什么，提供了怎样的功能。

第三页，说明你的产品将面对的用户群是哪些。一定要有一个用户群的划分。

第四页，说明你的竞争力。为什么这件事情你能做，而别人不能做？例如，是你有更多的免费带宽，还是存储可以不要钱？否则如果这件事谁都能干，为什么要投资给你？你有什么特别的核心竞争力？有什么与众不同的地方？所以，关键不在于所做事情的大小，而在于你能比别人干得好，与别人干得不一样。

第五页，论证一下这个市场有多大，你认为这个市场的未来会是什么样。

第六页，说明你将如何挣钱。如果真的不知道怎么挣钱，你可以不说，而是老老实实地说，我不知道这个怎么挣钱，但在中国有1亿的用户，拥有用户就有潜在价值。

第七页，用简单的几句话告诉投资者，这个市场里有没有其他人在做，具体情况是怎样。不要说"我这个想法前无古人后无来者"这样的话。有其他人在做同样的事不可怕，重要的是你能不能对这个产业及行业有一个基本了解和客观认识。要说实话、干实事，可以进行一些简单的优劣分析。

第八页，突出自己的亮点。只要有一点比对方突出就行。刚上市的产品肯定有很多问题，说明你的优点在哪里。

第九页，进行财务分析，可以简单一些。不要预算未来三年挣多少钱，别人很难会相信。说说未来一年或者六个月需要多少钱，用这些钱干什么。

第十页，如果别人还愿意听下去，介绍一下自己的团队、团队成员的优秀之处，以及自己做过什么。一个包含以上内容的计划书，就是一份非常好的创业计划书。

【分析】创业计划书是创业者计划创立业务的书面文件，是创业者叩响投资者大门的"敲门砖"。它是一份全方位的商业计划，其主要用途是递交给投资者，以便于他们能对企业或项目做出评判，从而使企业获得融资。它是用以描述与拟创办企业相关的内外部环境条件和要素特点，为业务的发展提供指示图和衡量业务进展情况的标准。通常创业计划是结合了市场营销、财务、生产、人力资源等职能计划的综合性文件。

五、展示创业计划

撰写创业计划是创业团队需要完成的重要准备工作，同时，如何将自己的创业计划成功地推广出去并引起风险投资者的投资兴趣，更是创业者的必修课之一。投资者在选择投资项目时，除了会评估项目本身的投资潜力外，更加关注创业者综合能力和个人魅力。因此，创业计划的展示是创业者展示项目潜力和自身能力的重要机会，是创业者给投资者的第一印象。

（一）创业计划展示注意事项

展示创业计划的基本技巧主要有以下几点。

1. 保持激情

激情来自强大的内驱力和执着的信念，创业者在展示创业计划时需要保持真诚的态度和充沛的情感，并通过自己的感染力将发自内心的激情传递给投资者。

2. 语言精练

在介绍自己的创业计划时需做到语言精练准确、语速平稳适中、吐字清楚连贯、语调抑扬顿挫，尽量避免使用"我估计""差不多""可能是"等模糊性陈述语言，这样会给风险投资者留下不真诚、不严谨的印象。

3. 善用图表

展示创业计划时需要形象化的表达。在能够使用图表来表示时，一定要充分利用图表。例如，市场分析、竞争分析、财务预测等。

4. 展示样机或模型

如果你的产品可以制作成样机或者模型，在展示时是最直观的。如果没有产品样机，也可以将产品模型或服务模式用直观的形式表示出来，这样有助于投资者更容易了解你的产品或服务。

5. 选择更适合的讲演人

选谁上台讲演是个问题。最好的讲演人人选是团队的创始人（CEO），对于项目的把控力强，熟悉整体项目的战略发展布局，在问答环节更容易游刃有余。讲演中如果不是创始人（CEO）来现场讲演，弱点很明显，对创业项目的现阶段发展认识不够全面，对项目未来走势不明确，很容易在投资评审环节回答不够完善。

6. 重视彩排

讲演方案需要反复修改打磨，做好充分的准备，而不是寄希望于现场即兴发挥。创业路演最好采用现在越来越流行的 TED 演讲方式。

一场创业路演＝一场关于创业的演讲＝一场面对台下数十位专业投资评审＋现场 800 名以上观众＋万次点击量网络视频直播的创业演讲＝一场 50＋纸质／网络媒体宣传的创业讲演活动。

（二）展示 PPT 制作要点

据不完全统计，大多数风险投资者阅读一份创业计划书的时间不会超过 5 分钟。不仅如此，在各级各类的创业大赛中均要求参赛者在规定时间内完成创业项目的展示。因此创业者在展示创业计划时需要尽可能将详细的计划内容浓缩到一定篇幅的 PPT 中，借助 PPT 图文排版精美、表现形式丰富的优势，把创业计划中最具吸引力的重点要点展示出来。PPT 的篇幅一般控制在 20 页以内为宜，繁杂而冗长的内容往往会适得其反，让人无法把握重点。

PPT 的作用是为讲演者提供讲演的思路，起到提示的作用，因此在制作 PPT 时需注意每张内容的要点只需用关键词（句）展现出来，无须堆积大量的文字段落。讲演者需要做到的是在 PPT 的辅助下把创业计划更好地推荐给观众，帮助观众能迅速把握创业计划中的要点，而绝不能对着 PPT 一字一句的照读甚至是打开 PPT 让观众自己看。PPT 上需要展示的重点内容包括以下几个部分。

1. 标题页（1 页）

创业计划书的标题是整个路演 PPT 的第一页，为了能给观众留下先入为主的第一印象，标题页需有自己的亮点，如可将拟创公司的宗旨或目标浓缩成一句话，作为副标题展现，也可以为公司设计一个鲜亮的 LOGO 等。

2. 产品（服务）介绍（1～2 页）

用简洁并且通俗易懂的语言讲清楚企业是做什么的。建议配上示意图或实物图，也可以配服务流程图，让观众对公司所提供的产品或服务一目了然。

3. 市场痛点分析（2～3 页）

用 2～3 页 PPT 讲清楚潜在消费者有待解决的痛点或者痒点问题，公司的产品或服务正是在目前合适的行业背景下为潜在顾客解决了一个甚至多个痛点问题，或者是为他们提供了更好的更高性价比的服务体验。

4. 市场规模分析（1～2 页）

通过引用数据、借助图表的形式直观地分析产品的市场规模，展示所属行业和细分市场的规模和潜力都是巨大的。

5. 竞争力分析（1～2页）

向投资者展示你的核心优势，包括专利技术、供应链、营销渠道等，让他们相信这个项目只有你和你的团队能做，或者是你能够做得比其他人更好。

6. 商业模式介绍（2～3页）

用3～4页PPT讲清楚公司的商业模式，尤其是盈利模式，告诉投资者企业是如何赚钱的，包括现有投入、生产运营、营销策略、盈利途径等，这部分是投资者关心的重点之一。

7. 团队介绍（1～2页）

投资"项目"实际上是在投资"人"，项目团队的介绍是必不可少的。需讲清楚核心团队的构成与分工，每位核心成员的背景与专长，需突出个人能力与岗位职责的匹配度，必要时可增加组织结构图或者股权分配比例等内容。

8. 财务预测与融资计划（2～3页）

用图表形式直观分析近三年的财务状况并对未来三年进行财务预测，讲清楚自己的融资计划，需要多少资金，准备稀释多少股份，融资所得资金怎么使用等。

 经典分享

路演要抓住的六个关键要素

创业者提供的产品和服务千差万别，因此创业计划书不可能一成不变，但出色的计划书必然有相似的核心内容，以便投资者和其他创业者快速获得有效信息。一般来说，主要有以下六个关键要素，可用"6C"概括。

1. 概念（concept）

创业者要说明自己创业的主体是什么，明确企业所提供的产品或服务的特性，以及未来的发展前景。

2. 顾客（customers）

明确企业产品或服务所适合的客户群体类型，了解客户的需求、购买力，并对潜在的客户群体特征做出判断，预测市场销售情况。

3. 竞争者（competitors）

需要明确所选择的创业项目有哪些竞争者，如该项目是否有人从事？若有人从事，要充分了解其情况，只有知己知彼，方能百战不殆。

4. 能力（capabilities）

创业者本人的能力从根本上决定了企业的发展态势，因此在创业初期，创业者必须进行深入的、客观的自我分析，以便构建互补型的团队并弥补个人能力的欠缺；同时，设定能力成长目标，通过自身的进步带动企业的良性发展。

5. 资本（capital）

资本既可以是现金也可以是资产，或者是可以换成现金的实物。资本在哪里、有多少，自有的部分有多少，可以借贷的有多少，要很清楚。当拥有充足的启动资金时，要知道如何使用这些资源，让企业赢在起跑线上。

6. 永续经营（continuation）

当事业在起步阶段良性发展时，要为进一步的持续发展做出规划。同时，也要学会处理和面对风险，避免将过多的精力耗散在非关键风险上面。

【分析】创业计划至少有着以下几个方面的作用：①把计划中要创立的企业推销给自己；②把要创办的风险企业推荐给风险投资家；③有利于获得银行贷款等其他资金；④有利于企业的经营管理。

 课 堂 活 动

商业计划讲演

1. 活动目标

培养商业计划讲演实操能力。

2. 规则与程序（时间：30分钟）

（1）思考自身的创业项目书（BP）应该如何讲演，8分钟内需要组织和讲述的内容有哪些？各创业小组团队撰写一份创业计划书，可套用以下格式模板：

①项目概述——描绘宏伟蓝图，用一句话清晰概括项目。

②市场痛点——用户需求（或痛点）。

③解决方案——如何解决用户痛点。

④用户分析——用户是谁？（做用户画像）

⑤核心团队——展示团队能力和优势。

⑥市场空间——市场蛋糕有多大？（数据模式）

⑦推广方式——通过精准营销实现目标。

⑧商业模式——整合资源实现价值变现。

⑨竞争优势——对标企业、核心优势、展现市场机会和发展潜力、突出核心资源和壁垒门槛。

⑩财务预测——预算未来营收情况。

⑪融资规划——融资多少 / 出让股份比 / 如何花钱。

（2）团队进行项目BP的讲演比赛，每个团队讲演时间为8分钟，讲演完成投资者进行提问。

（3）每个团队可挑选一名成员模拟风投者，对其他项目进行资金的选投。

第 三 部 分

践 行 创 业 人 生

模块六　整合创业资源

创业资源是成功创办企业的要素之一。"巧妇难为无米之炊"，如何获取创业资源就成为创业者必须考虑的问题。

创业资源不在于拥有，而在于使用与整合。创业机会稍纵即逝，创业者很难拥有所有创业资源后再去创业。可以说，获取并整合创业资源与企业的成长永续伴生，从企业的初创、发展壮大到健康成长中，谁能获取更多更好的资源，就能在激烈的市场竞争中占据有利地位。

创业资源多种多样，既有有形资源，也有无形资源；既有内部资源，也有外部资源。一般来说，创业资源是散布在社会之中的，创业者需要科学甄别、正确预测和判断各种资源，从而获取并做好配置，使创业资源融合共生，发挥作用增强企业核心竞争力。

在众多的创业资源中，资金是"关键"。企业的创建必须要有启动资金，企业的发展必须要有持续的运维费用。没有创业资金，创业将会成为空中楼阁。我国积极推进"大众创业，万众创新"，针对初创企业在资金上有许多政策，为创业者提供了保障。因此，充分利用政策条件和社会资源筹措资金，是创业者开展创业实践的重要能力。

本模块主要介绍获取创业资源、筹措创业资金、组建创业团队的有关内容。

第一节　获取创业资源

获取创业资源

☞ **能力目标**

（1）了解创业资源的含义及种类。
（2）了解创业资源的获取途径。
（3）参加创业实践并提升获取创业资源的能力。

 引 入 案 例

整合资源获取第一桶金

小王是一名大学三年级学生，他看上了学校新建食堂四楼的一块闲置大厅。

小王想低价把这块场地租下来。身为学校英语俱乐部部长，小王接受指导老师的建议，开始整合资源：一是与后勤负责人协商，组织学生到四楼来吃饭，保证每个月给学校带来 2 万元的营业额，条件是免费使用这块闲置场地。二是将场地用于晨读。三是与英语培训机构合作，培训机构为晨读免费提供资料，俱乐部负责招生。四是动用俱乐部的力量招晨读学生。俱乐部成员可以免费参加，只需交纳 35 元的早餐费。

于是，一个多方借力、多方获利的营销案例产生了。一是小王通过英语俱乐部招到学生 400 人左右，定价为每人每天 6 元（含 25 元早餐费），按月收取费用，每人毛利 35 元，月毛收入为 400 人 ×35 元 ×30 天＝42 000 元。二是英语俱乐部免费获得了活动场所，提升了形象。三是后勤集团每月多收入 25 元 ×400 人 ×30 天＝3 万元，也带动了四楼的餐厅生意。四是培训机构在一个月内招到 46 名学生，一学期招了近 200 名学生。等于培训机构免费拥有了一个学生试听试读的场所，不需要花力量宣传组织学生来听。

通过一年时间的运营，小王赚了 30 多万元，真正运用自己的力量，通过资源整合，利用简单的资源，赚取了人生的第一桶金。

【分析】 作为大学生的小王敏锐发现商机，借助自身作为英语俱乐部部长的优势，巧妙整合资源，盘活了学校闲置资源，服务了师生，也带动了校内多个部门和产业，获取了人生第一桶金。

创业需要"资源"，资源可以是阳光、空气、水、土地、森林、草原、动物、矿藏等自然资源，也可以是人力、信息及经劳动创造的各种物质财富等社会资源。资源整合是系统论的思维方式，是通过组织协调，把创业所需的资源整合成一个有机整体。创业路上的艰辛，正是资源整合的艰辛，时刻需要面对资金、人才、市场信息等要素的获取问题。成功创办企业，就必须整合资源。那什么是创业资源呢？

一、创业资源的内涵与种类

（一）创业资源的内涵

创业资源是企业创业初期及成长过程中所拥有的各种生产要素和支撑条件，是企业创立和顺利经营运转的保障条件。企业创建、经营及生产的各环节都需要资源的融入，没有资源，企业将寸步难行。

（二）创业资源的种类

创业资源多种多样，按资源的存在形态可分为有形资源和无形资源两大类别。

1. 有形资源

有形资源一般是指具有物质形态的、价值能用货币衡量的资源，也即可量化的资源。例如，创业者的物质资源、资金资源和人才资源都属于有形资源。

（1）物质资源，一般指企业有形的资产，包括建筑物、机器设备、办公设备、运输工具等，是企业开展生产和运营的基础和保障。

（2）资金资源，指企业经营过程中所需要的资金，包括存款、借贷款、融资和风投基金等。资金是新办企业的关键资源，对学生创业者来说，获取资金资源尤为重要。

（3）人才资源，是人力资源中素质较高的一部分人。对于初创企业来说，人才资源既包括创业者和创业团队及雇员，同时也包括上述人员的人脉。人才资源是企业的核心资源，也是企业可持续顺利经营的关键性资源。大学生在创业过程中需要对人力资源进行恰当整合，科学利用，最大限度地实现"人尽其才，才尽其用"。

2. 无形资源

无形资源是具有非物质形态特征，其价值很难用货币精确衡量。无形资源对企业是非常重要的，其能产生和创造的价值也是不可估量的。通常，无形资源包括政策、技术、社会、管理、信息、品牌、文化、企业信誉及形象等。

（1）政策资源，主要是指为实现一定时期内社会经济发展战略目标，由政府制定指导资源开发、利用、管理、保护等活动的策略。政策资源是公共资源，所有同质的企业都可以享受，但新创企业更应该重视政策资源。为激发全民族的创新精神和创业热情，我国制定了很多政策，其中针对大学生创业有特殊的税收优惠与减免政策、行业准入、创业扶持、保障创业者利益等方面政策。

（2）技术资源，是指与解决企业经营或生产中实际问题、软硬件设备等有关的知识。技术是企业的核心竞争力，在企业创办初期，拥有竞争力强的技术产品或服务是企业立足的关键。因此，大力开展技术研发，积极引进寻找有商业价值的科技成果，或加强与职业院校科研院所的产学研合作，是企业发展的关键。

（3）社会资源，是指企业或企业员工所拥有的各种社会关系，包括整个创业团队及雇员的社会关系。大学生的社会关系网络一般较弱，社会资源相对较少，主要依靠父母、亲戚、朋友、学校和政府相关政策的支持。

（4）管理资源，是指企业运行机制、管理制度及创业者或管理者所拥有的管理经验、管理知识及管理能力等。一般来说，大学生具有较强的专业知识基础，但在企业管理方面较为欠缺，初创企业容易因为管理不善而失去竞争力。当然，在企业缺乏这一资源时，专业的管理咨询策划将有助于提高新创企业的生产和运作效率。

（5）信息资源，指企业生产和经营活动过程中所需要或所产生的各种信息。信息资源对企业发展非常重要，是企业发展的重要条件。初创企业与成熟企业相比，信息的搜集和利用相对弱势，可以利用专业机构做专项信息的搜集、处理和传递，为创业者制定研发、采购、生产和销售的决策提供指导和参考。

（6）品牌资源，品牌代表消费者对产品的认识和认知程度。品牌是极具经济价值的无形资产，品牌资源指围绕品牌开展创建、传播、培育、维护、创新等可利用的一切资源。创业者要善于利用品牌资源，扩大新创企业和品牌之间的互动，以增强社会影响力。

（7）文化资源，文化资源是指汇聚和积淀企业文化的各项要素。文化资源是企业发展中重要的一环，对于新创企业来说，文化资源尤为珍贵，能够充分整合各项文化资源，是凝聚企业核心价值，形成深厚的企业文化的重要途径。

二、创业资源的获取

（一）创业资源获取的内涵

新创企业成立后对企业的运维及发展更加明确，对资源的需求更加清晰，因此利用自身的资源禀赋进行积累、购买和吸引等多种方式获取企业继续运维的资源。该过程即是创业资源获取。

其中，资源积累指企业在发展的过程中不断进行资源的内部积累。资源购买指利用资金购买对公司发展有利的外部资源。资源吸引指创业者利用无形资源如商业计划书或核心技术等来获取外部资源。资源吸引是多数大学生在创业之初获取自己所需资源的重要途径。在企业创立之初和发展过程中进行资源的内部积累，当企业发展到一定规模、有一定的资本后，则通过资源购买的方式从外部获取企业所需的资源。创业者根据企业所处的不同阶段采取不同的途径来获取资源，并依据这些资源创造出不同创业阶段所需要的新资源，从而提高企业的核心竞争力和资源的使用效率。

（二）创业资源的获取途径

按资源的来源划分，创业资源的获取途径可分为自有资源和外部资源。

1. 自有资源的获取途径

自有资源是创业者自身所拥有的可用于创业的资源，来自创业者的内部积累，如自有资金、自有技术、自有信息、自有物质资源或自有管理才能等。自有资源的获取途径，一是创业者在组建团队之初对有形资源的获取和整合。二是充分开发企业内部资源，如通过充分挖掘与利用无形资源、定期培训员工或开展企业内部的学习提升等方式来获得新的内部自有资源。

2. 外部资源的获取途径

外部资源包括范围很广，如亲朋好友、合作伙伴或其他投资者的资金；借到或租到的场地、设备或其他原材料；通过提供未来服务、机会等换取到的资源；社会团体或政府的资助。外部资源的获取途径主要依靠对创业资源的整合与运用。为充分获取外部资源，创业团队可采用多管齐下的方式来进行。例如，通过社会网络关系获得物资资源，通过核心技术获得外部资金资源，通过购买获得技术资源。

三、创业资源获取的技能

（一）合作技能

创业者获得资源的主要方式是"合作"。按照获得资源的步骤或层次来看，第一步是要找到资源提供者；第二步是找到利益相关者。其中，资源提供者可以分为两种类型：一是政府、银行及运营态势良好的公司，这些资源提供者本身就拥有丰富资源；二是潜在的资源提供者。

要想获取创业资源，创业者首先要掌握合作技能，能与创业资源提供者顺利开展合作，谋求共同利益。企业的经营强调的是获得利益，创业者在与资源提供者合作前，要仔细研究对方的利益关注点，找到双方的共同利益点，有效促进双方合作。为了使创业活动范围更加广泛，合作可以突破空间、制度等方面的限制。运用创新思维，最大限度地满足资源提供者的利益，通过各种合作关系达到共赢或者多赢。

（二）识人与用人技能

人才是关键，任何企业的创立和经营都离不开人才。因此，创业者要善于识人和敢于用人，这是创业者成功的重要因素。创业者要知人善用，用其所长，打破各种条条框框的束缚，唯才、唯业绩和贡献是举，充分发挥每个人的能力。善于识人和用人，能帮助企业获得更多的创业资源。例如，企业通过聘用理财能手，可以获得更多融资渠道和更丰富资金资源；通过聘用市场营销能手，更有利于开拓产品和服务市场；通过聘用各方面专业人才，更有利于在制定发展规划、创业选址、原材料采购、设备购置和产品质量把关等方面获得事半功倍的效益，也更有利于企业研发新技术、新产品。

（三）沟通技能

沟通凝聚资源。沟通技能对企业获取创业资源是关键的一环。若创业者沟通能力弱，会直接影响企业的领导力，降低员工的执行力，导致企业生产效率低下等。

创业企业获取资源的渠道主要是通过与企业内外部的沟通交流。例如，在企业内部，创业者通过有效的沟通交流，合理有效分配不同岗位的工作任务，协调创业团队和成员间的配合，有效降低内部冲突，提升整个企业的生产效率和产品业绩。在企业外部，创业者通过与政府、银行、媒体、投资者、客户、供应商等进行有效沟通，建立联系并达成合作共识，使企业的社会网络关系得到强化，以获得更多信息和资金支持，实现互利共赢。

（四）发挥资源的杠杆效应

发挥资源的杠杆效应是指创业者应掌握和充分发挥这种"撬动"作用的技能，以期用最少的投入，获取最多的收获。无形资源有时候能成为撬动有形资源的重要杠杆。成功的创业者都善于利用关键资源，尤其是无形资源的杠杆效应来"撬动"资源，而不是被当前控制或支配的资源所限制。具体体现在以下几方面：能充分利用别人没有意识到的资源；能比别人更长期地使用资源；能利用他人或别的企业的资源来完成自己的创业目的；能将一种资源补足另一种资源，从而产生更高的复合价值或者生产新产品、提供新服务等；能利用一种资源撬动和获得其他资源。

用人就是杠杆效应的一个特例，企业的人力资本会直接作用于资源获取。有产业相关经验和先前创业经验的创业者，能更快地识别和抓住市场机会，更快地整合资源；创业团队的社会资本能"撬动"信息、商机、市场、客户、资金等重要创业资源；技术诀窍、商标、品牌能提升企业核心竞争力；诚信建设、企业文化能"撬动"融资机构及供应链上下游的供应商、批发零售商，乃至终端用户。

（五）信息技能

资源来源于信息。信息需求识别及表述、信息检索及获取、信息评价及处理、信息整合及学习、信息利用与开发等都属于创业者信息技能。掌握并善用信息技能，对于创业者来说十分重要，通过对信息的收集分析处理等，能把握商机、获取创业资源、做出决策、推进创业企业成长。

四、创业资源的利用与整合

资源是创业者创立企业与企业运营的必要条件，而这些资源存在于不同企业和个体之中。创业资源的共同作用是形成创业产品和创业市场，并决定新创企业的利润水平以及创业资本的积累能力，最终影响到创业企业的成长发展。所有创业企业最期待的条件就是能拥有更多的创业资源。但国内外创业实际情况显示，许多创业者早期所能获取与利用的资源都相当匮乏。优秀的创业者在创业过程中所体现出的卓越创业技能之一，就是创造性地整合、转换和利用资源，尤其是那种能够创造竞争优势且带来持续竞争优势的战略资源，可以借此成功地开发出机会，进而推动创业活动向前发展。因此资源的转换利用、整合成为创业者必须面对的严肃问题。

（一）转换与利用资源

创业者获取创业资源的最终目的：组织创业资源并实现创业机会，提高创业绩效和获得创业成功。无论是要素资源还是环境资源，无论它们是否直接参与企业的生产，它们的存在都会对创业绩效产生积极的影响，以直接促进新创企业的成长。

1. 依靠自有资源

如果具有充裕的资金、专利等自有资源，会帮助创业者在创业的道路上少走一些弯路。例如，不少成功企业家的创业资金大部分来自自己的积蓄。从萌生创业想法到最终付诸实践，期间过程中总会有机会让你攒下积蓄。"先打工赚钱，再出来创业"也成为了许多创业者的路径规划。

2. 资源要素组合

现实中，绝大多数创业者都是在资源有限的情况下开始创业的。许多创业者正是充分利用有限资源，因势利导，方才取得成功。创业者在一穷二白的情况下，用身边仅有的资源，打破正常情况下定义、惯例、标准的约束，创造出独一无二的产品与服务；他们身边的资源可能对于普通人来说是没有价值的，但是优秀的创业者凭借自己的创意与技巧整合其他资源，最终达成了一些原本看似不可实现的目标。我们把这种创造性利用资源的行为称为"拼凑"。研究者认为，独创性的拼凑有以下三个要素。

1）身边有可用的资源

长于拼凑的人一般来说身边长期存在着一些固定资源，这些资源可以是知识、技能、经验，甚至是一种想法。这些资源在别人眼中可能是毫无利用价值的，但是创业者会有意无意地收集这些资源，在恰当的时候将这些资源转化为所需要的资源。

2）整合资源实现新目标

拼凑的特征之一是整合身边资源，目的是为了实现企业的新目标。当前市场情况瞬息万变，只有在这个环境中快速识别机会，调整企业的资源结构，提供当前环境下消费者需要的产品与服务，企业才能获得发展机会。这就要求创业者需要有能力识别新机会，发现新问题，利用身边已有的资源实现目标。

此外，拼凑还分为全面性拼凑和选择性拼凑。全面性拼凑是指企业度过创业初期后仍然长期在资金资源、人力资源、信息资源和社会资源等多方面使用拼凑方法。这时，拼凑影响到企业内部的经营管理体系建设，会产生一些不合理的现象；同时在与外部竞争对手争夺市场时也将会因为采用低水平资源而遇到问题，导致企业迟迟走不上健康发展的道路。选择性拼凑是指企业在创业过程中对于拼凑行为有所选择，这体现在两个方面，一是在使用时间上，创业者只是在创业初期资源受约束时使用拼凑，随着企业的良性发展，逐步减少使用，直至最后彻底放弃；二是在使用范围上，不像前者选择在全范围使用拼凑，而只是在某个范围内使用拼凑。

3）发挥资源的杠杆效应

杠杆效应是指以最少的付出谋取最多的收获。创业者要在创业过程中训练自己形成杠杆资源效应的能力。对于创业者来说，容易产生杠杆效应的资源主要有人力资本和社会资本等非物质资源。

特殊人力资本可直接作用于资源获取，有产业相关经验和先前创业经验的创业者能够更快地整合资源，更快地实施市场交易行为。

社会资本有别于物质资本、人力资本，是社会成员从各种不同的社会结构中获得的利益，是一种根植于社会关系网络的优势。在个体分析层面上，社会资本是嵌入、来自并浮现在个体关系网络之中的真实或潜在资源的总和，它有助于个体开展目的性行动，并为个体带来行为优势。在外部联系人之间，社会交往频繁的创业者所获取的相关商业信息更加丰富，从而有助于提升创业者对特定商业活动的深入认识和理解，使创业者更容易识别出常规商业活动中难以被他人发现的顾客需求，进而更容易获得各种资源——这正是其杠杆效应的作用所在。

（二）创业资源的整合

资源整合是指新企业对资源进行重组以构造或改变新企业能力的过程。新企业的创建大多数是通过机会与资源的整合来实现的。对处于创业阶段的企业来说，对资源的开发与运用决定了企业的战略导向。在企业进入成长与成熟期后，资源结构会严重影响企业的市场地位与长期的发展模式。因此，企业需将资源的开发与整合置于发展的、动态的市场环境中进行系统分析。只有有效整合和管理创业资源，大学生创业才有可能取得成功。

1. 资源整合的原则

任何一个创业者既不可能把创业中所涉及的问题都解决好，也不可能把一切创业资源都备足，关键在于要学会资源整合。因此，资源整合的原则不仅是创业设计中的一个重要原则，也是在创业中借势发展、巧用资源、优势互补、实现双赢的重要方法。创业者能否做到资源的真正整合，是决定企业迅速发展还是停滞不前的关键。因此，创业者在整合资源的过程中，可以参照以下资源整合的原则：

1）尽最大可能去搜寻和圈定可以被整合的资源提供者

创业者想要整合资源，首先必须找到可以被整合的资源提供者，并将其作为目标对象。创业者可以通过以下两种逻辑去寻找：其一是找到拥有大量资源的个别的潜在资源供给者，如各级政府、世界 500 强公司等；其二是尽可能多地搜寻潜在的零散资源供应方。

2）寻找和思考与潜在资源提供者之间的共同利益

商业世界当中所有的活动都是围绕着利益进行的，所以想要整合各方资源，需要仔细分析潜在资源供给者真正关注的利益所在。尽管从表面上观察，不同企业、不同机构各自的目的不同，利益诉求也不同；但是从内部分析，其实各个机构之间的利益有着紧密的联系，创业者需要做的是发掘其共同利益诉求，与各个资源供给者建立紧密的利益关系，将他们纳入创业者的利益网络中，成为利益相关者。

3）构建双赢的整合机制

资源通常与利益相关。创业者之所以能够从家庭成员那里获得支持，就是因为家庭成员不仅是利益相关者，更是利益整体。既然资源与利益相关，创业者在整合资源时，就一定要设计好有助于资源整合的共赢利益机制，借助共赢利益机制把潜在的和非直接的资源供给者整合起来，借力发展。

4）建立顺畅的沟通机制

在整合资源的过程中，与各方沟通是必不可少的。因此，创业者必须与各方建立顺畅的沟通机制，派出具有一定沟通能力的团队成员负责与各方沟通，这将成为整合资源成功与否的关键因素。创业企业整合资源的过程就是与企业内部和外部的资源供给者充分沟通的过程。在企业外部，创业者需要与外部的投资者、银行、各级政府机关、媒体、同行业者、消费者、供应商等通过建立联系来获得信任、消除利益分歧、争取对方的扶持与帮助、取得共赢的结果；在企业内部，创业者需要通过顺畅的沟通来鼓舞员工士气、争取员工团结、消除员工不满、提升企业运营效率与业绩。

2. 创业资源整合的方法

资源整合就是资源的重组与优化。要优化资源配置，理智筛选、取舍、管理，从而获得部分乃至整体的资源优化。在创业中，大学生要根据不同的创业过程和环节，运用不同的方法进行资源整合。

1）向外寻找式

大学生创业之初，创业所需资源主要依靠自身的努力和个人关系网来获取，如此少的创业资源难以维持企业的发展。为了使企业继续顺利发展，就必须从外界寻找创业资源。创业者要结合自身创业团队的资源情况，分析企业资源储备的情况，找出企业资源存在的优缺点，进而找出整合和利用外界资源的方法。这种资源整合方法要求创业者必须准确把握行业的发展热点和竞争焦点，才能获取有价值的创业资源，进而进行合理有效的整合。

2）对内累积式

创业发展中期，企业已经积累了一些赖以生存发展的创业资源。这个时期是企业发展的关键期，创业资源需要不断累积和增加，创业者就必须掌握累积式的资源整合方法。只有更深入地了解创业资源的特征，分析归类自身的资源积累情况，才能更好地整合利用，使已获得的创业资源发挥其最大的效能。只有对已有的资源进行准确的分析定位，才能发挥资源的最大效能，不断提高企业的核心竞争力。

3）开拓式

开拓式创业资源整合的应用一般是在企业取得发展之后，创业者要想使企业继续快速持续发展所采用的一种整合方式。这种资源整合方法要求创业者具有创新能力，能用创新的思维和视角去探寻具有创新点的创业资源。特别是继续寻找企业的新的增长点或新的发展方向，进而再充分开拓和整合利用资源。

 案　例

资源整合——四川航空公司获利 1 000 多万元

四川航空公司（简称"川航"）一次性从风行汽车订购 150 台风行菱智 MPV。公司采购风行菱智 MPV，主要是为了延伸服务空间。挑选高品质的商务车，作为旅客航空服务班车，提升公司在陆地上的航空服务水平。为此，川航还专门制定了完整的选车流程。作为航空服务班车除了要具备可靠的品质和服务外，车型的外观、动力、内饰、节能环保、操控性和舒适性等方面都要能够达到服务航空客户的基本要求。

原价一台 14.8 万元人民币的休旅车，川航要求以 9 万元的价格购买 150 台，给风行汽车的回报条件是司机将在载客途中为乘客介绍风行菱智 MPV 这款车的详细情况。简单说，就是司机在运营过程中帮汽车厂商宣传、销售汽车。在乘客的乘坐体验中顺便展示汽车的优点和车商的服务。

四川部分人很想当出租车司机，但从事这个工作要先缴一笔可观的保证金，而

且他们还没有自己的汽车。因此川航招募了这些人，以一台休旅车 17.8 万元的价钱出售给这些准司机，并告诉他们，每载一个乘客，川航就会付给司机 25 元人民币补贴。

【分析】四川航空公司通过推出购买五折票价以上的机票，就送免费市区接驳的活动，形成了一个完整的空中和陆地全方位商业模式，也为消费者延伸了服务空间。

 经 典 分 享

牛根生的资源整合

牛根生起初只是内蒙古伊利实业集团股份有限公司（简称"伊利"）的一个普通员工，凭着自己的勤奋和聪明当上了生产部门的总经理。之后牛根生从伊利辞职，他邀请原来伊利的几个同事一起出来创业。人有了，但是没有奶源、没有工厂、没有品牌。

牛根生开始资源整合，通过人脉关系找到哈尔滨一家乳制品公司，这家公司的设备都是新的，但是生产的乳制品质量有问题，同时营销渠道也没有打通，所以产品一直滞销。

牛根生找到这家公司的负责人说："你来帮我们生产，我们这边负责技术把关，牛奶的销售铺货我们也承包了。"这位负责人一听，马上答应下来。创业团队有了落脚的地方，解决了生存的问题。

没有品牌怎么办？在乳制品这个行业，没有品牌很难销售，因为品牌代表着安全可靠。牛根生借势整合，打出口号："蒙牛甘居第二，向老大哥伊利学习"，让一个不知名的品牌马上跻身全国前列。牛根生不只盯着伊利，还把自己和内蒙古的几个知名品牌联系起来："伊利，鄂尔多斯，宁城老窖，蒙牛为内蒙古喝彩！"因为前三个都是内蒙古的驰名商标，自己放在最后，给人感觉就是内蒙古的第四品牌。整合品牌资源，蒙牛迅速成为知名品牌。

没有奶源怎么解决？如果自己买牛养牛，成本太高，也没有那么多人员。于是蒙牛整合了三方面的资源：农户、农村信用社、奶站。信用社借钱给奶农，蒙牛作担保并承诺包销路。奶牛生产出来后由奶站接收，蒙牛从奶站收奶。蒙牛定时把信用社的钱还了，把利润给奶农，趁机喊出一个口号："一年养 10 头牛，过的日子比蒙牛的老板还牛。"

牛根生善于通过资源整合，发挥自己的长处，整合别人的优势，用更少的成本创业。

【分析】作为一名创业者，牛根生善于利用人脉，巧手整合品牌、奶源等系列资源，快速创办了企业。所以，创业者不是在有资源的情况下去创业，而是在没有资源的情况下用科学的方法获取和整合资源。整合就是要优化资源配置，获得整体最优。

课堂活动

获取创业资源

1. 目标

掌握创业资源获取的方法。

2. 过程与规则（时间：20～30分钟）

（1）将学生分为5～7人的小组，小组任务是为本小组的创业项目寻找创业资源。

（2）设计一个创业项目，项目与学生校园生活息息相关，且是学生学习生活中亟待解决的问题。

（3）各小组列出团队组员的自有资源和外部资源。

（4）评价本组项目是否可以开展。

（5）小组之间互相展示。

3. 总结评价

各组派代表对本组和其他组资源获取情况进行评价和分析，让其他同学明白自己的创业项目是否具备足够的创业资源。

第二节　筹措创业资金

☞ 能力目标

（1）能够估算创业启动资金。

（2）了解创业融资的主要途径。

（3）了解创业资金筹措的策略。

筹措创业资金

引入案例

视美乐的成败

1999年3月，王科、邱虹云和徐中组队参加了清华大学第二届学生创业计划竞赛，并作为最优秀的五个团队之一，参加了全国大学生创业计划竞赛决赛，获得金奖。同年5月，无锡视美乐科技股份有限公司（简称"视美乐"）诞生，注册资金50万元，邱虹云任公司总工程师，王科任总裁，徐中任总经理。其核心产品为多媒体超大屏幕投影电视，被专家称为"具有革命意义的产品"，是一种集光学、电子学、机械等多领域专利合成技术的创新型高技术产品，不但价格较低，而且对产品模仿和解构都较为困难，因而产品的市场壁垒高，吸引了风险投资者的注意。而创业初期的视美乐也急需大笔资金注入，因此他们很快开启了融资工作。2000年4月25日，视美乐获得了青岛澳柯玛上海第一百货公司风险资金，资金分两期到账，第一期是

250 万元。然而第二年由于没有得到 5 000 余万元的二期投资，最终青岛澳柯玛上海第一百货公司将其股权卖给了澳柯玛集团。视美乐与该集团共同组建了北京澳柯玛视美乐信息技术有限公司，注册资金 3 000 万元，双方各占 50% 的股份。原视美乐公司的主要技术人员全部进入澳视公司。但没过几年，情况发生了变化，青岛澳柯玛集团控股澳视 70% 的股份，三位视美乐创始人只作为小股东存在，相继退出了公司管理层。而随着澳柯玛侵占上市公司资金案发，视美乐也从此一蹶不振。

【分析】在没有对未来做出完整规划时，为眼前利益而融资，很容易丧失企业管理经营的主动权。曾被誉为中国第一家高科技学生创业公司的视美乐，如今几乎销声匿迹。视美乐创始人之一徐中对外公开表示："我们几人当初满怀理想创立了视美乐，希望三五年能够上市，20 年能发展成为中国的索尼、爱普生。现在，公司已不是当初所想象的样子了，我们几个都转变了方向，可以说是壮志未酬。"

再小规模的创业也都离不开资金的支持。创业者必须有一笔相对够用的启动资金来购买设备、原材料，聘请人员及租用办公场地等。因此，充分利用各种资源，科学合理地筹措资金是创业得以开展的前提和保障。

一、估算创业启动资金

启动资金是指创办企业及运营企业所需准备的资金。通常来看，创办企业必须购买设备、租用场地、聘请人员等，这些是创业者要进行创业时的前期投入。作为资本的重要形态，资金具有稀缺性，获取资金难度较大。

初创公司的首席执行官（CEO）需要做的三个关键工作：第一，为公司设定总体规划和战略，然后和全体股东交流确认；第二，挖人、招聘，给公司找到最好的人才；第三，确保公司的银行账户里始终有足够的现金。

一般认为，一定要在银行账户里留有足够公司运营 12～18 个月的资金。创业计划的启动和发展必须靠足够的资金来实现。如果一个企业没有资金或者资金不足，再好的计划和项目都是空想，再好的投资活动都有可能中途搁浅。充足的资金是企业经营活动顺利进行的重要保障之一，起着根本性作用。企业之所以运转，是因为资金在不停地流动。

（一）启动资金分类

一般来说，在每个创业经营循环中，都要完成供、产、销三个环节的工作，而每个环节都需要人力、财力、物力的支持。测算建立这些环节需要支付的总费用就叫启动资金。总的来说，启动资金可以归为以下三类。

固定资产：是指为企业购买的价值较高、使用寿命长的东西。有的企业用很少投资就能开办，而有的却需要大量的投资才能启动。明智的做法是把必要的固定资产投资降到最低限度，让企业少担些风险。

开办费用：是指企业在筹建期间所发生的各种费用。

流动资金：是指企业日常运转所需要支出的资金，也称营运资金。

例如，开办一家服装厂，启动资金可以分成以下几部分：固定资产——厂房租金、机器设备、货车等；开办费用——企业注册费、广告费、布料、辅料批发、招聘费等；流动资金——日常运转所需资金。

（二）预测固定资产

固定资金一般是指用于投资到固定资产的资金。固定资产投资主要包括为生产产品、提供劳务、出租者或者经营管理等必须购置的固定资产，如房屋、建筑物、机器、机械、运输工具及其他与生产经营活动有关的设备、器具、工具等。在开办企业之前，有必要预算一下企业到底需要多少固定资产，对固定资产所需要投入的资金进行预测。对新创企业而言，固定资产一般分为两类：一是企业用地和建筑，二是设备设施（表 6-1）。

表 6-1　固定资产表

项目	价值 / 元	项目	价值 / 元
生产工具和设备		店铺	
交通工具		厂房	
办公家具和设备		土地	

固定资产是企业的劳动手段，也是企业赖以生产经营的主要资产。为开办企业还必须在特许经营权、土地使用权、商誉、专利权、商标权等方面进行投入，企业的创建和精英才能受到认可和保护。

1）企业用地和建筑

开办企业，一般都需要有适用的场地和建筑，不外乎建、买、租三类。作为初创企业，资金量有限，一般租房是不错的选择，租房比建房或买房所需的启动资金要少，而且也更灵活，当我们需要改变企业地点时，就会容易得多。

除了租房，对于大学生更容易做到的是另外一种比较好的方式，就是在家开业。创业之初，在家开业更便捷。等创业稳定了，积累到一定资本，再租房和买房也不晚。

2）设备设施

设备设施，是指创办企业需要的所有机器、工具、工作设施、车辆、办公家具等。对于制造商和一些服务行业，最大的需要往往是设备。一些企业需要在设备上大量投资，因此了解清楚需要什么设备，以及选择正确的设备类型就显得非常重要。

（三）预测开办费用

在企业筹建时，除了固定资产的投入，开办费用也是一笔不小的投入。开办费用是企业在筹建期间发生的费用，包括筹建期市场调查费、培训费、资料、注册登记费、购买无形资产费等。筹建期是指企业被批准筹建之日起至开始生产、经营（包括试生产、试营业）之日的期间，如表 6-2 所示。

表 6-2　开办费用表

项目	价值 / 元	项目	价值 / 元
市场调查费、培训费、资料费		工商注册、税务登记费用	
购买无形资产费		各种许可证审批费用	
支付连锁加盟等费用		业务费及开业前的其他费用	

（四）预测流动资金

创办企业，除考虑固定资产及开办费用，还需考虑企业营运期间需要的流动资金。需要流动资金支付以下开销：购买并储存原材料和成品的费用、营销费用、工资保险、租金、保险及其他费用（水电费、办公用品费、交通费等）等，如表6-3所示。

表6-3　流动资金表

项目	价值/元	项目	价值/元
原材料和成品储存		促销	
营销费用		其他费用	
员工工资		合计	
租金			

不同类型企业所需流动资金不尽相同。有的企业需要足够的流动资金来支付6个月的全部费用，也有的企业只需支付3个月的各项费用，创业者必须正确预测。

1）原材料和成品储存

如果我们创业是作为制造商，必须预测生产需要多少原材料库存，这样我们可以计算出在获得销售收入之前需要多少流动资金。如果是一个服务商，必须预测在顾客付款之前，提供服务需要多少材料库存。如果是零售商和批发商，必须预测在开业之前，需要多少商品库存。

2）促销

新企业开张，我们可能需要促销商品或服务，而促销活动需要流动资金。

3）工资

如果我们创办企业雇用员工，在起步阶段就需要付工资。另外，虽然自身是企业老板，但是为了保证财务安全，每个月最好也要给自己发放一定的工资。计算流动资金时，要计算用于发工资的钱，通过用每月工资总额乘以还没到达收支平衡的月数就可以计算出来。

4）租金

一般情况下，企业一开始运转就要支付企业用地用房的租金。计算流动资金里用于房租的金额，用月租金乘以还没达到收支平衡的月数就可以得出来。而且，还要考虑到租金可能一付就是3个月或6个月，甚至一年，会占用更多的流动资金。

5）保险

企业一开始运转，就必须投保并付所有的保险费，如给员工上的社保、企业财产保险等，也需要流动资金。

6）其他费用

在起步阶段，还要支付一些其他费用，如电费、文具用品费、交通费等。

有的企业需要足够的流动资金来支付一年的全部费用，也有的企业只需要支付6个月或3个月的费用。这时候必须预测，在获得销售收入之前，企业能够支撑多久。一般而言，刚开始的时候销售并不顺利，因此，流动资金要计划富裕些。

接下来，我们需要制订一个利润计划。它会帮助我们更准确地预测所需要的流动资金。等做完这个计划之后，我们可能还得回头再更改启动资金里的流动资金数额。

（五）制订利润计划

前文，我们计算了创业需要的启动资金。下面，要关注企业怎样挣钱的问题，这对企业的成败至关重要。学完这一步，我们将对下列主要问题做出决策：

（1）预测销售收入——能从前 12 个月的销售中挣到多少钱。

（2）制订销售和成本计划——看看是挣钱，还是赔钱。

（3）制订现金流量计划——是否有足够的资金保证企业正常运转。

1. 预测销售收入

在计划新企业时，知道一定量的销售能带来多少收入，叫作销售收入预测（表 6-4）。

表 6-4　预测销售收入表

项目	1 月	2 月	3 月	4 月	5 月	6 月	7 月	8 月	9 月	10 月	11 月	12 月
销售数量 / 件												
产品单价 / 元												
含税销售收入 / 元												

为了预测销售收入，一般采取以下步骤：

（1）列出企业推出的所有产品或产品系列，或所有服务项目。

（2）预测第一年里每个月期望销售的每项产品数量，它主要来自业主经验、与同类企业比较、实地测试（试销）、售前调查信函或意向书或实地调查等。

（3）为计划销售的每项产品制定价格。

（4）用销售价格乘以月销售量来计算每项产品的月销售额。

预销售收入是准备创业计划中最重要和最困难的部分。大多数人都会过高估计自己的销售收入。因此，在预测销售收入时不要太乐观，在开办企业的头几个月里，销售收入一般不会太高。

2. 制订销售和成本计划

仅仅知道自己的销售收入是不够的。为了掌握企业实际运转的情况，一定要计算企业是不是有了利润。只有这样，才能准确知道企业是否在营利。利润来自销售收入减去企业经营成本。当计划开办一家新企业时，应该预测第一年中每个月的利润。具体计算方法如下所述。

（1）了解自己生产产品或提供服务的成本构成。

对于一个新企业来说，预测成本绝对不是一件容易的事。最好的方法是参照一家同类企业，了解该类企业归算了哪些成本。在预测企业启动资金时，我们已经对这些成本有所了解，表 6-5 所列是企业常见的成本项目。

表 6-5　企业常见的成本项目

项目	价值分	项目	价值分
材料费		工资和职工福利	
办公文具和邮费		广告费	
租金		律师和会计事务	
水、电、气费		燃料费	
维修费		折旧费	
银行收费		电话费	
保险费		营业执照费	

　　所有企业都有两种成本，有些成本是不变的，如租金、保险费和营业执照费，这些成本是固定成本。另外一些成本随着生产或销售的起伏而变化，如材料成本，这些成本是变动成本。

　　预测成本时，必须认真区分变动成本和固定成本。材料成本永远属于变动成本。如果还有其他变动成本，必须知道这些成本是如何随着销售的增长而变化的。

　　（2）了解固定资产折旧也是一种成本。

　　折旧是由于固定资产不断贬值而产生的一种成本，如设备、工具和车辆等。它虽然不是企业的现金支出，但仍然是一种成本。由于折旧是针对固定资产而做的。因此，需要计算固定资产（有较高价值和较长使用寿命的资产）的折旧价值。

　　根据我国的税法，表 6-6 所列的折旧率适用于大多数企业。

表 6-6　折旧率

固定资产类型	每年折旧率/%	固定资产类型	每年折旧率/%
工具和设备	20	店铺	5
机动车辆	10	工厂建筑	20
办公家具	20	土地	

　　（3）计算出单位产品的成本价格。

3. 制订现金流量计划

　　维系企业生命的血液——现金流，是创业者的生命线。一些企业主管理现金流量的能力不足，就容易导致企业中途抛锚。发达国家的统计资料表明，将近80%的破产企业是获利企业，他们倒闭并不是因为亏损，而是现金不足。现金流的大小直接反映企业的经营能力，是创业阶段和成长阶段管理的重点。

　　在大多数企业中，每天都要收取和支付现金。当然，制订现金流量计划绝非易事，需要计算 12 个月内每个月的现金流入和现金流出，这样便可以确定净现金流量，如表 6-7 所示。

表 6-7　现金流量表

项目		1月	2月	3月	4月	5月	6月	7月	8月	9月	10月	11月	12月	总计
月初现金														
现金流入	现金销售收入													
	应收款收入													
	股东投入现金													
	借贷收入													
	其他现金收入													
现金流入小计														
现金流出	生产/采购													
	销售提成													
	销售推广													
	税金													
	场地租金													
	员工薪酬													
	办公用品及耗材													
	水、电、交通													
	固定资产购置													
	开办手续费													
	借贷还款支出													
	其他支出													
现金流出小计														
净现金流量														
月末现金余额														

通过制订现金计划，会使企业时常确定自己的流动资金需求。科学合理的现金流量计划，有助于确保企业不会发生无现金经营的窘境。

（六）资金规划

企业对启动资金、销售收入、利润及现金流量进行预测后，就可以估算创业前期的资金缺口大概是多少了。估算可分为以下几个步骤进行。

第一步，预测启动资金；

第二步，预测未来 12 个月的预测销售收入、利润及现金流量；

第三步，自有资金估算；

第四步，确定资金缺口。

二、合理规划创业融资

开创新的企业，最大的困难之一就是怎样获得资金。据不完全统计：大学生创业成功率只有 2%～3%，其中有超过 40% 的人因为初期资金问题而失败。"巧妇难为无米之炊"。创业漫漫长路上，有热情、有决心、有冲劲、有勇气，固然都是大学生的优势，但若不能切实地解决资金问题，再好的主意和创意也只是"乌托邦"。

因此，大学生创业，寻找适当的融资渠道成为重要的课题。当创业者确定了创业资金缺口，这时候就需要融资，而且，融资过程可能伴随着创业者整个创业过程。因此，选择合理合法的融资渠道很重要。

（一）创业融资的含义

资金对于创业者来说是极其重要的资源，尤其对于刚开始创业的大学生来说，资金无疑更是稀缺资源。融资，狭义来说，就是企业筹集生产经营和发展所需资金的行为与过程；也是企业根据自身发展需要，结合生产经营和资金拥有的现状，通过科学分析和决策，借助企业内部或外部的资金来源渠道和方式，筹集资金、组织资金，以保证企业正常生产需要、经营管理活动需要的过程。广义来讲，融资即货币资金的融通，当事人通过各种方式到金融市场上筹措或贷放资金的行为。创业融资是指创业者根据将来新开办企业的生产经营与发展规划，通过融资渠道和资金市场，运用融资方式，经济、有效地筹措创业启动所需资金的一种经济行为。

（二）创业融资的分类

1. 内部融资和外部融资

按资金来源的范围不同，创业融资可以分为内部融资和外部融资两种类型。内部融资是指创业者通过原始积累形成的资本来源，主要来源于父母或亲戚朋友的支持，或者自己的积累，主要是在创业者个人、家庭或亲戚朋友内部形成的，因此不需要花费融资费用。外部融资是对于内部融资而言的，指向父母或亲戚朋友之外的人融资而形成的资金来源。对于发展潜力大的创业项目来讲，内部融资一般很难满足需要。因此，开展外部融资对创业者而言就显得非常必要。但是外部融资一般是需要花费融资费用，初创者应该在充分利用内部融资之后，再考虑外部融资问题。

2. 直接融资和间接融资

按是否以金融机构为媒介，创业融资可以分为直接融资和间接融资两种类型。

直接融资就是创业者直接与资本供应者协商借贷，或直接发行股票、债券等筹集资本的活动，不经过银行等金融机构。在直接融资过程中，资本供求双方借助于融资手段直接实现资本的转移，不需要银行等金融机构为中介。间接融资就是创业者通过借助于银行等金融机构进行的融资活动。间接融资需要银行等金融机构发挥中介作用，预先将资本聚集到银行，然后再通过银行提供给融资企业，属于传统的融资形式。向银行贷款是间接融资的基本方式，此外还有向非银行金融机构借款、融资租赁等。

3. 长期融资和短期融资

按期限不同，创业融资分为长期融资和短期融资两种类型。各种股权资本和长期借款、应付债券等债权融资都属于长期融资，融资期限一般在一年以上。短期融资指创业需用期限在一年以内的融资，短期借款、应付账款和应付票据等都属于短期融资，这些融资一般采用银行贷款、商业信用等筹集方式完成，融资期限一般在一年以内。

4. 债权融资和股权融资

按属性不同，创业融资可分为债权融资和股权融资两种类型。债权融资指企业通过举债的方式进行融资，这种融资方法，需要企业支付利息和偿还本金。股权融资指企业通过出让部分企业所有权，这种融资方法，企业无须还本付息，主要通过企业增资的方式引进新的股东，新股东将与老股东同样分享企业的盈利与增长。

（三）创业融资渠道

1. 自有资金

一般来说，利用自己的积蓄作为启动资金开展创业是普遍做法。调查显示，成功企业家当初的创业资金有30%来自个人积蓄，而从萌生创业想法到最终付诸实践，其间总会有机会积蓄资金。阿里巴巴在创立之初时，也是马云及团队自筹的50万元起家。用自有资金创业是最为简单的方法，但通常一个人难以攒下全部的创业启动资金，资金不足时必须考虑其他筹资渠道。

2. 私人借贷

大部分新开办的企业有很多的不确定性、规模小、没有知名度、所需资金数量不够大等特点，往往缺乏正规融资的抵押资产，缺乏社会筹资的信誉和业绩，很难吸引投资者和银行的资金。所以私人借贷也会成为创业的资金来源渠道。私人借贷也称民间借贷，指公民之间、公民与法人之间、公民与其他组织之间的资金借贷。借贷投资，只要是自愿、互利、公平、合法的，双方当事人意见表示真实，可认定有效。

私人借贷是一种直接的融资渠道，但缺乏规范性，有一定的风险。向亲戚朋友借款是常见的私人借贷，因为身边的亲戚朋友对创业者的个人信息比较了解，诚实守信和个人能力比较强的创业者更有可能获得借款。因此，亲戚朋友的资金就成了创业融资的重要来源。但如果创业失败，会给亲戚朋友带来一定的经济压力，因此，创业者要如实说明借款原因、投资额度、经营项目、经营情况、预计收入、借款利息、预期收益、风险管理等，以避免引起不必要的经济纠纷。

 案　例

亲戚朋友齐帮忙，实现人生创业梦

北京东方爱婴中心是一个向亲朋好友借资创业的典型案例。北京东方爱婴中心的老板贾军，在一家著名的风险投资机构任职，一个偶然的机会使她受到启发：是否可以像超市那样，把婴幼儿服务项目打包组合，放在中心供家庭选择。在当时，中国0～3岁婴幼儿教育高档消费市场是一片空白，贾军认为这是一个前途无限的市场，于

是辞职下海创办了这家公司。创业之初，启动资金从哪里来？于是，家里的存折、朋友的钱包都成了她的融资对象，她先后筹资 70 万元投入到这项事业中去，终于创立了今天的北京东方爱婴中心。

【分析】贾军的第一笔资金相对不算大，所以适合找亲戚朋友借贷。大学生创业也最好选择启动资金不太大的项目，方便融到资金。

3. 银行贷款

银行贷款指银行根据以一定的利率将资金贷放给资金需要者，并约定期限归还的一种经济行为。银行贷款一般要求提供担保、房屋抵押或者收入证明、个人信用记录良好才可以申请。向银行申请贷款是常见的创业融资方式，创业者也可以通过银行贷款来补充经营过程中的资金不足。我国现在许多银行都提供创业贷款，各家银行的创业贷款都拥有各自不同的特点，贷款条件和要求也有所不同。选择适合的银行，能在贷款的时候为自己省下不少时间。

可用的银行贷款有多种类型，为了保证得到归还，这些贷款均需要抵押或担保。

1）固定资产抵押贷款

若有房屋、土地等固定资产，可用固定资产作抵押向银行申请个人综合消费贷款，其最大优势是盘活固定资产，腾出更多的资金进行其他方面的创业。

2）定期存单抵押贷款

如果急需用钱时而手头现金不足，定期储蓄存款又尚未到期，提前支取将损失不少利息。此时，利用个人定期储蓄存款小额抵押贷款可解一时之急。

3）保单质押贷款

保险公司为了提高竞争力，也开始为投保人提供保单质押贷款的融资渠道。保单抵押贷款最高限额不超过保单的保费积累 70%，利率则按同档次银行贷款利率计息。

4. 合伙融资

合伙融资，是指按照"共同投资、共同经营、共担风险、共享利润"的原则，直接吸收单位或个人投资、合伙创业的一种筹资途径和方法。筹集到的资金以权益资金的方式注入，出资者获得了企业的股东地位，享有相应的权益和特权。

寻找合作伙伴最理想的办法是从中找出一些志同道合的、并且在企业经营上有互补性的朋友通过入股并直接参与经营，从而为企业确定一个相对高素质的经营管理队伍，以保证企业的发展潜力。

为了避免一些潜在问题的出现，创业者应当全面考虑投资的正面和负面的影响及其风险性，严格企业管理以减少将来可能出现的问题。首先，选择合作伙伴要慎重，并且对权益投资者任何未来的红利必须按时发放；其次，所有融资的细节都需要达成协议，这样有助于避免未来出现问题，有助于解决纠纷；最后，在引进新的合伙人时，要时刻掌握主动权——如核心客户资源、决策权等。

5. 天使投资

天使投资是个人出资或非正式机构，对有创意或具有专门技术但缺少自有资金的创业项目或小型初创企业进行的一次性的前期投资，是一种非组织化的创业投资形式，它属于风险投资的一种特殊形式。具体来说，天使投资有以下特点。

1）个体行为

通常天使投资是由一个人投资、一次性投入，属于个体或者小型的商业行为。投资额一般较小，投资与否主要是基于投资者的主观判断或者是由个人的好恶所决定的，它对风险企业的审查也并不严格。

2）创业经验丰富

很多天使投资者本身是企业家，如马云、李开复、徐小平、俞敏洪等，他们是富有的企业家，是创业成功的典范，更了解创业者面临的难处。天使投资者是初创企业的最佳融资对象。

3）创业资源丰富

天使投资者不仅可以带来资金，同时也可以带来人脉关系网。如果投资者是成功的创业者，他们就能很深刻地理解创业者面对的难处和企业的发展规律，能够在经营理念、关键人员的选聘及下一步融资等很多方面帮助创业者。美国硅谷是目前天使投资比较集中的区域，也是硅谷之所以成为"创业天堂"的重要因素之一。我国的天使投资近几年发展迅速，对许多有志于创业的大学生来说也是不错的融资渠道。

"天使"指的是企业家的第一批投资者，这些投资者在公司产品和业务成型之前就把资金投进来，以帮助这些公司迅速启动。天使投资者一般是那些成功的创业企业家、创业投资家或者公司的高管，他们不仅拥有一定的财富，还有先进的经营理念、合理的理财计划或技术方面的专长，对市场、技术有很好的洞察力。天使投资实际上是风险投资的一种特殊形式，是对高风险、高收益的初创企业的第一笔投资。一般来说，一个公司从初创到稳定成长期，需要3~5轮投资，第一轮投资一般以个人的天使投资作为公司的启动资金。第二轮或者第三轮投资往往会有风险投资机构介入，为产品的市场化注入资金，随着公司的稳定发展及不断壮大，大多数公司会选择上市，而上市前的融资，大多数来自大型风险投资机构或私募基金。

6. 风险投资

风险投资简称风投，又可称为创业投资，指由职业金融家将风险资本投向初创企业并取得该公司股份的一种融资方式，属于私人股权投资的一种形式。风险投资公司并不以经营被投资公司为目的，仅是提供资金及专业上的知识与经验，以协助被投资公司获取更大的利润为目的，并通过资本经营服务培育和辅导创业者创业。风险投资一般在完成创业过程后就退出投资，以获得资本增值。所以，风险投资客观上具有推动科技成果尽快转化为生产力，促进技术创新的作用。

天使投资也属于风险投资的一种，但是两者有很多不同。

首先是投资者不同。天使投资者是一人投资，而风险投资一般是几家机构的共同投资。其次是投资金额不同。天使投资投入资金额度一般较小，在我国每笔投资额度为50万~500万元，一般是一次性投入。风险投资一般投资额较大，而且随着企业的发展逐步投入。再次是投资审查程序不同。天使投资大多是基于投资者的主观判断或喜好而决定，对企业的审查不太严格，手续也简便，而且投资者一般不参与管理。风险投资是一种正规化、专业化、系统化的商业行为，对企业的审查非常严格，在投入资金的同时更多地投入管理。

7. 政府创业扶持基金

政府创业扶持基金也是创业资金的重要来源。政府依据相关法律政策，对于处于一定阶段的、有很好发展前景的、对相关领域有重大影响的创业项目提供直接资金支持。政府创业扶持基金的使用有特定的阶段限制，成本一般较低，但数目不大。目前各地政府主要有以下三种创业扶持基金。

1）SYB 无息创业贷款

SYB 全称"创办你的企业（Start Your Business）"。它是"创办和改善你的企业（SIYB）"系列培训教程的一个重要组成部分，由联合国国际劳工组织开发，为有愿望创办自己的中小企业的朋友量身定制的创业培训项目。创业者需要参加相关培训，通过考试得到结业证书后可申请获得 5 万～100 万元额度不等的无息贷款。

2）小额无息贷款

小额无息贷款是针对年龄在 18～45 周岁，具有完全民事行为能力的有创业愿望和创业能力的中国公民而设立的，符合条件的中国公民均可申请小额无息贷款。这种贷款主要以服务业为主，一般期限短、额度小，要求申请者有固定经营场所或经营项目。小额无息贷款政策根据地区变化略有不同，我国西部偏远地区除小额无息贷款外，还有其他多种政策性贴息贷款。

3）大学生创业补贴贷款

创业贷款是指具有一定生产经营能力或已经从事生产经营活动的个人，因创业或再创业提出资金需求申请，经银行认可有效担保后而发放的一种专项贷款。符合条件的借款人，根据个人的资源状况和偿还能力，最高可获得单笔 50 万元的贷款支持。

大学生创业贷款，一般贷款期限要求为 1～2 年，2 年后不再享受财政贴息。贷款金额要求：最高不超过借款人正常生产经营活动所需流动资金、购置（安装或修理）小型设备（机具）以及特许连锁经营所需资金总额的 70%。

4）中小企业担保贷款

担保贷款就是根据借款合同或借款人约定，用借款人的财产或第三人财产为贷款保障，并在必要时由第三人承担连带还款责任的一种贷款。一方面它为银行资金找到了出路，另一方面解决了小企业融资难，是中小企业的一条有效融资之路。在实际操作中，保证人是法人的，必须具有代为偿还全部贷款本息的能力，且在银行开立有存款账户。保证人为自然人的，必须有固定经济来源，具有足够代偿能力，并且在贷款银行存有一定数额的保证金；保证人与债权人应当以书面形式订立保证合同。保证人发生变更的，须按照规定办理变更担保手续，未经贷款人认可，原保证合同不得撤销。

8. 典当融资

与作为主流融资渠道的银行贷款相比，典当融资虽只起着拾遗补缺、调余济需的作用，但由于能在短时间内为融资者争取到更多的资金，因而被形象地比喻为"速泡面"，正获得越来越多创业者的青睐。

典当融资，优势在于它对中小企业的信用要求几乎为零，只注重典当物品是否货真价实。而且可以动产与不动产质押二者兼为。典当物品的起点低，千元、百元的物品都可以当。典当融资手续简便，大多立等可取，即使是不动产抵押，也比银行要便捷许多；不问贷款用途，钱使用起来十分自由。周而复始，可大大提高资金使用率。归结起来，比较适合资金需求不很大，但要得又很急的企业融资。

9. 互联网和大数据金融

随着互联网技术的发展，一些新型的企业融资方式应运而生，最典型的就是互联网金融。所谓互联网金融，指的是传统金融机构与互联网企业利用互联网技术和信息通信技术实现资金融通、投资、支付及信息中介服务的新型金融业务模式。从企业融资角度，可以通过 P2P 网贷融资、众筹融资、大数据金融等方式进行资金融通。当然，在通过这些方式进行融资的时候，需要谨慎行事，以降低成本和风险。

1）众筹融资

中国有句古话："众人拾柴火焰高！"互联网金融的众筹模式现已成为创业者的一条新的热门融资渠道。

众筹融资，是指通过网络平台为项目发起人筹集从事某项创业或活动的小额资金，并由项目发起人向投资者提供一定回报的融资模式。众筹融资平台扮演了投资者和项目发起人之间的中介角色，使创业者从认可其创业或活动计划的资金供给者中直接筹集资金。按回报方式，众筹融资可分为以下两类：一是以投资对象的股权或未来利润作为回报；二是以投资对象的产品或服务作为回报。

对创业者来说，通过众筹方式进行融资有一些明显的优势。首先，如果项目融资成功了，这相当于是对大众的一次广告。有些人看到你的项目但没有贡献资金，可能是因为他无法判断你这个产品是否一定能融得足够的资金量产出来。但看到别人一拥而上帮你把钱凑齐后，他们就会成为你未来的客户。其次，众筹获得的除了资金，还有一份市场调查报告。道理很简单，因为钱是直接来自消费者的，消费者对你这个产品的认可与评价就是一份市场调查，能在一定程度上反映出你的产品将来大范围投放市场后的结果。众筹模式的一个隐性的价值在于：先让消费者掏腰包，再去制造产品，这在最大限度上降低了创业成本与风险。众筹的具体步骤如下所述。

第一，选择合适的网站。每个众筹网站都有自己的侧重点，有的侧重于文艺娱乐，有的侧重于服务类。创业者首先要确定自己的创业类型是属哪一类，然后根据自己的创业项目特点选择合适的众筹平台。

第二，发起众筹。为保证众筹的顺利进行，在众筹网站上发起众筹过程中，要确定自己众筹的资金额度、对于不同众筹支持者的预期回报，以及众筹的资金用途、众筹的截止日期等。在这个过程中需要反复斟酌，以免出错，影响资金的筹措。

第三，配合众筹平台进行资格评估。将个人及团队资料准备充足，配合众筹团队对于创业团队的线下考察、电话问询等，确保个人信息的真实及创业项目的可行，对于不同的众筹项目审核周期长短也不尽相同，这跟项目和平台的办事效率有关。

第四，回报众筹参与者。它包括在规定的期限内针对当初允诺的对于不同众筹支持者的回报，感谢投资者的参与等。值得关注的是众筹的运作要规范，不能违反我国的法律法规，否则会引起法律风险。

2）大数据金融

大数据金融，指集合海量非结构化数据，对其进行实时分析，可以为互联网金融机构提供客户全方位信息。通过分析和挖掘客户的交易和消费信息掌握客户的消费习惯，准确预测客户行为，使金融机构和金融服务平台在营销和风控方面有的放矢。

3）P2P 网贷融资

所谓 P2P 借贷，是指个人与个人间的小额借贷交易。一般需要借助电子商务专业网络平台帮助借贷双方确立借贷关系并完成相关交易手续。借款者可自行发布借款信息，包括金额、利息、还款方式和时间，实现自助式借款；借出者根据借款人发布的信息，自行决定借出金额，实现自助式借贷。P2P 网贷凭借其高效快捷的融资便利和成本优势，为小微企业融资提供了支持。但是，通过 P2P 网贷融资，对于很多企业来说成本太高，加之我国 P2P 网贷环境还不够成熟，很多网贷平台运作不正规。因此，在选择 P2P 网贷平台进行融资时，需要三思而行。

（四）创业企业的资本结构

通常企业在决定最适合的资本结构时，会考虑以下几个因素。这些因素虽然很难衡量，但是对目标资本结构有重大的影响。

1. 销货稳定性

销货稳定的企业通常比销货不稳定的企业更能承受较多的负债与较高的固定费用。例如，公用事业企业由于需求量稳定，故一直能比工业企业使用更大的财务杠杆。

2. 资产结构

企业的资产越适合担保贷款，那么公司所使用的负债也就越大。一般用途的资产常被企业用来作为担保抵押，而特定用途的资产则不会。例如，不动产公司的财务杠杆通常都很高，而从事技术研究的企业所使用的负债则较少。

3. 营运杠杆

其他条件维持不变，因为营运杠杆越小的企业拥有越小的企业风险，故越有能力采用财务杠杆。

4. 成长率

若其他条件不变，成长越快的公司越依赖外界的资金，而且发行新股的成本常常大于发行债券的成本，因此成长快的公司较依赖负债。然而，这些公司同时面临较高的不确定性，因此他们也倾向于减少负债。

5. 获利能力

投资回报率高的公司几乎不举债，虽然没有理论证明可以作为依据，但是像英特尔、微软及可口可乐等企业都不需要使用负债来融资。因为高回报率企业的保留盈余，就足以融通所需的资金。

6. 控制权

如果负债融资或权益融资影响到了企业管理者的控制地位，则会影响企业资本结构的决定。一种情况是假设公司管理者拥有表决控制权（即持有 50% 以上的股份），但已无法再购买更多的股票，那么它可能选择举债融资；另一种情况是若企业的财务情况已经坏到再举债就会有违约风险时，企业管理者可能不会考虑控制权而采取权益融资，这是因为再举债可能会导致公司破产，而管理者将失去工作。若负债比率太低，企业同样会有被接管的风险。因此，从控制权的角度来看，采用负债或权益融资应当考虑哪一个对公司管理者较为有益。

三、创业融资的准备和策略选择

创业都是有成本的，不管创业者是以何种形式创业，也不管所创公司规模的大小，都离不开启动资金。在资金不足的情况下就要采取措施进行融资，社会上创业融资有很多渠道，创业者可以根据各融资渠道的优缺点，再结合自己创业阶段和承受能力选择适合自己的融资渠道。

（一）创业融资前的准备

由于不确定和信息不对称的原因，创业融资相对来说比较难。为避免投资失败或降低投资风险，很多投资者都会避免选择新创办企业。为了能顺利融资，在进行创业融资前需要了解创业融资的特点和渠道，并做好相应的准备工作。创业融资的过程可遵循以下步骤。

1. 开展市场调查

凭借充分的市场调查，能帮助创业者掌握市场的需求状况，根据市场需求做出科学合理的分析和预测，进而做出正确决策，为融资提供可靠的基础。

2. 开展自身建设

企业的管理团队、经营或盈利模式、产品和技术研发、良好的信用记录等都属于企业的自身建设范围。这些信息能在融资前吸引投资者投前来投资，也能为实现融资后企业实现发展目标提供保障。

3. 撰写商业计划

完整可行的商业计划是吸引投资方投资的重要法宝，因此是准备工作中的重中之重。新创办的企业不确定因素很多，市场风险相对较高。新创办企业在各方面都还不成熟和完善，如经营管理、营销模式、市场开拓、消费习惯、客户认可等。这些都为融资带来挑战。新创企业由于信用不足，同时又缺乏用以抵押担保的财产，很难从资本市场或亲朋好友处获得资金的支持。这就更突出了商业计划书完整可行的重要性。

4. 明确投资回报

融资前一定要明确投资回报的方式，并建立完善合理的投资回报机制。如众筹形式，项目发起人要承诺项目成功后发放产品或服务；股份筹资形式，可以给投资者分配一定比例的股权来享受创业公司未来收益等。这些明确具体的回报能够提升项目的吸引力，使投资者感觉其资金投放于企业比放在银行或自己投资要好。

（二）资金筹措的注意事项

1. 自备一定的创业资金

鉴于创业的风险，完全靠外部筹资来准备启动资金不太现实，尤其是初次创业者。因此，尽量自备创业所需的全部或部分资金。自有资金如果占创业所需资金的 50% 以上，比较有利于向外筹集不足的资金，也有助于创业成功。

2. 向外借款量力而行

尽量将外部筹借的资金额控制在自己可偿还的范围内，估算好自己通过打工或其他方式可具备的还款能力，以便万一创业失败后，还能控制失败对生活的影响程度。

3. 给自己和家庭留足必要的生活费用

一些创业者，期望创业成功，总喜欢放手一搏；企业经营过程中，不给自己留一点余地，把所有家当都投入到所经营的企业中去，这样往往可能会让自己和家庭陷入生存危机。

4. 合理选择筹资渠道和方式以降低资金成本

不同的资金来源，形成不同的资本成本。即使是同一资金来源，因筹资方式的不同，资本成本也会不同。因此，在筹资前应认真比较各种资金来源的资本成本，合理选择筹资的渠道和方式，力求降低资本成本。

首先，要合理安排筹资期限。本着以"投"定"筹"的原则，由于投资往往是分阶段、分时期进行的，因此，企业在筹资时，可按照投资的进度来合理安排筹资期限，这样既可以减少资本成本，又可以减少资金不必要的闲置。

其次，要合理安排资本结构，力求降低综合资本成本。筹资决策过程中，合理安排债务资本比率和权益资本比率是非常重要的。在一定限度内合理提高债务资本比率，降低权益资本比率，就可以全面降低企业的综合资本成本；但是如果一味地追求降低资本成本，导致负债规模大，则必然会使企业承担的利息支出过大，进而出现财务危机。因此，企业必须保持合理的资本结构，减轻偿债压力。

（三）筹措资金的策略选择

任何一个企业的创立都不能一蹴而就，需要经历创立、发展、成熟的生命周期。这个周期一般可以分为种子期、启动期、成长期、扩展期。企业在不同阶段对资金的需求量和对风险的承受程度是不同的。为此，创业者须从战略的高度对企业各阶段的融资拟定整体性规划，并根据自身所处的阶段有针对性地开展融资活动。

1.　种子期

种子期基本上处于技术和产品的研究开发测试阶段。这个时期，创业者的一些想法还不太成熟，甚至有的只是一个创意、一个新奇的想法或还处于研究阶段的科研项目。创办企业对他们来说也许还只是一个梦想。这个时期对资金需求要求不多，一般主要来源于创业者自己的积蓄或亲戚朋友的支持。但是如果这个创意或科研项目很吸引人，就有可能吸引个人风险投资者的目光并获得天使投资。

2.　启动期

这个时期公司已有产品产出，有的产品已经进行了有限和局部的市场检验，产品价值的不确定性得以减少，可以根据产品价值对公司有一个基本的收入和利润预测。这一阶段为了使产品顺利投入市场，打开销路，减少积压，需要有大量的现金流出，而现金的流入较少，很容易造成资金流动困难，这是企业在这一阶段面临的最大问题。

因此，启动期的资金需求量比种子期的资金需求量要大。这阶段资金主要用于市场推广，但投资回报也相对高。因此，为避免陷入资金周转困难的境地，企业需要非常认真细致地安排每天的现金收支计划，同时还需要未雨绸缪，多方筹集资金以免出现现金短缺。此时融资组合显得非常重要，启动期企业仍处于高度不确定性，创业投资人很少在此时介入，从商业银行获得贷款支持的难度更大，主要是依靠自我融资或亲戚朋友的支持，以及从外部投资者获取天使投资、众筹或政府扶持基金等。自我融资或亲戚朋友的支持是建立在血缘和信任关系基础上的个人资金，是该阶段融资的主要渠道。

3.　成长期

进入这个阶段后，企业发展潜力逐渐显现，资金需求量也比以前增大，个人资金已无法满足企业的需要。此时，处于成长期的企业也具备了进行机构融资的条件。创业者应该充分发挥各方面的能力，积极寻求各方面的信息，尝试多种多样的融资方式。如风险投资、银行贷款、政府支持计划等可成为企业的资金来源。

4.　扩展期

扩展期属于收获阶段，表明企业已经开始盈利。这阶段，企业需要的资金主要用于进一步开发和加强行销能力，资金需求趋于平稳，资金来源相对丰富，如债券、股票等资本市场可以为企业提供大量的资金。与此同时，企业拥有较为稳定的顾客和供应商及比较好的信用记录，取得银行贷款或利用信用融资相对来说比较容易。如果创业者选择不再继续经营企业，则可以选择公开上市、管理层收购或其他股权转让方式退出企业，此时是风险投资选择退出的好时机。

总之，企业在融资时要注意几点：一是预先确定合理的资金需要量，使融资量与需要量之间相互平衡。二是降低融资成本，提高融资效益，综合考虑不同融资渠道的难易程度，选择最合理的融资渠道。三是考虑企业的权益资本与借入资金保持合理的结构关系，防止负债过多而增加财务风险。四是依法融资，严格按照国家有关法律法规及政策的要求，履行约定的责任，维护投资者权益。

 经 典 分 享

"携程"的创业融资之路

携程旅行网（以下简称"携程"）创立于 1999 年。总部设在中国上海，目前已在北京、广州、深圳、成都、杭州、厦门、青岛、南京、武汉和沈阳 10 个城市设立分公司，员工 7 000 余人。作为综合性在线旅行服务公司，携程向超过 2 000 万注册会员提供包括酒店预订、机票预订、度假预订、商旅管理、特约商户及旅游资讯在内的全方位旅行服务。从创立到 2003 年年底海外上市，携程利用国际风险投资资本和国际风险投资工具，借助股权私募基金的力量实现了公司的跨越式发展。

第一步，创建携程，吸引 IDG 第一笔投资 50 万美元。1999 年 4 月，创始人梁建章、沈南鹏、范敏、季琦四人成立携程香港公司。注册资本约 200 万元人民币。公司的股权结构完全以出资的比例而定。携程在国内的业务实体携程计算机技术（上海）有限公司早在 1994 年就已成立。携程香港公司成立后，以股权转让形式 100% 控股携程上海公司。1999 年 10 月，在携程网站还没有正式推出的情况下，基于携程的商业模式和创业团队的价值，最早进入中国市场的美国风险投资公司之一 IDG 技术创业投资基金（简称"IDG"）向其投资了 50 万美元作为种子基金，作为对价 IDG 获得了携程 20% 多的股份，在携程随后进行的每轮融资中 IDG 都继续跟进。

第二步，吸引软银中国创业投资有限公司（简称"软银"）等风险投资 450 万美元。携程集团架构完成于 2000 年 3 月。携程国际在开曼群岛成立，由软银牵头，IDG、兰馨亚洲投资集团（简称"兰馨亚洲"）、Ecity Investment Limited（简称"Ecity"）、上海实业创业投资公司（简称"上海实业"）五家投资机构与携程签署了股份认购协议。携程以每股 1.041 7 美元的价格，发售 432 万股 A 类可转可赎回优先股（有投票权，IPO 时自动转为普通股）。其中，除 IDG 追加投资认购了 48 万股以外，软银认购 144 万股，兰馨亚洲认购 921 600 股，Ecity 认购 96 万股，上海实业和一些个人股东认购 48 万股。本次融资共募得资金约 450 万美元。随后，携程国际通过换股 100% 控股携程香港。这样，携程的集团架构完成，为登陆海外证券市场扫平了道路。

第三步，引来美国凯雷集团等机构的第三笔投资。2000 年 11 月，凯雷亚洲创投 I（简称"凯雷"）等风险投资机构与携程签署了股份认购协议，以每股 1.566 7 美元的价格，认购了携程约 719 万股 B 类可转可赎回优先股。其中，凯雷认购约 510 万股，投资额约达 800 万美元，取得约 25% 的股权，而软银、IDG 和上海实业则分别增持约 64 万股、41 万股和 83 万股，兰馨亚洲增持了约 18 万股。至此，携程完成了第三次融资，获得了超过 1 000 万美元的投资。

第四步，吸引老虎基金提升国际投资者的认可度。2003 年 9 月，携程的经营规模和盈利水平已经达到上市水平。此时取得了上市前最后一轮 1 000 万美元的投资，携程以每股 4.585 6 美元的价格向老虎基金发售 218 万股 C 类可转可赎回优先股。这笔投资全部用于原有股东，包括凯雷、IDG、上海实业及沈南鹏、季琦等创始人的套现退出。携程以每股 4.528 3 美元的价格赎回普通股和 A 类可转可赎回优先股，共约 122 万股，以每股 6.792 4 美元价格赎回约 64 万股 B 类可转可赎回优先股。对于准备在美国上市的携程来说，能在上市之前获得重量级的美国风险投资机构或者战略投资者的投资，对于提升公司在国际投资界的认可度有着非常大的帮助。

第五步，登陆纳斯达克市场。私募完成增值后，2003 年 12 月 9 日，携程国际（股票代码：CTRP）以美国存托股份（ADS）形式在美国纳斯达克股票交易所正式挂牌交易，本次共发行 420 万股 ADS，发行价为每股 18 美元。其中 270 万股为新发股份，募集资金归携程，150 万股为原股东减持套现，募集资金归原股东。扣除承销等各项费用，携程得款 4 520 万美元，占 IPO 总额的 60%。原股东得款 2 511 万美元，IPO 后，携程总股本 3 040 万股，市值约 5.5 亿美元。上市当天，携程以 24.01 美元开盘，最高冲至 37.35 美元，最终以 33.94 美元的价格结束全天交易。收盘价相对发行价上涨 88.56%，一举成为美国资本市场 2000 年 10 月以来首日表现最好的 IPO。

【分析】"携程"创业团队分阶段通过吸引风险投资解决创业启动资金和企业运维资金的困难，其成功实际上是"产业经营＋资本市场支持模式"的成功，既归因于管理团队的超强执行力，也归因于其极善于利用私募股权投资，借助资本的力量来快速完成产业的扩张。

 课 堂 活 动

帮助估算创业资金

1. 目标

分析项目所需启动资金的种类及数量，掌握创业不同时期筹资的策略。

2. 活动流程及要求

（1）教师出示以下材料：

刘强，2014 年高职食品专业毕业，毕业后三年内三次跳槽，面对严峻的就业形势最终放弃了求职，自己当老板。

其实，刘强大学期间在一家知名的咖啡馆做过两年兼职，平时也会购买一些咖啡相关书籍阅读，自己对咖啡也是情有独钟。大学还没毕业，就一直构想着将来能够拥有一家属于自己的咖啡厅，而此时正是一个契机。经过前期的市场调查和准备，刘强在市区白领经常出入的写字楼旁边租了一间大概 100 平米的商铺，开始装修、购买设备、工商注册、招聘人员等一系列准备工作，并进行了近一年的创业计划。

辛苦经营了两年，到了第三年，刘强已经积累了一些资本，并决定开 2 家分店，选址依然是写字楼旁边。但是算下来，资金有些紧张，需要融资。

面对资金紧张，刘强并没有慌乱，通过了合理的融资渠道和融资策略度过了初步扩张时的"财务危机"，咖啡厅进入正常的扩张经营轨道。

如今，自刘强开第一家咖啡厅，已经将近 6 年，他已经是 10 家咖啡厅的老板，但刘强的目标绝非仅此而已，他希望自己开的咖啡厅能够不断扩张，甚至上市，让每一个爱喝咖啡的人都能喝到他的咖啡。

（2）请学生以自己所在的城市为背景，动手算一算该咖啡馆项目启动资金（表6-8）。

表 6-8　启动资金需求表

类别	项目	数量	单价	金额	说明
固定资产					
	小计				
开办费用					
	小计				
流动资金					
	小计				
合计					

（3）按照资金规划的步骤，动手算一算资金缺口（表6-9）。

表 6-9　资金缺口

项目	细目	金额/元
启动资金	固定资产	
	开办费用	
自有资金		
现金流入		
现金流出		
资金缺口		

注：资金缺口＝启动资金＋现金流出－自有资金－现金流入；现金流入、流出指的是自企业试生产（营业）起至收支平衡前的流入、流出。

（4）在刘强咖啡厅经营的5年多中，什么情况下可能需要融资，列举3～5种情况。针对不同情境和创业的不同阶段，为其咖啡厅制定相应的融资策略（在表6-10中填入相应融资方式所需金额）。

表 6-10　制定融资策略

融资方式	创业阶段			
	创业启动阶段	创业一年后	创业三年后	创业五年后
自有资金				
亲情借款				
合伙融资				
银行贷款				
政府支持				
风险融资				
网贷				
其他方式				
合计				

（5）教师点评、总结，引导学生针对创业不同时期进行资金筹措。

第三节　组建创业团队

☞ 能力目标

（1）了解创业团队及其组成要素和组建基本原则。
（2）能阐述创业团队角色设置和股权架构。
（3）能自觉提升团结协作精神。

组建创业团队

 引入案例

苹果创始人分道扬镳

史蒂夫·乔布斯和斯蒂夫·沃兹尼亚克曾是老友，在 1976 年共同创立了苹果公司（简称"苹果"）。在合作过程中，沃兹尼亚克与乔布斯一个负责技术，一个负责市场，迎合了个人电脑兴起的第一波浪潮，苹果公司很快就风生水起。

沃兹尼亚克是个技术牛人，在苹果公司发展初期的作用很重要，他在 20 世纪 70 年代中期创造出苹果一号和苹果二号，苹果二号风靡普及后，成为 70 年代初期销量最佳的个人电脑，苹果公司早期产品的专利权属于沃兹尼亚克。但没过多久，两位共同创始人的矛盾就公开化了。乔布斯因经营理念与当时的主要管理者不同，加之其极端的行事风格，让他迅速走向危机。1985 年，苹果公司董事会撤销了乔布斯的经营大权。就在这一年，沃兹尼亚克也离开了苹果。乔布斯和沃兹尼亚克共同成就了一家伟大的公司。但是，这两个伟大的人物终究未能一直携手。

【分析】 创业团队成员除了要在技能上互补外，还需要互相信任和相互包容，否则会因为个性不合而产生分歧，导致团队解散。

通过这个案例我们可以看出组建结构科学、合理的创业团队对创业成功发挥着非常重要的作用。那么，什么是创业团队呢？

一、创业团队的概念

（一）创业团队的内涵

创业团队是指由两个或两个以上创业者组成的、具有特定的组织功能并协同工作的创业群体。团队中的成员有着共同的创业理想、具备不同的专业知识和能力，能够形成一个优势互补的动态系统。

狭义的创业团队是有着共同目的、共享创业收益、共担创业风险的一群创建新企业的人。广义的创业团队不仅包括狭义的创业团队，还包括与创业过程有关的各种利益相关者，如风险投资家、专家顾问等。

创业团队在创业初期（包括企业成立前和成立早期），由一群才能互补、责任共担、愿为共同的创业目标而奋斗的人所组成的特殊群体。他们对公司的经营理念高度认同，具有很强的创新精神，为了实现共同的创业愿景，积极参与到新公司的创办、成长、管理等不同发展阶段，共同参与公司决策的制定、实施过程，共担风险，共享收益，各自为创业成功发挥不可替代的作用。按照能力、贡献、角色等不同，创业团队成员按比例享有一定的股权，并且他们之间具有一定的利益关系，团结合作，共同承担公司创建、发展过程中的责任，通常担任着公司的高管位置。

（二）创业团队的组织与结构

1. 创业团队的规模

如果创业团队的成员为七人或七人以上，人数多、情况复杂，那么意见难以达成一致的情况就比较多，而且还会消耗太多的管理精力和费用，股东利益和管理权威之间也比较容易产生矛盾。所以，一般情况下，创业团队保持在 3～6 人的规模比较合理。

团队角色的分配中必须有一人担任领导者角色，这个人一定要把握公司发展的宏观方向和前进路线，提出战略计划交给团队其他人去执行。除领导者外，团队中的技术专家、运营人员、资金来源者等都是不可或缺的成员。

2. 创业团队的关系

很多创业团队最初大多由亲戚、朋友、原先的同事或同学所组成。公司创办、经营过程中要时刻注意平衡团队成员间的关系结构。因为团队成员间关系的亲密程度、内容及形式等都可能会影响到团队的稳定性和公司业绩等。

3. 创业团队的能力结构

一个优秀的创业团队，成员之间要职责明确，分工合理，也就是说团队成员在决策制定、公司管理、技术创新、决策执行等方面要形成能力互补的结构，这样才能促进公司健康、可持续发展。

4. 创业团队的权力结构

根据管理权力理论，在公司管理层中拥有较大权利的往往是在公司中任职时间较长，在公司创始和发展过程中发挥了重要作用的人。这些人是公司管理层中权利最大，也是情感上最受人尊重的。当然这些创始人除拥有较高地位外，他们持有的股票比例也是比较高的，可以根据实际情况按照重要性，贡献度等确定不同的股权比例。

（三）创业团队的组成要素

1. 目标（purpose）

创业团队组建的前提是拥有共同的创业理念，共同的创业愿景。只有目标明确且一致，才能让成员积极发挥自己的主观能动性，朝着共同理想而努力，这是整个团队的动力来源和奋斗方向。

2. 人员（people）

每个人都是团队的重要组成部分，都发挥着重要作用，团队成员为了共同的创业目标贡献着自己的智慧、能力、技术、资源等，团队成员之间互帮互助，团结协作，提升着整个创业团队的创造力。

3. 角色分配（place）

由于创业团队成员在技能、性格、资源等各方面不尽相同，因此需要根据每个人的贡献度合理分配岗位职责，使团队成员人尽其才、优势互补。

4. 权限（power）

创业团队成员间要根据他们的能力、岗位、股份等情况匹配相对应的权限，每个团队成员应该在自己规定的权限范围内去行使自己的权利，享受相关的收益。在设置权限时要科学规划，不能过高或高低，避免出现尾大不掉或事无巨细上报审议等情况，避免出现成员间信息沟通不畅，上下级之间不信任、不作为等情况，影响工作效率。

5. 创业计划（plan）

根据创业目标，团队成员要共同商讨制订详细可行的创业计划，明确公司发展战略、产品营销方案、融资方案等，制订具体的分步骤、分阶段实施计划，并且根据市场调研、分析反馈随时完善和调整项目策略。

二、创业团队的特征

（一）持久的创业热情

创业过程中会面临各种风险、失误和难以预测的突发情况等，没有人能随随便便成功。这时就需要保持持久的创业热情来促进团队坚持不懈，努力向前，同舟共济，避免功亏一篑。

（二）牢固的信任关系和凝聚力

团队中除了较高的能力、技术、资源等因素外，相互之间牢固的信任关系尤为重要。彼此之间只有相互信任，形成互信互惠的良好局面，才能保证团队的长久合作，持续发展。团队成员是利益共同体，共同承担风险与责任；团队的集体利益高于个人利益；团队成员间要同甘共苦，共享创业成果，不断加强团队凝聚力和战斗力。

（三）能力、资源、股权合理配置

小成功靠个人，大成功靠团队。集体的智慧、能力、资源、经验肯定会比单个成员强很多。团队成员间要能力和资源互相补充、互相合作，弥补创业过程中可能出现的短板。与此同时，要给予团队成员相匹配的股权，股权比例要和成员创造的价值、贡献度相对应，平衡好团队成员权利与义务之间的关系，透明、公开、公平、公正。

三、创业团队组建的基本原则

（一）共同的目标、一致的价值观原则

共同而明确的目标，即所组建的团队确定要做什么、要开发什么产品，在这些基本问题上要取得共识。

创业团队拥有共同的价值观主要体现在两个方面。一方面是可以保证创业团队在一些重要决策的制定、发展战略规划、收益分配、职权划分、做人处事等基本问题中不会产生原则性分歧，减少内部矛盾对公司项目的影响。人们的价值观是长期的教育、生活阅历等方面相互作用形成的，不容易改变，如果创业团队成员价值观差别太大，在创业过程中会碰撞出很多的矛盾冲突，影响整个团队的工作效果和发展。

另一方面是同质性价值观可以提高工作效率，利于团队沟通合作。当团队成员具有一致的价值观和期望时，对待一些问题时更容易一起积极讨论解决，处理事务的方式也趋近相同，有利于营造良好的工作氛围，即使出现一些问题也能积极协调，促进团队向前发展。当然价值观相似并不能完全避免出现不同意见和观点，我们可以通过完善的制度管理来共同约束，降低团队磨合的成本，有利于团队的稳定和管理建设。

（二）互补原则

创业团队，需要强强联合，优势互补。团队成员最大限度地发挥自己在知识、性格、技能、资源等方面的不同作用，依靠集体智慧解决创业团队遇到的问题。

从人力资源管理的角度来看，建立优势互补的创业团队是保持创业团队稳定的关键。创业者需要什么样的创业团队，依赖于创业机会的性质和核心创业者的创业理念。"主内"与"主外"的不同人才，耐心的"总管"和具有战略眼光的"领袖"，技术与市场两方面的人才都不可偏废。

1. 才能上的互补

一个团队在开展创业活动时，必然会有技术、市场、销售、管理等不同类型的工作任务需要成员去分工、承担，如此便产生了知识能力互补的人才需求。一般而言，一个团队的创始人是不可能对企业经营管理的各个方面都精通的，所以在引进人才时需要考虑"专才"与"通才"的搭配。既要有技术、营销等方面的人才，又要有具备战略发展眼光的复合型人才，同时还要根据企业实际情况保证合适的"专才"与"通才"的人才比例。

2. 资源上的互补

从创业资源的角度来看，在引入了不同知识背景的成员时，也就拓宽了整个创业团队的社会关系网络。通过团队成员联系构造起来的社会关系网络，创业团队可以了解到更多的商业信息，加深对创业活动的认知与了解，进而挖掘出尚未被发现的顾客需求，

充分调动现有资源去满足顾客需求，努力提高资源利用率，科学合理地吸引外来资源，壮大企业规模，做强、做好企业。

3. 个性上的互补

创业团队每个成员的个性对团队行为都有很大的影响。如果成员性格普遍外向、待人随和、责任心强、感情稳定，那将是团队的一笔大财富。如果团队成员很灵活，可以担任彼此的工作，将极大地提高团队的适应性，使成员之间的依赖性减少。因此，在选择成员时要选择那些具有灵活性的人，然后对成员进行交叉培训，让创业团队的每个成员都对各方面的知识有所涉猎，让他们可以承担彼此的工作，使团队的长远绩效得以提高。

（三）精简高效原则

创业团队要注意精简高效，团队成员贵在精而不在多，这样既可以节约创业成本，又可以避免因为人员众多导致意见分歧严重，难以统一、议而不决等情况。创业团队应当进行有效管理。团队需要时间来发展和不断改进。团队在运行过程中，就战略目标而言，将分析团队的愿景是否和各个成员相匹配作为重要事项；就具体执行的目标而言，让团队成员知道每月、每周要做哪些事情。总体来说，早期创业团队的组建，应当坚持"三个一"，即一个核心、一个共同愿景、一个产品。一个核心指团队只能由个人最后拍板，过于民主会丧失效率，同时激化内部矛盾；一个愿景指团队所有人都明白公司的愿景，只有愿景一致，大家努力的方向才能保持一致；一个产品指创业团队在创业初期做产品时数量不能太多，宜把一个产品、一件事情做精。

（四）开放原则

创业过程随时面临各种风险，随时会出现各种突发状况，在创业过程中也可能会出现人员退出、新人加入等情况。所以创业团队需要秉承着开放性原则，吐故纳新，确保团队成员富有活力和创业激情。

案　例

腾讯五虎将：难得的黄金创业团队

1998年秋天，马化腾与他的同学张志东合资注册了深圳市腾讯计算机系统有限司。之后又吸纳了三位股东：曾李青、许晨晔、陈一丹。为避免彼此争夺权力，马化腾在创立腾讯之初就和四个伙伴约定清楚：各展所长、各管一摊。

马化腾是CEO（首席执行官），张志东是CTO（首席技术官），曾李青是COO（首席运营官）、许晨晔是CIO（首席信息官）、陈一丹是CAO（首席行政官）。

都说一山不容二虎，尤其是在企业迅速壮大的过程中，要保持创始人团队的稳定相当不容易。工程师出身的马化腾从一开始对于合作框架的理性设计功不可没。从股份构成上来看，五个人一共凑了50万元，其中马化腾出了23.75万元，占了47.5%的股份；张志东出了10万元，占20%的股份；曾李青出了6.25万元，占12.5%的股份；其他两人各出 5 万元，各占 10% 股份。

　　虽然主要资金都由马化腾所出，他却自愿把所占的股份降到一半以下，只占47.5%。"要他们的总和比我多一点点，不要形成一种垄断、独裁的局面。"同时，他自己又一定要出主要的资金，占大股。"如果没有一个主心骨，股份大家平分，到时候也肯定会出问题，同样完蛋。"

　　保持稳定的另一个关键因素，就在于搭档之间的合理组合。马化腾非常聪明，但非常固执，注重用户体验，愿意从普通用户的角度去看产品。张志东头脑非常活跃，是对技术很沉迷的一个人。马化腾技术上也非常好，但是他的长处是能够把很多事情简单化，而张志东更多的是把一件事情做得很完美。许晨晔和马化腾、张志东都是深圳大学计算机系的同学。他非常随和而又有自己的观点，但并不轻易表达，是有名的"好好先生"。而陈一丹是马化腾在深圳中学时的同学，后来也就读深圳大学，他做事十分严谨，同时又是一个非常张扬的人，能在不同的状态下唤起大家的激情。

　　后来，马化腾在接受多家媒体的联合采访时承认，他最开始也考虑过和张志东、曾李青三个人均分股份，但最后还是采取了五人创业团队，根据分工占据不同的股份结构的策略。即便是后来有人想加钱、占更大的股份，马化腾均说不行，"根据我对你能力的判断，你不适合拿更多的股份"。因为在马化腾看来，未来的潜力要和应有的股份匹配，不匹配就要出问题。如果拿大股的不干事，干事的股份又少，矛盾就会发生。

　　【分析】可以说，在中国的民营企业中，能够像马化腾这样，既包容又拉拢，选择性格不同、各有特长的人组成一个创业团队，并在局面打开后还能依旧保持着长期默契合作的情况，是很少见的。而马化腾的成功之处，就在于他从一开始就很好地设计了创业团队的责、权、利。能力越大，责任越大；权力越大，收益也就越大。

四、创业团队成员角色的设置

　　创业团队成员之间要分工明确，根据自己的性格特征、知识能力、资源条件等匹配合适的岗位，担任适合的角色，最大限度地发挥自己的作用，同时各团队成员间要密切配合，互帮互助。

1. 创业团队的职位

　　原则上，创业团队的成员可以按照表 6-11 所列的几种职位来组建，但并不是所有角色都必须齐全，创业团队组建初期需要考虑成本，工作效率等情况，可以根据工作需要挑选、分配相应角色。

表 6-11　创业团队中的基本角色

公司职务	主要职责
首席执行官（CEO）	对公司的一切重大经营运作事项进行决策，包括对财务、经营方向、业务范围的增减等；参与董事会的决策，执行董事会的决议；主持公司的日常业务活动；对外签订合同或处理业务；任免公司的高层管理人员；定期向董事会报告业务情况，提交年度报告

续表

公司职务	主要职责
首席品牌官（CBO）	是现代组织（包括企业、政府或其他组织）中设置的专门负责品牌战略管理与运营的高级官员，代表 CEO 就企业形象、品牌以及文化进行内外部沟通
首席财政官或财务总监（CFO）	具备丰富的金融理论知识和实务经验。公司理财与金融市场交互、项目估价、风险管理、产品研发、战略规划、企业核心竞争力的识别与建立以及洞悉信息技术及电子商务对企业的冲击等
首席营运官（COO）	主要负责公司的日常营运，辅助 CEO 的工作。一般来讲，COO 负责公司职能管理组织体系的建设，并代表 CEO 处理企业的日常职能事务。协助 CEO 制定公司的业务发展计划，并对公司的经营绩效进行考核
首席技术官（CTO）	企业内负责技术的最高负责人。长期技术方向（战略性）、短期技术方向（战术性）、管理研究对公司经营活动和营利的影响、公司中使用的软件等
客户总监（CUO）	为客户制定媒体关系策略和公关活动策划，达成客户的市场或传播目标；督促客户服务团队执行媒体及公关活动，有效分配资源，并保证服务团队的工作质量；负责监督公关项目的计划和实施，使公关项目能在预算的时间和费用内完成；积极拓展客源及开发公司业务；与客户进行紧密的业务联络和沟通
首席市场官（CMO）	负责市场运营工作的高级管理人员，也可称市场总监、主营市场的副总经理或副总裁等。主要负责在企业中对营销思想进行定位；把握市场机会，制订市场营销战略和实施计划，完成企业的营销目标；协调企业内外部关系，对企业市场营销战略计划的执行进行监督和控制；负责企业营销组织建设与激励工作

2. 创业团队的不同角色

创业团队是由很多成员组成，那么这些成员在团队里究竟扮演什么角色，对团队完成既定的任务起什么作用？团队缺少什么样的角色，候选人擅长什么，欠缺什么，什么样的人与团队现有成员的个人能力和经验是互补的，这些都必须先界定清楚。因为创业的成功不仅是自身资源的合理配置，更是各种资源调动、聚集、整合的过程。

贝尔宾团队角色理论认为，不同角色对团队的贡献不同，发挥作用不同。因此，团队中不能缺少任何角色（表 6-12）。

表 6-12　不同角色对团队的贡献

角色	团队贡献	缺少角色反应
创新者	提出观点	思维会受到局限、点子就会匮乏
实干者	运筹计划	团队会显得比较乱
凝聚者	润滑调节各种关系	团队的人际关系会比较紧张
信息者	提供支持的武器	团队会比较封闭
协调者	协调各方利益和关系	团队领导力会削弱
推进者	促进决策的实施	效率就不高
监督者	监督决策实施的过程	团队会大起大落
完美者	注重细节、强调高标准	线条会显得比较粗
专家	为团队提供一些指导	企业的发展受到限制

　　一个创业团队要想紧密团结在一起，共同奋斗，努力实现团队的愿景和目标，各种角色的人才都不能或缺。

　　（1）创新者提出观点。没有创新者，思维就会受到局限，点子就会匮乏。创新是创业团队生产、发展的源泉。企业不仅开发要创新，管理也需要创新。

　　（2）实干者运筹计划。实干者的计划性很强，没有实干者的团队会显得比较乱。"千里之行，始于足下"，有了好的创意还需要靠实际行动去实践。而且实干者在企业人力资源中应该占较大的比例，他们是企业发展的基石。没有执行就没有竞争力。只有通过实干者的踏实努力的工作，美好的愿景才会变成现实，团队的目标才能实现。

　　（3）凝聚者润滑调节各种关系。没有凝聚者的团队，人际关系会比较紧张，冲突的情形会更多一些。团队目标完成将受到很大的冲击，团队的寿命也将缩短。

　　（4）信息者提供支持的"武器"。没有信息者的团队会比较封闭，因为不知道外界发生了什么事。当今社会，信息是企业发展必备的重要资源之一。世界是开放的系统，创业团队要在社会中生存和发展，没有外界的信息交流，企业就成了一个自给自足的封闭小团体。显然，当代创业团队的成功更需要正确的、及时的信息。

　　（5）协调者协调各方利益和关系。没有协调者的团队，领导力会削弱，因为协调者除了要有权力性的领导力以外，更要有一种个性的引召力来帮助领导提升个人影响力。从某个角度说，管理就是协调。各种背景的创业者凝聚在一起，经常会出现各种分歧和争执，这就需要协调者来调节。

　　（6）推进者促进决策的实施。没有推进者效率就不高，推进者是创业团队进一步发展的"助推器"。

　　（7）监督者监督决策实施的过程。没有监督者的团队会大起大落，做得好就大起，做得不好也没有人去挑刺，这样就会大落。监督者是创业团队健康成长的鞭策者。

　　（8）完美者注重细节，强调高标准。没有完美者的团队，线条会显得比较粗。因为完美者更注重品质、标准。但在创业初期，不能过于追求完美；在企业的逐渐成长过程中，完美者要迅速地发挥作用，完善企业中的缺陷，为做大做强企业打下坚实的基础。现代管理界提出的"细节决定成功"观点，进一步说明完美者在企业管理和发展中的重要作用。

　　（9）专家则为团队提供一些指导。没有专家，企业的业务就无法向纵深方向发展，企业的发展也将受到限制。

 案　例

团队的精髓

　　《西游记》中的唐僧团队是团队制胜的典范。唐僧团队首先就明确了坚定的目标，即前去西天雷音寺求取真经。除了唐僧之外，其他三人虽然在最初都是带有一定的功利色彩加入团队的，但在经过初期的磨合后，四人对取经的信念都是非常坚定的，这也是这项事业能成功的最重要保证。其次是团队的互补性。个人虽然重要，但毕竟有很多的局限性，一个事业的成功，最主要的就是团队的成功。

1. 完美型的唐僧

唐僧目光远大，方向明确，有组织设计能力，注重行为规范和工作的高标准，担任了团队的主管。如果一个团队中没有"唐僧"，团队就往往只是一群乌合之众，不会有什么远大前程。

2. 力量型的孙悟空

孙悟空干劲十足，崇尚行动，解决问题不过夜，注重工作结果，能够迅速理解和完成当前团队的任务，是团队的业务骨干。如果一个团队中没有"孙悟空"，很难想象这个团队是如何艰难进步的。一个团队中没有"孙悟空"，"唐僧"的远大抱负将很可能化为泡影。

3. 活泼型的猪八戒

猪八戒热情奔放、感情外露，长于活跃工作气氛，承担了团队的公共关系工作。他帮助每一位同事，并使工作变得有趣。如果一个团队中没有"猪八戒"，那这个团队多半都是枯燥乏味、缺乏热情甚至令人厌倦的。

4. 平和型的沙和尚

沙和尚平和、冷静、有耐心，承担了团队的事务性工作。事实证明，他能够胜任这份工作并持之以恒，能够在压力下保持冷静。别看他平时默默无闻，可每次到了最后关头都是他稳定局面。

【分析】一个团队中的成员如果全部由唐僧、孙悟空或者猪八戒、沙和尚单一性格类型的人组成，那么这个团队肯定不会是一个理想的团队。正是领袖、精英、润滑剂和老实人这种互补而有机结合的团队，才使取经这项看起来极其困难的事业最终取得成功。我们在做事业、选择团队的时候，也要周密考虑。不能反选择骨干精英，最重要的是组成一个合理的团队，只有互补合理，才能走得长久，取得成功。

五、创业团队的股权架构

股权架构设计的目的在于明确合伙人的权力、义务、收益，有利于团队的稳定发展；明确控股人，避免出现群龙无首、议而不决情况；方便公司后期融资，上市等进一步发展。

（一）股权的几种形态

1. 股东

从一般意义上说，股东是指向公司出资并对公司享有权利和承担义务的人。但由于公司的类型不同及取得股权的方式不同，对股东的含义可做不同的表述。按《中华人民共和国公司法》的规定，在我国境内设立的公司可分为有限责任公司和股份有限公司。有限责任公司的股东是指在公司成立时向公司投入资金或在公司存续期间依法取得股权而享有权利和承担义务的人（一般创业者注册的都是有限责任公司）；股份有限公司的股东就是在公司成立时或在公司成立后合法取得公司股份并对公司享有权利和承担义务的人。自然人投资以后，通过公司所在地的工商局注册，进行公司股权登记，这样才能成为真正意义上的股东。这种出资并在工商进行了股权登记的股东，对公司经营的盈利和亏损都会按所占有股份的多少承担相应的义务。

2. 干股

还有一种是"干股"的形式。干股是指未出资而获得的股份，但其实干股并不是指真正的股份，而是指按照相应比例分取红利。干股的概念往往存在于民间，特别是私营企业，很多私企的老板为了笼络一些有能力的人（通常是公司业务骨干），希望给予这些人一定的红利，但是又不想给这些人实际控制权或者只是给予部分控制权，所以就假设这些人占有一定比例的股份，并且按照这种比例进行年终分红，以达到进可攻、退可守的目的，于是就有了干股。老板给予干股的时候，有的会签署一些协议，有的没有，但是基本上无论哪种，持有干股的人都不具有对公司的实际控制权。所以这种干股协议叫作分红协议更加贴切。干股一般不会承担公司亏损的义务，只是享受作为奖励的一种分红。

3. 股份期权

股份期权是企业的所有者给予高级管理人员以约定的价格，购买未来一定时期内公司股份（或股票）的权利。实施股份期权的最终目的是激励经营管理者与员工共同努力，以实现企业的长期发展目标。期权的目的大多是引导职业经理人等能够稳定地在企业中长期工作，眼光更着眼于企业和自己的长期效益。"期权"不是免费的，它是以约定的价格，购买未来一定时期内公司的股份（股票）。

期权额度没有固定的规定，是公司内部的管理行为，但现实中，期权一般不超过公司总股份的10%。当然，如果高级管理人员本身是股东，而且持有的股份已经超过10%了，就不应当再享受期权制。因为期权主要是给予一些没有股权的高级管理人员的。对于上市公司，期权股票应该是能够自由流通的社会公众股，其来源是公司回购的库藏股票。对于非上市公司，采用的是"虚拟"期权形式。期权获授者的业绩考核是实现期权的一个重要条件。

（二）股权架构设计的原则方法

股权架构标准要简单清晰。在创始阶段，合伙人不是很多，比较合理的架构是三个人左右，其中必须有一个核心股东，负责把握发展方向，制定公司决策，起到领导作用。股权架构均等是不可取的，每个团队中的合伙人对项目贡献度有差别，即使出资金额一样，在实际项目运营过程中每个人发挥的实际作用也不尽相同，每个人擅长的领域也有所区别，一旦股权均分，会打消一部分人的工作积极性，互相推诿，或者互相为争夺话语权而出现矛盾、分歧。具体的设计策略如下所述。

1. 为吸收新的合伙人和融资预留出期权池

公司在发展、壮大的过程中不可避免地会出现新的合伙人或需要股份激励的新进人员。因此在进行股权架构设计时应先预留出一部分放到期权激励池，后期新加入的成员可以得到相应的激励。创业项目发展到一定阶段，可能需要融资来进一步扩大发展。而在融资过程中，投资者一般会要求占有一部分股份，所以在初期股权设计时也要预留出用于融资的股份，避免从其他股东既有利益中分隔，造成矛盾。

2. 股权分配方案

1）根据出资多少按比例分配

创业初期，启动资金非常珍贵，很多事情都需要用到大量资金，根据团队成员出资多少来按比例配置股权，是比较容易让大家都接受的方案。

2）团队负责人占有股份相对多的股份

团队负责人是一个团队的总指挥、总领导，具有较大的权力，同时也担负着更多的责任。负责人通常需要有较多的股份来确定领导地位，发挥带头作用。负责人必须具有公司的控制权和决策权。

3）根据合伙人的优势

创业过程中，主要涉及资金、专利、创意、技术、运营、个人品牌等方面的资源。在创业的初期、发展、成熟、变化等不同阶段，成员的贡献度是不一样的，因此需要综合考量，动态调整，预留出一定的调整空间。例如，CTO本来应该拿23%，CMO是20%，为了适应将来的变化，可以先给他们降低5%放在期权池，各位合伙人约定好这些作为预留部分，将来会根据每个人的贡献度再适度二次分配，这样也可以促进团队成员积极为团队的集体利益贡献力量。

4）有明显的股权比例区别

根据团队成员的贡献度，股权的比例形成梯次差别，进一步形成团队成员的权力级别和话语权级别。

（三）股权授予

1. 按年授予

团队成员如果中途退出，项目成功后还坐享其成显然不公平。可以预估一下项目需要 n 年可以完成，成员们提前约定好股权按照 n 年授予，也就是股东在预估年份结束后才能得到相应的收益。

2. 按项目进展授予

按照项目推进程度来按比例授予股权，如根据产品开发、测试、迭代、推出、推广或者达到多少的用户数等不同阶段，授予相应的股权。需依据项目情况酌情考虑。

3. 按融资进度授予

融资规模体现着投资者对于项目的外部评价，从一定程度上代表了项目的成熟情况。因此可以根据A、B、C、D轮不同融资情况来进行股权授予，即完成某一轮融资，可以获得相应比例的股份授权。

4. 按项目的运营业绩

有些项目可以根据运营业绩来进行授权，避免出现某些人占有较高股权比例，但是加入团队时间又较晚，影响其分红、选举、表决权等。

5. 股权不授予的情况

主动离职；自身原因无法履职，如身体、能力问题，或者操守、观念、理念不一致等原因不能履职；故意伤害公司造成重大损失的；离婚、继承等（避免由于离婚、继承等原因的财产分割导致项目整体利益受损）。

 经 典 分 享

携程四君子

一个创业企业的成功，有赖于创业团队成员不同性格之间的互补。不同的性格在企业的各个发展阶段和岗位上各自发挥不同的作用。正是通过性格的互补才能查漏补缺，发现彼此盲区，破除企业因为个人原因而产生的瓶颈。

携程"第一团队"的例子很多人已经耳熟能详。用 DISC 来分析发现他们四个人正分别代表了 D、I、S、C 四种性格。

企业初创期需要外向而关注人的 I——季琦，充满创业激情，敢冒风险，勇于挑头做事。他能言善辩，把创业当作自己最大的爱好。有人采访季琦：携程的商业模式是什么？季琦说"谈什么商业模式，听一听我的创业故事吧。"——对于季琦来讲，他是找感觉关注人的。他擅长于利用各种资源，从无到有建立新的东西。但是却对细节，对事情缺乏关注。一旦公司上规模，需要从事流程的改造和细节的完善的时候，季琦感到自己既不擅长也不热爱，就立刻把权力棒交给了梁建章。

企业内部建设期需要内向而关注事情的 C——梁建章。他 14 岁就已经大学毕业，原来在国外就职于甲骨文股份有限公司。正是他首创把 ISO 9000 直接从生产型行业放到服务性行业，并且为携程中一线服务人员制定了 34 项定性、定量项目，在每周管理例会上评估。高要求标准下，实现携程接听电话平均每个从 240 秒大幅度降到 180 秒，节省了 400 万元的电话费。

内部体系建立之后，需要再对企业效益进行放大的时候，团队中另一个成员的效用开始占据主导，这就是风投家 D——沈南鹏。企业资本运作期需要目的性强，不重感情的 D。一个目的性很强而又直言不讳的风投家，身上带有很高的 D 特质。他被媒体广泛传播的最有名的两句话：第一句话是，我做公司的第一天就是把它卖掉。第二句话是，携程和如家（如家酒店集团）做得最对的一件事情就是请走季琦，不让他当CEO（因为携程跟如家一开始都是季琦当 CEO）。公司准备上市，意味着资产将成为公众的，在对 CEO 的选择上只能选最合适的，而不能考虑人情苦劳等因素。沈南鹏做事之决绝，是成就携程和如家传奇的一个关键。

企业平稳发展期需要稳重，善于支持的 S——范敏。携程上市之后，以上这三个人都陆续卖掉了手上持有的股份，转而玩其他去了。这时谁来主持携程的大局呢？老成持重的范敏登场了。范敏有在酒店工作十五年的经验，他认为旅游业是一个伟大的行业，他说："我愿意在携程待一辈子！"在范敏主持下的携程，到目前为止，也没有推出任何一项新的服务，就连较新推出的商旅管理，都是在携程上市时就已写在计划书里面的。正是范敏身上的 S 特质，可以让他关注于细节的完善，安心相对来讲稳定的重复性工作。

　　创业不同阶段需要不同的团队风格：初创期激情四射，建设期作风严谨，资本运作期公事公办，平稳发展期各就其位。携程四君子在不同的阶段各领风骚，各擅胜场。正因为如此，携程才能不做一丝的无用功，在很短的时间内纳斯达克上市。

　　【分析】团队的概念意味着，任何时候，团队一个成员的成功也是所有其他人的成功。只有当每个人相信团队力量，审时度势，退回到最属于自己的位置上，让最合适的人登台亮相，才能奏出团队的最强音。

 课 堂 活 动

<h3 align="center">小组合作搭高塔</h3>

　　1. 活动目标

　　让游戏参与者融入团队中，群策群力，共同完成任务。努力把松散的工作小组转变成为团结高效的执行团队。

　　2. 材料准备

　　尽量多的纸杯、报纸、透明胶带、吸管、橡皮筋和 12 把手工剪刀。

　　3. 过程与规则（时间：25 分钟）

　　（1）把参与游戏的学生分成 6 个小组，每组 5 人。

　　（2）向每个小组发放材料，要求每组在 15 分钟之内用这些材料建一座塔。

　　（3）这座塔的塔高至少是 50 厘米，要求外形美观、结构合理、创意统一。

　　（4）做完之后，每个小组都把建好的塔摆放在大家面前，教师组织评比。

　　（5）每个小组所建的塔都要接受其他组选出的检验员的检验，以吹不倒而且最高为胜利小组。

　　（6）请各组人员发表建塔的感想。

　　4. 问题讨论

　　（1）你所在的小组是如何工作的？

　　（2）对比自己小组的塔和其他小组的塔，进行客观评价。

　　（3）就高塔本身而言，我们获得了团队管理的哪些启示？

模块七 / 组建初创企业

企业是一种特殊类型的组织。一般是指以获取利润或特定的目标为目的，运用各种资源或生产要素（土地、劳动力、资本和企业家等），向市场提供商品或服务，实行自主经营、自负盈亏、独立核算的具有法人资格的社会经济组织。在社会发展过程中，企业是创新的最活跃主体。

新企业成立的途径和市场进入模式主要包括创办一个全新企业、特许经营和收购现有企业。一家新企业可以选择的法律组织形式有多种，在我国主要有个人独资企业、合伙企业和有限公司。

创办企业过程中，新企业选址是一个复杂的决策过程，涉及多种因素，主要影响因素有五个方面：政治因素、经济因素、技术因素、社会文化因素和自然因素。

创业者在创办企业过程中，必须了解和遵守有关法律法规，以确保自身和他人的利益没有受到非法侵害。与创业有关的法律主要有专利法、商标法、著作权法、合同法、劳动法、反不正当竞争法、产品质量法、公司法，等等。

了解和学习如何创立组建企业，是当前大学生创新创业基础教育的重要组成部分。通过了解、学习、实训实践，掌握创办企业常见的几种法律形式及如何选择企业法律形式，了解企业在创办过程中的相关程序与环节。如创立前的市场调查、组织形式的确定、企业选址、企业起名、企业注册、税务登记、企业章程拟定、组织架构确立、企业文化构建等知识和实践，经营者应积极遵守法律法规，经营应符合道德标准，主动承担社会责任，为今后进入社会打下良好基础。

本模块主要介绍创办企业组织形式、企业选址、起名与注册及相关企业法律内容。

第一节　企业法律形式的选择

 能力目标

（1）了解创建企业的常见法律形式。

（2）理解个人、合伙和有限公司的法律形式创建条件、区别。

（3）能根据自身需要选择适合的企业法律形式。

引入案例

合伙人对合伙企业的债务承担连带清偿责任

张某为某一合伙企业合伙人之一。因市场竞争激烈，该合伙企业经营状况一直不佳，为此张某决定退出该合伙企业，并按规定通知了其他合伙人。这期间，另一合伙人余某以该合伙企业名义与迪乐装饰建材公司签订了代销油漆涂料的合同。

王某自认为很有商业头脑，精通经营之道，要求加入该合伙企业，但其提出只负责货物销售，享受一定比例的利润提成，对合伙企业的债务不负责任，其他合伙人口头表示认可，从此王某便以该合伙企业的名义到处活动。

张某在办理退伙事宜时，因合伙企业与迪乐装饰建材公司刚刚签订代销油漆涂料的合同，故未将此合同有关事宜进行结算，张某退伙后，即去外地打工。

该企业在后来的经营过程中，因违法经营，问题严重，被工商部门依法吊销营业执照，导致企业解散。迪乐装饰建材公司得知该合伙企业解散的消息后，即向法院起诉，请求该合伙企业偿还代销其油漆涂料的货款。

请问：张某对合伙企业的债务是否还应承担责任？在该案的诉讼活动中，王某可否被列为被告？为什么？

【分析】首先该案例涉及入伙、退伙及债务承担问题。合伙企业法规定："退伙人对其退伙前已发生的合伙企业债务，与其他合伙人，承担连带责任。"本案中合伙企业与迪乐装饰建材公司签订代销油漆涂料的合同时，张某尚未退出合伙企业。且张某在办理退伙事宜时，也未将此合同有关的债权、债务进行清算。因此，张某对此项债务应承担连带清偿责任。另外，因王某不具备本案诉讼被告的主体资格。合伙企业法明确规定："新合伙人入伙时，应当经全体合伙人同意，并依法订立书面入伙协议。"本案中王某要求入伙，其他合伙人只口头表示同意，并未正式订立书面入伙协议，故王某的入伙不具备法定要件，客观上王某也未与其他合伙人共享收益、共担风险，因此王某的入伙应认定无效。王某以合伙企业名义从事的各项活动，应认定为是一种民事委托代理行为。

不同形式的企业，法律责任是不同的。对于创业者来说，要创办一家企业，首先必须清楚企业有哪些法律形式，不同形式的企业遵守哪些相关法律法规，履行哪些企业成立的程序及相关条件等。

一、企业法律组织形式

企业组织法律形式反映了企业的性质、地位、作用和行为方式；规范了企业与出资人、企业与债权人、企业与政府、企业与企业、企业与职工等内外部的关系。毫无疑问，它必须和我国的社会制度相适应，和我国的生产力发展水平相适应，同时要充分考虑到企业的行业特点。企业只有选择了合理的组织形式，才有可能充分调动各方面的积极性，使之充满生机和活力。

在市场经济条件下，生产力的发展水平是多层次的，由此形成了三类基本的企业组织法律形式，即个人独资企业、合伙制企业和公司制企业（以有限责任公司和股份有限公司为主）。

企业最常见的组织形式包括个人独资企业、合伙制、有限公司、股份公司等。由于每种企业组织形式都有自身的优点和缺点，因此创业者必须考虑企业组织形式的法律规定及相互之间的对比，在此基础上甄选出最合适的企业组织形式。

创业者在创办新企业前，应事先确定企业的法律组织形式。我国已经有《中华人民共和国个人独资企业法》（简称《个人独资企业法》）、《中华人民共和国合伙企业法》（简称《合伙企业法》）、《中华人民共和国公司法》（简称《公司法》）等企业法律组织形式的相关法律，经多次修订和通过，基本上与国际相接轨。

（一）个人独资企业

个人独资企业是最早出现的企业法律组织形式。个人独资企业又称个人业主制企业，是指依法设立，由一个自然人投资并承担无限连带责任，财产为投资者个人所有的经营实体。独资企业的业主可以自行管理企业的各项业务，也可以聘任其他的人员管理企业事务。投资人聘用他人管理企业事务的，要签订书面合同，明确授权范围。

根据《个人独资企业法》，只要符合以下五种条件，创业者就可申请设立个人独资企业：①投资者为一个自然人；②有合法的企业名称；③有投资者申报的出资；④有固定的生产经营场所和必要的生产经营条件；⑤有必要的从业人员。

个人独资企业在创业过程中是否能够成功，往往与创业者个人的技能和能力等有较大关系。当个人独资企业财产不足以清偿债务时，选择这种企业形式的创业者须依法以其个人其他财产予以清偿。同时法律规定：个人独资企业不得从事法律、行政法规禁止经营的业务；从事法律、行政法规规定须报经有关部门审批的业务，应当在申请设立登记时提交有关部门的批准文件。

（二）合伙企业

1. 合伙企业的概念及特征

如果两个或两个以上的人员共同创业，就可以选择合伙制作为新企业的法律组织形式。根据《合伙企业法》，"合伙企业"是指自然人、法人和其他组织依照本法在中国境内设立的普通合伙企业和有限合伙企业。合伙企业具有以下法律特征：

（1）合伙人以自己所有的全部财产对合伙企业的债务承担责任，并且合伙人之间承担连带责任。

（2）合伙企业中，一般是合伙人直接参与经营，合伙企业的日常经营活动由各合伙人共同执行。

（3）合伙企业是契约式企业，合伙人权利的行使与义务的承担按合伙协议的约定。

合伙企业又包括普通合伙企业和有限合伙企业两种形式。两者最大的区别在于有限合伙企业有两种不同的所有者：普通合伙人和有限合伙人。其中，普通合伙人对合伙企业的债务和义务负责，而有限合伙人仅以投资额为限承担有限责任，但后者一般不享有对组织的控制权。普通合伙企业合伙人可以用货币、实物、知识产权、土地使用权或者其他财产权利出资，也可以用劳务出资。但有限合伙企业有限合伙人不得以劳务出资。

2. 合伙企业的设立

设立合伙企业应当具备下列条件：

有两个以上合伙人，合伙人均承担无限责任；有书面合伙协议；有各合伙人实际缴付的出资；有合伙企业的名称；有经营场所和从事合伙经营的必要条件。

申请设立合伙企业，应向所在地的企业登记机关申请办理设立登记。营业执照的签发日期，为合伙企业的成立日期。

3. 合伙企业的经营管理

合伙企业的财产由全体合伙人共同管理和使用。

合伙企业的事务，可以由全体合伙人共同执行，也可以由合伙协议约定或者全体合伙人决定，委托一名或数名合伙人予以执行，其他合伙人不再执行合伙企业事务，但有权对其执行合伙企业事务的情况进行监督、检查。

一般情况下，合伙企业的盈余分配和亏损分担的方法及比例由合伙人在合作协议中做明确约定；合伙协议未做约定或约定不明确的，由各合伙人平均分配和分担。但是，合伙人协议中不得约定将全部盈亏分配给部分合伙人，也不得约定全部亏损由部分合伙人承担，否则该约定无效。

4. 入伙与退伙

入伙是指合伙企业成立后，其他人加入合伙企业的行为。新合伙人入伙时，应当经全体合伙人同意，并依法订立书面的入伙协议；入伙协议未约定的，新合伙人与原合伙人享有同等权益，承担同等责任。新合伙人必须对入伙前合伙企业的债务承担连带责任。

退伙是指合伙人退出合伙，从而丧失合伙人资格。退伙一般分为任意退伙、法定退伙和除名三种。

任意退伙也称为声明退伙，即合伙人告知其他合伙人而发生的退伙行为。

法定退伙是指基于法律的规定及法定事由而当然退伙的情况，主要有：死亡或被依法宣告死亡；被依法宣告为无民事行为能力人；个人丧失偿债能力；被人民法院强制执行在合伙企业中的全部财产份额。

除名是指合伙人因有严重违反合伙协议规定或有其他重大不轨行为损害了合伙企业之利益或威胁合伙企业的生存与发展,而被其他合伙人一致决定开除的行为。

5. 合伙企业的解散、清算

1)合伙企业的解散

合伙企业有下列情形之一的,应当解散:合伙协议约定的经营期限届满,合伙人不愿继续经营的;合伙协议约定的解散事由出现;全体合伙人决定解散;合伙人已不具备法定人数;合伙协议约定的合伙目的已经实现或者无法实现;被依法吊销营业证照;出现法律、行政法规规定的合伙企业解散的其他原因。

2)合伙企业的清算

合伙企业解散后应当进行清算,并通知和公告债权人。

合伙企业清算时,其债务应先以其全部财产进行清偿。合伙企业财产不足清偿债务的,各个合伙人应当承担无限连带清偿责任。合伙企业解散后,原合伙人对合伙企业存续期间的债务仍应承担连带责任。但是,债权人在五年内未向债务人提出清偿请求,则债务人的清偿责任归于消灭。

采用合伙企业的形式,它的优势在于:合伙人依照约定进行出资,使得合伙企业的资金来源有所扩大;几个合伙人共同管理企业,可以发挥合伙人的各自积极性,聚集多种生产经营要素,有助于提高企业的盈利能力。它的劣势在于:合伙企业募集资金时因受到合伙人之间相互了解、信任的制约,募集的资金仍然有限;企业的所有人需要对企业的债务承担无限连带责任;合伙企业因常受到散伙的威胁,很难长久维持。

(三)公司制企业

公司是依法设立的以营利为目的的企业法人。公司是现代社会中最主要的企业组织形式。它是以营利为目的,由股东出资形成,拥有独立财务,享有法人财产权,独立从事生产经营活动,依法享有民事权利,承担民事责任,并以其全部财产对公司债务承担责任的企业法人。

公司制企业实行所有权与经营权分离,与传统"两权合一"的个人业主制、合伙制相比,创业者选择公司制作为企业组织形式的最大特点是:仅以其所持股份或出资额为限对公司承担有限责任。同时,承担双重纳税义务,即公司盈利要上缴公司所得税,创业者作为股东还要上缴企业投资所得税或个人所得税。

公司是最主要的企业组织形式,是现代企业制度的集中表现,也是我国企业改革的目标。我国公司法规定公司的形式为有限责任公司和股份有限公司。

根据《公司法》,公司制可分为有限责任公司(包括一人有限责任公司)和股份有限公司两种类型。公司股东依法享有资产收益、参与重大决策和选择管理者等权利。公司从事经营活动,必须遵守法律、行政法规,遵守社会公德、商业道德,诚实守信,接受政府和社会公众的监督,承担社会责任。

1. 有限责任公司

有限责任公司由50个以下股东出资设立,各股东以其认缴的出资额为限对公司承担责任。

1）设立条件

设立有限责任公司必须符合以下条件：①股东符合法定人数；②有符合公司章程规定的全体股东认缴的出资额；③股东共同制定公司章程；④有公司名称，建立符合法律规定的组织机构；⑤有公司住所。

2）设立程序

设立有限责任公司的程序为：①订立公司章程；②履行出资义务；③办理公司设立登记。

申请设立公司符合公司法规定的条件的，经公司登记机关核准登记，取得法人营业执照，公司即告成立。

3）有限责任公司的资产制度

有限责任公司的股东即公司的出资人，在公司获准成立之后，各个出资人即成为公司的股东。股东按照投入公司的出资份额享有资产收益、重大决策和选择管理者等权利，但股东不能直接控制与支配股权名下的财产，股东可以自由转让其股份，但不得随意抽回出资。股东以其出资额为限承担责任。

4）有限责任公司的组织机构

有限责任公司的组织机构包括股东会、董事会、经理、监事会。

股东会由全体股东组成，是公司的最高权力机关。董事会是由股东推选出代表全体股东利益对公司活动进行管理和指挥的机构，既是负责组织实施股东会决议的执行机构，又是制定公司某些方针政策的经营决策机构。经理由董事会聘任或解聘，主持公司的生产经营管理工作。监事会是公司的内部监督机构，是代表股东及公司职工对公司（主要是董事、经理）的业务经营活动进行监督的机关。

5）有限责任公司的破产、解散和清算

破产：公司因不能清偿到期债务，符合我国破产法律的有关规定，可以被依法宣告破产。

解散：公司有下列情形之一的，可以解散——公司章程规定的营业期限届满或者公司章程规定的其他解散事由出现时；股东会决议解散；因公司合并或者分立需要解散的。公司违反法律、行政法规被依法责令关闭的，应当解散。

清算：公司依法被宣告破产或者解散的，应当依照公司法规定成立清算组。有限责任公司财产在清偿后的剩余财产，按股东的出资比例分配。清算结束后，清算组应当制作清算报告，报股东会或者有关主管机关确认，并报送公司登记机关，申请注销公司登记。

2. 股份有限公司

根据《公司法》，设立股份有限公司，应当具备下列条件：①发起人符合法定人数；②有符合公司章程规定的全体发起人认购的股本总额或者募集的实收股本总额；③股份发行、筹办事项符合法律规定；④发起人制定公司章程，采用募集方式设立的经创立大会通过；⑤有公司名称，建立符合股份有限公司要求的组织机构；⑥有公司住所。

股份有限公司的设立，可以采取发起设立或者募集设立的方式。发起设立，是指由发起人认购公司应发行的全部股份而设立公司。募集设立，是指由发起人认购公司应发行股份的一部分，其余股份向社会公开募集或者向特定对象募集而设立公司。设立股份有限公司，应当有两人以上200人以下为发起人，其中须有半数以上的发起人在中国境内有住所。股份有限公司其全部资本为等额股份，股东以其认购的股份为限对公司承担责任，公司以其全部资产对公司的债务承担责任。

3. 一人有限责任公司

根据《公司法》中关于一人有限责任公司（简称"一人公司"）的特别规定，创业者也可设立一人有限责任公司。一人有限责任公司其实是有限责任公司的一种。一人有限责任公司，是指只有一个自然人股东或者一个法人股东的有限责任公司。一个自然人只能投资设立一个一人有限责任公司。该一人有限责任公司不能投资设立新的一人有限责任公司。一人有限责任公司应当在公司登记中注明自然人独资或者法人独资，并在公司营业执照中载明。一人有限责任公司章程由股东制定。一人有限责任公司不设股东会。

"一人公司"成立的法律形式给创业者带来了很多便利，成为创办新企业的一种重要组织形式，在很大程度上激励了创业型企业的形成。一人公司在法律组织形式上降低了公司创立的门槛；因主体是公司且只承担有限责任，降低了投资者的风险；一人公司往往组织结构简单，经营机制较灵活，增加了企业的经营柔性；因不存在股东大会和董事会，所有者与经营者合一，没有代理成本，有利于企业快速经营决策，也有利于人力资本价值的实现和激励创新。如一人公司的知识产权可以作为投资入股等。但一人公司也存在一些缺点：筹资功能不足，缺乏科学的决策机制等，因此创业者选择时必须保持清醒，尤其是对于首次创业者，如缺乏一定的公司管理经验和资金实力时，应谨慎选择一人公司。

案　例

关于个体工商户

个体工商户是在法律允许的范围之内，有经营能力的公民，依照我国《个体工商户管理条例》规定，经工商行政管理部门登记，从事工商业经营的，为个体工商户。因此，个体工商户是依法经核准登记，从事工商业经营的自然人。

个体工商户以个人或家庭经营，向经营场所所在地登记机关申请注册登记。登记时需提交登记申请书、身份证明和经营场所证明，登记事项包括经营者姓名和住所、组成形式、经营范围、经营场所。个体工商户使用名称的，名称作为登记事项。个体工商户登记事项变更的，应当向登记机关申请办理变更登记。个体工商户变更经营者的，应当在办理注销登记后，由新的经营者重新申请办理注册登记。家庭经营的个体工商户在家庭成员间变更经营者的，依照规定办理变更手续。不再从事经营活动的，应当到登记机关办理注销登记。个体工商户在领取营业执照后，应当依法办理税务登记，如个体工商户税务登记内容发生变化的，应当依法办理变更或者注销税务登记。个体工商户可以凭营业执照及税务登记证明，依法在银行或者其他金融机构开立账户，申请贷款。

【分析】个体工商户也是一种创业形式，个体工商户的利润归个人或家庭所有。个体工商户的债务，个人经营的，以个人财产承担；家庭经营的，以家庭财产承担。

二、不同形式企业的比较和选择

一个新创企业可以选择不同的组织形式，创业者可以选择由个体独立创办单一业主制企业和一人有限责任公司，或者由几个人创办合伙制企业，或者成立法人公司制企业。不同法律组织形式的企业，对创业者来说各有利弊，没有绝对的好坏之分，没有说哪种形式一定比另一种形式更好，关键是看是否适合创业者自身。

（一）不同形式企业的优劣势比较

下面就个人独资企业、合伙企业、有限责任公司、一人公司和股份有限公司法律组织形式对于创业者优劣势比较，如表 7-1 所示。

表 7-1　各种企业组织形式对于创业者的优劣势比较

法律组织形式	优势	劣势
个人独资企业	• 企业设立手续非常简便，费用低 • 所有者拥有企业控制权 • 可以迅速对市场变化做出反应 • 只需缴纳个人所得税，不双重课税 • 在技术和经营方面易于保密	• 创业者承担无限责任 • 企业成功过多依赖创业者个人能力 • 筹资困难 • 企业随着创业者能出而消亡，寿命有限 • 创业者投资的流动性低
合伙企业	• 创办较简单，费用低 • 经营上比较灵活 • 企业拥有更多人的技能和能力 • 资金来源较广，信用度较高	• 合伙创业者承担无限责任 • 企业绩效依赖合伙人的能力、企业规模受限 • 企业往往因关键合伙人死亡或退出而解散 • 合伙人的投资流动性低，产权转让困难
有限责任公司	• 创业股东只承担有限责任，风险小 • 公司具有独立寿命，易于存续 • 可以吸纳多个投资者，促进资本集中 • 多元化产权结构有利于决策科学化	• 创立的程序相对复杂 • 存在双重纳税，税收较重 • 不能公开发行股票，筹集资金的规模受限 • 产权不能充分流动，资产运作受限
一人公司	• 设立比较便捷，管理成本比较低 • 鼓励个人创业以及技术型企业 • 风险承担责任小，经营机制灵活	• 缺乏信用体系，筹资能力受限，财务审计条件严格，运营较难
股份有限公司	• 创业股东只承担有限责任，风险小 • 筹资能力强 • 公司具有独立寿命，易于存续 • 职业经理人进行管理，管理水平较高 • 产权可以股票形式充分流动	• 创立的程序复杂 • 存在双重纳税，税收负担较重 • 股份有限公司要定期报告公司的财务状况、公开自己的财物数据，不便严格保密 • 限制较多，法规的要求比较严格

采用个人独资企业形式，优势在于企业主的个人利益与企业的利益完全一致；劣势在于个人独资企业是单一的企业所有者，这使得企业的资金有限，企业主的决策失误容易导致企业利益受损；企业主对企业的债务承担无限责任。

采用合伙企业的形式，优势在于合伙人依照约定进行出资，使得合伙企业的资金来源有所扩大；几个合伙人共同管理企业，可以发挥合伙人的各自积极性，聚集多种生产经营要素，有助于提高企业的赢利能力。劣势在于合伙企业募集资金时因受到合伙人之间相互了解、信任的制约，募集的资金仍然有限；企业的所有人需要对企业的债务承担无限连带责任；合伙企业因经常受到散伙的威胁，很难长久维持。

采用有限责任公司的形式，优势在于企业资金的供给者拓展到全社会范围，大大拓宽了资金来源；企业的所有权和经营权的分离，使得企业所有者和经营者各尽其能，相互补充，使得企业的连续性大大增强；公司一旦破产，股东只承担有限责任，只承担自己所占股份的责任，而不会损失其他个人财产。劣势在于企业的利益关系比较复杂，借机牟取个人私利的机会更多，也更难于监控；企业的经营者未必能够全心全意促使企业保值增值。

（二）选择企业组织形式的考虑因素

创业者不但需要了解我国现有企业制度中可以选择的各种投资、创业形式，而且应当了解每一种组织形式的优劣，从而选择一种合适的企业组织形式。通常而言，选择企业组织形式时应当考虑以下几个方面的因素。

1. 拟投资的行业

对于一些特殊的行业，法律规定只能采用特殊的组织形式。例如，律师事务所只能采用合伙形式而不能采取公司制形式，而对于银行、保险等金融事业，法律则要求必须采用公司制形式。因此，根据拟投资的行业确定可以采取的企业组织形式，是应当首先考虑的因素。对于法律有强制性规定的行业，只能按照法律规定的要求办理；对于法律没有强制性要求的，则需要根据实务中通常的做法及创业者的特殊要求来确定组织形式。例如，近几年来创业投资领域内非常热门的私募股权基金，法律允许采用的组织形式包括公司制和合伙制，但是随着《合伙企业法》的修改，越来越多的私募股权基金采取了发达国家最为流行的做法，即有限合伙制组织形式。

2. 创业者风险承担能力

对于创业者而言，其风险承担能力是其创业前必须考虑的重要因素之一。商业环境中存在各式各样的经营风险，而企业组织形式与创业者日后所需要承担的责任大小息息相关。正如前文所述，公司制企业的股东仅以其出资额为限对公司承担责任，公司以其全部的资产对公司债务承担责任，因此公司制企业的有限责任制度对于风险控制具有重大的意义；而对于普通合伙企业以及个人独资企业，合伙人或者投资者则需要对于企业承担无限责任，如果选择这两种组织形式，创业者必须承担的风险不仅限于目前投资数额，还包括全部个人财产。因此，采用后两种组织形式进行创业的风险相对较大。

3. 税务因素

由于不同的企业组织形式所缴纳的税不同，因此选择企业组织形式，也要考虑税赋问题。根据我国相关税法的规定，对个人独资企业和合伙企业生产经营所得计征个人所得税。其中合伙企业的投资者将全部生产经营所得按协议约定的分配比例，确定各自的应纳税所得额，分别缴纳个人所得税。而对于公司制企业，既要就公司经营所得缴纳企业所得税，又要在向股东分配利润时为股东代缴个人所得税，即按 20% 的税率缴纳个人所得税。因此从税赋筹划的角度而言，选择合伙企业以及个人独资企业，通常所需要缴纳的税赋较公司制企业更低。但是这并不能一概而论，对于一些特殊的行业，如高新技术企业和微小企业，由于我国政府对其采取税收优惠政策，在享受到税赋优惠政策的情况下，公司制企业或者更加节税。

4. 未来融资的需要

企业组织形式对于未来的融资也是具有较大的影响。如果创业者自身资金充足，拟投资的事业所需资金要求也不大，则采用合伙制或者有限公司的形式均可；但是如果日后发展企业所需要的资金规模非常大，则建议采用股份有限公司形式。

5. 关于经营期间的考量

对于个人独资企业，一旦投资人死亡且无继承人或者继承人决定放弃继承，则企业必须解散；合伙企业由合伙人组成，一旦合伙人死亡，除非不断吸收新合伙人，否则合伙企业的寿命也是有限的。因此，无论合伙企业还是个人独资企业，通常的经营期限都不会很长，很难持续发展下去。但公司制企业却不同，除出现法定解散事由或者股东决议解散外，原则上公司是可能永远存在的。因此，创业时可以根据拟经营的期限来选择企业组织形式，若希望将该企业不断经营下去，则更建议公司制企业形式。

总之，选择企业组织形式需要考虑的因素主要有：投资者的资本和规模、创业者的企业运营经验、企业税费负担和运营成本负担、企业设立程序繁简、利润分配与责任承担、组织存续期限等。创业者必须对这些因素进行综合考虑，根据自身实际，选择适合自己创业的组织形式。当然，企业组织形式也不会是一成不变的，如果认为伴随着企业的发展，企业最初组织形式已不适合，也可根据企业的实际情况进行改制。

三、章程订立和股权分配

（一）公司章程的概念及作用

1. 公司章程的概念

公司章程是指关于公司组织和行为的基本规范。公司章程不但是公司的自治法规，而且是国家管理公司的重要依据。

2. 公司章程的作用

（1）公司章程是公司设立的最主要条件和最重要文件。公司的设立程序以订立公司章程开始，以设立登记结束。《公司法》明确规定，订立公司章程是设立公司的条件之一。审批机关和登记机关要对公司章程进行审查，以决定是否给予批准或者给予登记。公司没有公司章程，不能获得批准，也不能获得登记。

（2）公司章程是确定公司权利、义务关系的基本法律文件。公司章程一经有关部门批准，并经公司登记机关核准，即对外产生法律效力。公司依公司章程享有各项权利，并承担各项义务，符合公司章程的行为受国家法律的保护；违反章程的行为，有关机关有权对其进行干预和处罚。

（3）公司章程是公司对外进行经营交往的基本法律依据。由于公司章程规定了公司的组织和活动原则及其细则，包括经营目的、财产状况、权利与义务关系等，这就为投资者、债权人和第三人与该公司进行经济交往提供了条件和资信依据。凡依公司章程而与公司经济进行交往的所有人，依法可以得到有效的保护。

（4）公司章程是明确股东之间权利义务关系的基本依据。由于《公司法》没有具体的相关规定，对于公司股东之间权利义务关系的约束就只能靠公司章程了。所以，公司股东在成立公司时，一定要在公司章程中将几方的权利义务都尽量写清楚、详尽，如出资问题、不出资的惩罚问题、分红问题、股东退出问题等，以保证出现纠纷时能够顺利地解决。

（5）公司章程是唯一也是最主要的解决股权纠纷问题的证据。随着新公司法的实施，公司股东之间的股权纠纷将进一步增加，而股权争议最有力的证据就是公司章程。

3. 制定公司章程的规定

鉴于公司章程的上述作用，必须强化公司章程的法律效力，这不仅是公司活动本身的需要，也是市场经济健康发展的需要。公司章程与"公司法"一样，共同肩负调整公司活动的责任。这就要求公司的股东和发起人在制定公司章程时，必须考虑周全，规定得明确详细。公司登记机关必须严格把关，使公司章程做到规范化，从国家管理的角度对公司的设立进行监督，保证公司设立以后能够正常运行。有限责任公司章程由股东共同制定，经全体股东一致同意，由股东在公司章程上签名、盖章。修改公司章程，必须经代表 2/3 以上表决权的股东通过。有限责任公司的章程必须载明下列事项：公司名称和住所；公司经营范围；公司注册资本；股东的姓名和名称；股东的权利和义务；股东的出资方式和出资额；股东转让出资的条件；公司机构的产生办法、职权、议事规则；公司的法定代表人；公司的解散事由和清算办法；股东认为需要规定的其他事项。

（二）股权分配

股权分配向来是企业的头等机密。一般而言，创业初期股权分配比较明确，结构比较单一，几个股东按照出资多少分得相应的股权。但是随着企业的发展，必然有进有出，必然在分配上会产生种种利益冲突。因此，合理的股权结构是企业稳定的基石。

1. 家族企业的股份安排

家族企业主要采用两大类股权安排，即分散化股权安排和集中化股权安排。

1）分散化股权安排

让尽可能多的家族成员持有公司股份，不论其是否在公司工作，所有家族成员都享有平等权利。

股权分散的家族企业有两种管理方法：外聘专业人员管理和部分家族成员管理。中国大多数家族企业采取第二种方式。他们认为，能干的家族成员比外聘人员更适合代表自己的利益。

2）集中化股权安排

只对在企业工作或在企业任职的家族成员分配股权。这种方法注重控制所有权而非管理权，着眼于保证家族权力的世代持续。

这种安排的好处主要有：一方面由于所有权和管理者的利益连在一起，决策程序可以加快；另一方面由于家族成员只有经过争取才能成为股东和管理者，企业可以保持创业者当年的企业家精神。

2. 合伙企业股份安排

合伙企业的股份安排一般采取奇数原则，即奇数合伙人结构。例如，一个企业拥有三个合伙人，其中两个处于强势地位，另一个处于弱势，但也是很关键的平衡地位，任何一个人都没有决定权。彼此的制约关系是稳定的基础。

同时为了吸引优秀人才，不论是家族企业还是合伙企业，都会拿出部分股份给予部分高级人才，按照通常的规则，70%～80%由创业者拥有，其余20%～30%由高级人才拥有。他们享受相应的投票和分红的权利。

随着企业的发展，可能会引进更多的资金，更多的人才，更多的合伙人，因此整体股份结构的平衡就显得非常重要。对于新兴企业而言股权分配是一项长期的任务。

 经 典 分 享

大学生自主创业企业法律形式的选择

从我国目前的立法现状来看，已形成较为完善的企业法律制度。2005年通过的新《公司法》就是一部鼓励投资兴业法规。职业院校毕业生中有志自主创业的学生在这种大环境下可以说大有作为。根据我国现行法律，大学生创立企业可以采用的法律形式有公司制（包括一般有限责任公司和一人有限公司）、合伙企业、个人独资企业，这四种企业法律形式各有利弊，大学生在自主创业时应具体分析做出慎重选择。另外，股份有限公司注册资本较高，故对大学生初次创业适用面较窄，但可应用于原企业发展壮大、资金积累雄厚以后作为转换而成的企业法律形式。

实践中，大学生团队可选的企业的主要法律形式是一般有限责任公司。

（1）一般有限责任公司是指有2名以上50名以下股东（自然人或法人）组成的对公司债务承担有限责任的法人组织。可见，一般有限责任公司适用于有2～50名大学生组成的创业团队。2～50名大学生成为所设立的有限责任公司的股东，以他们的出资额为限对公司债务承担责任，该公司则以其全部资产为限对公司债务承担责任。

（2）《公司法》第二十六条第二款规定"有限责任公司注册资本的最低限额为人民币3万元。法律、行政法规对有限责任公司注册资本的最低限额有较高规定的，从其规定"。

（3）大学生可以自己的知识成果入股企业。对此《公司法》第二十七条规定

"股东可以用货币出资，也可以用实物、知识产权、土地使用权等可以用货币估价并可以依法转让的非货币财产作价出资；但是，法律、行政法规规定不得作为出资的财产除外。"

【分析】一般有限责任公司要求具有较为完善的公司治理结构，如股东会、董事会、经理、监事等。这就要求在采用一般有限责任公司作为大学生自主创业企业形式时，要广泛吸纳各种类型的人才作为发起人，不但要有拥有资金、掌握专利技术的大学生，还要有拥有管理、经营、财会等多方面专长的人才加入。另外，基于一般有限责任公司是集资合性与人合性于一身的企业法律形式，大学生创业团队的协作精神、互信基础也是不可或缺的。

 课 堂 活 动

团队创业选择企业法律形式

1. 目标

认识和理解建立企业法律形式及重要性，能够根据不同类型情况的创业者团队选择运用不同的企业法律形式。

2. 过程和规则（时间：25分钟）

（1）班级随机分组，每3~5人为一组，并推选出一名组长。

（2）请学生以"团队创业选择企业法律形式"为题，假设自己的小组团队现要创业。各小组根据团队情况，通过小组交流讨论后，选择并决策企业法律形式，每小组代表上台发表团队创业选择企业法律形式并阐明原因。各小组组长和老师分别进行打分和评价，最终评价得分最高的小组为优胜组。

（3）教师总结和反思。

制定公司章程

1. 目标

为企业制定合乎规定的章程。

2. 过程和规则（时间：15分钟）

假设某自动化有限公司设立注册资金100万元，四人为股东，但其中一人不出资，以此为素材为该公司制定公司章程。

要求：公司章程必须载明公司名称和住所、公司经营范围、公司注册资本、公司的法定代表人、股东的姓名和名称、股东的权利和义务、股东的出资方式和出资额。

活动步骤：

（1）采用随机的方式分组，以每组4~6人为宜。

（2）每组以载明事项填写齐全为标准；经营范围不能偏离公司名称；设立经营项目主题；确定股东的出资方式和出资额。

（3）教师总结和点评。

第二节　企业选址、命名与注册

 能力目标

（1）了解企业选址的概念、原则及步骤。
（2）了解企业起名的有关规定和基本规范。
（3）了解企业注册登记的基本流程。

企业选址、命
名与注册

引入案例

麦当劳的选址特色

　　麦当劳选址的基本原则是尽可能方便顾客光临。麦当劳选址，精确到"米"，方法有"数灯泡""步量"等，尽量让人们最需要时容易找到它们。

　　麦当劳的研究表明，顾客来麦当劳就餐的决定，70%是一时冲动。所以麦当劳选择的餐厅地点，坚持尽可能方便顾客光临。

　　在美国，麦当劳公司除了在传统的区域和郊区建立餐厅之外，还在食品商场、医院、大学、大型的购物中心（沃尔玛、家庭仓储）建立分店；在美国之外，麦当劳首先在中心城市建立麦当劳餐厅，然后再在中心城市之外辐射出网点。麦当劳选址从不片面追求网点数量的扩张，而是经过严格的调查与店址评估。

　　麦当劳选址建新店都是慎之又慎，前期都要经过很长时间的市场调查。通常新开一个店，需要经过3～6个月的考察。考察的问题极为细致，甚至涉及店址是否与城市规划发展相符合，是否会出现市政动迁和周边动迁，是否会进入城市规划红线等。进入红线坚决不碰，老化商圈内坚决不设点。

　　【分析】目标消费群，麦当劳经营定位于年轻人、儿童和家庭成员，所以选点必须在这些人出没的地方或繁华闹市人潮涌动之所。着眼未来，麦当劳选点，要求20年不变。讲究醒目，设点一定要在一楼或二楼的临街店堂，要有透明落地玻璃窗，不急于求成，优势互动，与品牌和知名度高的企业联合开"店中店"。

　　创业者要把自己的创业项目通过生产经营来实现，必须有一定的经营场所。根据法律规定，创业者需要选择有合法的经营场所并依法注册登记后，方可进行正常运营。因此，创业选址对创业者来说也是一项科学决策的过程，创业选址的好坏将直接或间接影响创业项目的成功与失败。

一、企业选址

　　创业选址是指如何运用科学的方法决定设施的地理位置，使之与企业的整体经营运营系统有机结合，以便有效、经济地达到企业的经营目的。

企业选址命名
与注册——
企业选址

创业选址一般包括两个层次的问题：选址和定址。选址就是选择什么地区（区域）设置设施，比如考虑在乡村还是城市，南方还是北方，东部地区还是西部地区，沿海还是内地，国内还是国外等。定址就是在所选的地区（区域）的什么具体位置，即在已选定的区域内选定一片土地（地方）作为组织形式设施的物理点位。

（一）创业选址的原则

1. 成本费用原则

创业企业首先是经济实体，经济利益对于企业无论何时何地都是重要的。建设初期的固定费用，投入运行后的变动费用，产品出售以后的年收入，都与选址有关。

2. 集聚人才原则

人才是创业最宝贵的资源，创业选址选择得当有利于吸引人才。反之，因公司搬迁造成员工生活不便，导致员工流失的事情时有发生。

3. 接近用户原则

对于服务型企业，几乎都需要遵循这条原则，如银行、电信、影剧院、医院、学校、商店等；许多制造企业也把工厂搬到消费市场附近，以降低运费和损耗。

4. 长远发展原则

创业选址是一项带有战略性的经营管理活动，因此要有战略意识。选址工作要考虑到创业生产力的合理布局，考虑到市场的开拓，要有利于获得新技术、新思想。在当前世界经济越来越趋于一体化的时代背景下，还要考虑如何有利于参与国际竞争。

5. 其他兼顾原则

兼顾政策因素、环境因素、文化因素、社情民意等因素，创业项目选址是否适合政策要求，是否符合当地环保政策，是否适应当地气候条件，是否符合当地人民生活风俗习惯和社情民意，等等。

（二）影响企业选址的因素

1. 宏观因素

对企业而言，一个合适的投资地，必须是政府（园区）与企业的共赢。企业投资某地，需要在成本上降低，在管理上增效，在市场上扩量；对于政府而言，一个合适的投资项目，必须是当地产业的强链、建链、补链，必须是当地产业优势的最大限度的发挥与产业集聚的全面提升。影响创业选址的因素主要有以下几方面。

（1）区位交通。区位交通是一个地区或园区发展最为根本的依托。区位要素需要考虑大区位和小区位。交通要素重点考虑航空、铁路、公路和水路四大方面。航空因素重点考虑机场等级、吞吐量、航线数量及频次、与项目地车程等因素；铁路主要考虑是否有高铁，货运场站吞吐量，车次、与项目地车程等因素；公路主要考虑是否有交通管制（如物流大货车限行）、与高速和国道的距离等因素；水路主要考虑是否有港口，吞吐量，港口口岸级别，装船方式（独特产品要求不装集装箱的装船方式）等因素。

（2）经济基础。经济基础是衡量园区所在城市综合能力的指标，表征了园区外部综合发展环境。对园区发展有间接但重要的影响。中投顾问一般采用 GDP、人均 GDP、人均可支配收入、地方政府财政收入等指标来表征园区所在城市的经济基础。地方财政收入区县一级能够达到 30 亿元（剔除转移支付资金），一般而言，可认为经济基础较为优质。

（3）产业基础。产业基础是投资企业最为看重的要素，主要包括产业企业数量、规模以上企业数量、该产业产值占比区域内所有产业产值比重、产业上下游企业数量集聚情况、原材料供应商数量及供应程度，下游购买企业数量及销售渠道等。从调研大量案例来看，也印证了产业基础对于企业选址的重要性。例如，剔除乡情等因素，纺织企业在广东佛山、西樵集聚度较高，农产品在山东寿光周边集聚度较高，LED 及灯饰在广东中山小榄及周边集聚度较高，竹产品在浙江安吉集聚程度较高，整车企业在重庆、武汉、合肥、台州等地产业集聚度较高等。

（4）产业要素。产业要素是企业选址的重要因素，主要包括土地、水、电、气、人工五大因素。物流企业选址一般重点关注土地要素，饮品企业一般重点关注水要素，制造企业一般重点关注电价因素，纺织企业一般重点关注人工要素。对于医药行业而已，行业最为关键的是研发创新，因此能否获得高端研发创新人才是行业选址重要因素，当然有不少企业采用了研发实验室与生产厂分离的方式来解决落户地人才不足问题等。

（5）政策法规。国家政策法规影响企业的选址：一是限制，政策法规限制某地兴办某项产业，但在其他地方不限制，创业者如要兴办该项产业，必须在政策法规允许的地方选址；二是鼓励，政策法规鼓励在某地兴办某项产业，可以享受税收、土地、电力供应等优惠，如创业园就是初创业者较好的选择。

（6）履约能力。政府政策履约能力也是创业选址需要考虑的重要因素。尤其是一些重点热门项目，地方政府经常号称倾"全市之力""全县之力"全力引进，其履约能力必须经过考察论证。近几年，即使招商竞争白热化、招商政策透明化，但在一些地方，"开门迎客，关门打狗"的案例依然存在。专家建议，在履约能力方面，主要应考察地方财政实力、政府服务和决策人更替三大要素。

（7）土地条件。土地是一切产业活动的基础，没有土地就没有产业发展的空间。需要重点关注土地属性、土地可获得性、建设条件和用地成本四大要素。土地属性是重点，面积、形状、连片性、平整度都是考虑的重要内容；土地可获得性是容易忽略的坑，土规、拆迁、未来可扩张空间都是考虑的内容；建设条件主要考虑地形、水文地质、高压线走向、市政道路、河流走向等详细内容；用地成本主要考虑各类土地的价格。

（8）自然条件。自然条件对于大多数项目而言，具有一致性，但也不容忽略。自然条件对于项目具有基础性影响。可重点关注环境质量和自然灾害两大要素。

2. 中、微观因素

（1）经营方式。企业的经营方式主要有：科研开发型、生产加工型、批发或零售型、中介服务型、劳动服务型等。例如，科研开发型企业，成长性好，要求具有良好的企业形象，尽量选在高端的写字楼；便利店和小型超市选在居民区；而专业店和专卖店则可选择中心商业区、商业街等位置。

（2）行业因素。创业者从事的行业影响创业者选址。例如，生产型企业要求场地大一些；商业服务型企业的选址较复杂，饮食服务、商业便利店、小超市要求在居民区附近；而律师事务所、会计师事务所等宜在高端商务区。零售型和服务型企业选址时，宁可选址在街道较有利的这一边的最末端，也不要在不利的那一边。因为步行者一般不会因对面商店的装潢很吸引人而绕到马路对面去购物。

（3）经营品种。创业者经营品种的消费方式、商品大小、购买频率等都会影响选址。例如，经营高档消费品宜在繁华地段；日常消费品宜在居民区；大件商品的经营要考虑有足够的陈列和展示空间；购买频率高的商品一般客流量也较大，要考虑门面方便顾客进出等。

（4）竞争因素。竞争因素对企业的选址有两方面的影响：一方面，有些行业，如电子产品、装修建材，客户需要进行多家比较，可选址在同类公司林立的地方。虽然存在较大的竞争，但有助于吸引有相同需要的客流，如电子商品一条街、电脑城、建材市场等。另一方面，小型商超、理发店等，所在片区的消费能力有限，多开一家店，另外一家店的生意就会减少，不太能发生集聚效应。

（三）创业选址的方法

1. 有效地进行商圈分析

所谓商圈，是指以店铺所在地为中心，沿着一定的方向和距离扩展的、能吸引顾客的范围。简单地说，就是来店顾客所居住的地理范围。店铺的销售范围通常都有一定的地理界限，即有相对稳定的商圈。

投资者在进行选址时，首先要仔细观察商圈的情况，如商圈内的客流量与车流量有多大？商圈内的竞争对手有多少？商圈所处的地理位置是城市中心抑或城市边缘？

一般来讲，客流量较大的场所有：城市的商业中心；火车站、长途汽车站等站点附近；商业步行街；大学校园门口；人气旺盛的旅游景点；大型批发市场门口；500米半径内居民不少于1万人的大中型居民区等。

商圈内的竞争对手不宜过多，同类商品专营商店至多不超过三家，否则激烈的竞争将在所难免，甚至会有不良的竞争出现。

一般来说在车水马龙、人流熙攘的热闹地段开店，成功的概率往往比普通地段高出许多。这些地方属于商业集中地段，消费者购物一般会货比三家，通过对同类商品的价格比较、款式比较等来确定最终的购物场所。

2. 根据主营商品来确定地址

营业地点的选择与主营商品及潜在客户群息息相关，各行各业均有不同的特性和消费对象，商业繁华区并不是唯一的选择。例如，殡葬用品店适合开在医院附近，非品牌发廊适宜在大型居民区附近，体育用品店除闹市区外还可开在大学校园附近等。所以，这也就要求经营者首先要对自营的产品及目标消费群体有清醒的认识，知己知彼，方可制胜。

3. 看是否有方便的交通条件及停车场所

所选位置最好能够交通便利、通畅，与过街天桥、过街地下通道、公共汽车站、地铁站口、轻轨站口等公共交通设施相邻，尽可能位于十字路口的拐角，该类地区的人流量一般都会很大。同时，还应注意门前或附近是否有停车场，以方便有车的消费者来进行停泊。

4. 要当机立断，发现好的店铺迅速拿下

好的地理位置你能看中，那么别人也很可能看中，一旦发现好的店铺位置就要迅速拿下，以避免夜长梦多，错失良机。

5. 要与房东签订明晰的店铺产权关系

首先，要求经营者能与房东进行一个深度的沟通。通过正面的谈话及与附近经营者的攀谈，了解、印证房东的背景，避免上当受骗。其次，店铺产权至少可使（租）用5年。如果确实为理想地段，那么为了达成长期的盈利及压低房租的目的，至少应签订5年甚至更长的合同。再次，仔细分析租金等各类费用，得出是否能够盈利。如果房价过高及各类费用过高，致使自己无利可图，那么应该趁早放弃。最后，除了谈租金外，还要注意谈妥有关的附加条件，这也可以节省不少开支。例如，是否可正常供暖，通水、通电、通电话，是否可对店面的房顶、地板、墙壁作基本的修缮，添置或维修水电设施等。而且，关于基础设施的改变而引发的矛盾及解决方法也应在房产合同内有良好的体现，这些事项都应该事先考虑清楚，以避免未来与房东发生纠纷，影响正常营业。

6. 对附近经营店铺进行调查，发现个中优势及劣势

客观的评价要胜于主观的臆断。在发现一块自认为"不错"的位置后，还要对周边店铺的经营者进行有效的咨询，一是可以更加明晰该位置的房价，二是可以明了周边竞争者的竞争激烈程度，有效制定产品销售价格及促销方案，在未来抢得先机。

7. 选址地应有一个良好的治安状况

目前，虽然我国公安部门不断加大力度惩治各类违法现象，但是在一些监管力度不够的地方仍存在一些诸如市霸、街霸等违法团伙。所以，这也就要求经营者能对当地治安状况做一个深度了解，避免开业后出现犯罪分子扰乱正常经营的现象发生。

 案　例

地址因素评分法

地址因素评分法在常用的选址方法中是使用最广泛的一种。因为它以简单易懂的方式将各种不同因素综合起来，便于应用。因素评分法的具体步骤如下：①决定一组

相关的选址决策因素。②对每一因素赋予一个权重以反映这个因素在所有权重中的重要性。每一因素的分值根据权重来确定，而权重则要根据成本的标准差来确定，而不是根据成本值来确定。③对所有因素的打分设定一个共同的取值范围，一般是1~10，或1~100。④对每一个备择地址，对所有因素按设定范围打分。⑤用各个因素的得分与相应的权重相乘，并把所有因素的加权值相加，得到每一个备择地址的最终得分。⑥选择具有最高总得分的地址作为最佳的选址。备选地址信息示例如表7-2所示。

表7-2　备选地址信息示例

因素	权重	得分（总分100）/分		加权得分/分	
		地点1	地点2	地点1	地点2
邻近已有商店	0.10	100	60	10.0	6.0
交通繁华	0.05	80	80	4.0	4.0
租金	0.40	70	90	28.0	36.0
大小	0.10	86	92	8.60	9.2
布局	0.20	40	70	8.0	14.0
运作成本	0.15	80	90	12.0	13.5
合计	1.00			70.6	82.7

在这些情况下，创业管理者更愿意对综合得分设定最低临界值。如果备选地点不满足最低临界值，管理者就不必进一步考虑它。如果没有地点达到这种最低临界值，那就意味着需要对增加的备选地址进行确认或对这个最低临界值重新考虑。需要注意的是在运用因素评分法计算过程中，由于确定权数和等级得分完全靠人的主观判断，只要判断有误差就会影响评分数值，最后影响决策的可能性。

【分析】地址因素评分法最关键的是因素的确定。不同的行业，应在充分市场调研基础上，确定有代表性的因素来评分。不必面面俱到，但一般要考虑政策、人口、物流、交通、产业、配套设施等，甚至可以进行多轮评分，再综合考虑。

（四）地点租赁及注意事项

1. 可以租赁的场地

1）商铺

临街的商铺、门店或门脸房，便于顾客到来，企业的独立形象好，但租金较贵，尤其是位于好地址的一楼商铺。有的零售或服务不必在一楼，选择二楼或三楼商铺可以节省一定的租金。一些批发市场或商场里的精品商铺，以及购物中心里的商铺虽然不临街，也是很好的选择。

2）摊位

批发市场内和一些大型商场或超市的过道等零售摊位。一般来说，在较大的城市里，一个摊位的面积一般在几平方米至十几平方米之间，单位平方米的租金往往比多数街道上独立商铺还贵，但因为批发市场或商场和超市的人流很大，摊位的销售流水按单位面积计算也比较高。

3）专柜

很多商场或超市会把场地空间分割，把部分或全部的商品经销分别以专柜形式包给不同个体户经营。从事这种专柜经营，有的是租赁经营，有的是与商场或超市联营。

4）办公室

选择在写字楼里经营的一般都是不做商品零售的企业。有些服务性零售企业，也可在写字楼里经营。写字楼的租金比商铺要低，同时写字楼里不会出现商铺人流嘈杂的情况。

2. 租赁谈判

1）租赁期

一般在两年或三年以上为宜。租赁期太短，不利于企业的稳定经营。同时可把较长期的租赁作为条件争取租金优惠。

2）租金

租金谈判是租赁中最重要的环节之一，应采取各种技巧争取最优惠的价格。鉴于好的商铺位置往往比较紧缺，有时可利用租金为杠杆拿到自己理想的商址。

3）押金和违约金

两者往往是一回事，业主要求承租人交纳的押金通常与双方商定的违约金数额是一致的。在与业主洽商押金数额时，主要应考虑的是自己在租期未满退租时所能承受的违约代价。

4）支付条件

以押一付一（即交一个月租金作为押金，每月付租金）较为理想。但业主往往要求两个月以上的租金作为押金，并要求按季度或每半年预付租金。小本创业者的启动资金预算，一般受租金支付条件的影响较大。

装修、物业、供暖、水电等费用：除了水电、煤气灯费用外，装修、物业、供暖费用都可能要求业主承担。

5）审核业主的产权文件

签订租赁合同之前，务必审核出租方的产权文件。确保出租方是产权方或拥有合法使用权的单位或个人；确保房屋的核准用途与你企业的性质一致；并确定你用出租方提供的产权文件可以申办企业的经营许可注册手续。

6）签订租赁合同

应当与出租方签订书面租赁合同，其中应写入双方商定的一切租赁条款，以便在发生纠纷时你可依据合同进行维权，不能轻易相信口头上的任何租赁条件承诺。

3. 注意租赁陷阱

1）与房屋核准的用途不符或房屋属违章建筑

有些业主将不能开办公司或开店的房屋出租，或将属违章建筑的房屋出租，结果就会导致创业承租人无法办理经营许可。

2）无合法产权

有的房屋出租方只有房屋的实际使用权，但无法提供任何可供办理工商注册手续的文件证明。如果没了解清楚就仓促签订租赁合同，甚至投入装修款，结果可能发现自己无法在该处合法经营。

3）二房东转租未经过业主

有的房屋承租人未经房东许可，私自将承租房转租，这种租赁合同属于无效合同。市区里的一些店面转让或转租有时就属于这种情况，转租人或转让人可能由于经营不善，想找一个接手的创业者，转嫁损失后一走了之。

提防中介欺诈。黑中介的欺诈做法较多，如用未获得业主授权的房产进行中介交易；收取承租人的租房押金和定金，却不交给房产业主；隐瞒房产的缺陷或违章等事实，骗签合约后拒不认账等。

二、企业命名

（一）企业名称的作用

企业名称是企业参与市场活动的名片，是企业形象的代表之一。企业要参与生产或者销售活动，都必须有个名字。企业有个好名字，才能更好地被市场和消费者认识，才能更好地参与市场活动。

（二）国家对企业名称的相关规定

1. 企业取名的步骤

1）企业名称的结构

企业名称的结构是全国统一的，即行政区划＋字号＋行业＋组织形式。行政区划是指企业所在的省或市，字号就是企业的名称。

2）进行名称查重

企业起好名称后不能马上去核名，要先在工商系统进行查明，即不能与同行业已有的企业名称重复，才能通过企业核名。因此，在拟定企业名称的时候，最好多拟定2~3个备用，做到有备无患、少跑冤枉路。按照国家有关法律规定，企业名称具有专用性和排他性，一旦核准登记，在规定的范围内享有专用权，受法律保护，其他单位和个人不得与之混用或假冒其名称。另外，名称要符合有关法律的规定，受法律保护的名称还可以转让或出售。

3）核名后领取通知书

确认名称没有与其他企业名称重复后，即可到企业所属的市场监督管理局进行名称核准，获得通过后就能拿到市场监督管理局下发的企业名称预先核准通知书。

2. 企业取名的法律规定

（1）企业名称不得含有下列内容的文字：有损于国家、社会公共利益的；可能对公众造成欺骗或者误解的；外国国家（地区）名称、国际组织名称、政党名称、党政军机关名称、群众组织名称、社会团体名称及部队番号；外国文字、汉语拼音字母、阿拉伯数字；其他法律、行政法规规定禁止的。

（2）企业名称应当使用符合国家规范的汉字。

（3）企业法人名称中不得含有其他法人的名称，国家市场监督管理总局另有规定的除外。

（4）企业名称中不得含有其他法人的名称。企业分支机构名称应当冠以其所从属企业的名称。

（5）企业营业执照上只准标明一个企业名称。

（6）企业名称有下列情形之一的，不予核准：与同一市场监督管理机关核准或者登记注册的同行业企业名称字号相同，有投资关系的除外；与其他企业变更名称未满一年的原名称相同；与注销登记或者被吊销营业执照未满三年的企业名称相同；其他违反法律、行政法规的。企业名称需译成外文使用的，由企业依据文字翻译原则自行翻译使用，不需报市场监督管理机关核准登记。

（三）公司命名规范

公司命名要注重公司名称的合法性、专业性、品牌战略、行业特点。同时，从与现代市场紧密结合的角度看，还要注意企业名称的"国际性"，不能违反其他国家的法律。要为公司起个好名称需要注意以下几点。

1. 合法性

毋庸置疑，公司起名后需要经过工商注册机构审核。公司起名一般有 2～3 个备选方案，可供工商部门审核通过。合法性是公司起名的首要条件，要引起重视。

2. 品牌唯一性

新成立的公司一般没有什么品牌优势，但是，一旦企业发展起来，就会树立起自己的品牌地位。这里有两点需要注意：

（1）新成立公司的名称不要与现有的公司名称或市场品牌相重音或近形。这主要是因为一旦染上侵权纠纷，不仅白白地给别人做了宣传，还将企业的人力、资金投入浪费掉了。

（2）新成立公司的品牌一旦打响，有可能被别的公司所利用。若企业的品牌信息不具有独特性、唯一性，很容易让他人获得"打擦边球"的机会，这在市场屡见不鲜。

（3）反映公司品质与文化。一些经营者在给公司起名时，要求公司名称一定要大气，甚至要像通用、中国移动等那样响亮。其实，名字也是信息，要因人而异。企业名称应该根据企业发展的阶段状况而定，名不副实是一大忌讳。比如有些人就不懂公司名称的国家规定，坚持要成立"中"字、"国"字头公司，结果贻笑大方。

（4）其他要求。命名应本着乐观向上、积极进取的原则，并且能让人产生联想、容易记住，还要注意与其他店、厂名区别开来。名字不要误导消费者，不要带有消极倾向。

建议名字不要太长，一般不超过四个字。名字应该易读、易写、易记，用词不可生僻拗口，也不要落俗套、随大流。有的公司，专门要给自己的小企业起一个古里古怪、读起来别别扭扭的名字，实在不是明智之举。

案例

台湾餐厅的取名

2000年夏末，有一家叫"福尔摩莎"的西餐厅正在装修。这家坐落在广州火车东站旁的西餐厅有四五百平方米，据说老板是一个台湾人。

原来"福尔摩莎"是台湾的一个别称，是荷兰人统治台湾时期起的，含有侮辱的意味。这段历史早已尘封，对这段历史掌故有认识的人也少之又少，相信那个台湾老板也不清楚这个历史掌故。他之所以为他的西餐厅起这个名字，无非就是想让人们知道它是来自台湾而已。

可是，有人却向传媒指出"福尔摩莎"这个西餐厅的名字"有辱国体"，不能接受，要求有关部门过问，制止那家西餐厅使用。此事经传媒的报道和披露，工商管理部门马上行动起来。最后，这个名字当然就不能用了，正在装修的霓虹灯招牌也要拆掉。经营者仅换招牌一项至少就损失十多万元。当然，最终的损失还不止这些，还有时间、士气、心情等，推迟了开业就等于推迟了盈利。因此，为自己的公司或产品起名是一件非常重要的事情。

【分析】对于新创立的企业，拥有一个响亮、恰当的名字是十分重要的。它不仅是企业的标志，也表明了企业的DNA，一个好的名字甚至可以反映企业的性质和文化，对于在人们心中建立企业形象及产品推广大有裨益。

三、企业注册登记

（一）工商注册的意义

公司登记制度起源于1844年的英国，1869年德国在《普通德意志商法典》中建立了统一的商事登记制度。此后，公司登记逐渐成为公司成立的重要前提和依据。工商注册的目的在于保护公众的利益，将公司的基本情况、经营情况、公司股份持有人等法律允许公布的事项向社会发布，使公众能与公司安全交易。

1. 工商注册的基本条件

企业法人登记程序指有关法规、规章所规定的，申请企业法人登记应遵循的步骤和过程。它有两个基本要求：

（1）开业者要符合国家规定的开业条件。根据相关法律法规的规定，申请企业法人登记时应符合下列基本条件：①有固定的生产经营场所和必要的设施；②有固定的人员；③有必要的资金；④有符合规定的名称和章程；⑤有明确的生产经营范围并符合国家有关政策法令。

（2）要备齐有关法律文件。包括企业筹建人签署的申请登记书、政府部门或主管部门的批文、企业的章程和企业主要负责人的名单、身份证明（并附照片）等。

2. 工商注册的基本程序

1）确定企业名称

企业只能使用一个名称。企业名称由企业的投资者依法提出申请，企业名称登记管理机关（国家市场监督管理总局和地方各级市场监督管理局）依法核准。

2）提供办公场地证明

如果店面是自己所有，则提供房产证；如果场地是租来的，则需提供租房合同和房东的房产证；如果办公场所无产权证的，须提供产权单位上级或产权证发放单位的相关证明。每个地方工商行政管理机关对本地办公场地的要求会有所不同，大部分地方规定登记地址必须是商务用途的办公楼才可以。少数地方针对注册地址的要求没有那么严格，住宅也一样可以登记。

3）办理"三证合一"的营业执照

所谓"三证合一"，就是将企业依次申请的工商营业执照、组织机构代码证和税务登记证三证合为一证，提高市场准入效率。其中"三证"具体含义如下：

（1）营业执照，是工商行政管理机关发给工商企业、个体经营者的准许从事某项生产经营活动的凭证。其格式由国家工商行政管理局统一规定。

（2）组织机构代码证，是各类组织机构在社会经济活动中的通行证。代码是"组织机构代码"的简称。组织机构代码是对中华人民共和国境内依法注册、依法登记的机关、企、事业单位、社会团体和民办非企业单位，颁发一个在全国范围内唯一的、始终不变的代码标识。

（3）税务登记证，是从事生产、经营的纳税人向生产、经营地或者纳税义务发生地的主管税务机关申报办理税务登记时，所颁发的登记凭证。除按照规定不需要发给税务登记证件的外，纳税人办理开立银行账户、申请减税、免税、退税等事项时，必须持税务登记证件。纳税人应将税务登记证件正本在其生产、经营场所或者办公场所公开悬挂，接受税务机关检查。企业通过工商预审通过后，打印相关表格同时携带申请"三证合一"设立登记应提交的全部材料，到政务服务中心或者工商部门综合登记窗口提交登记申请材料，正式申请设立登记。市场监督、质监、国税、地税部门对提交材料不齐全或者不符合法定形式，不予核准通过的，将有关信息及需要补正的材料及时传送综合登记窗口，由综合登记窗口一次性告知申请人需要补正的全部材料。补正后全部材料符合要求的，综合登记窗口出具收到材料凭据。

登记申请材料送交工商、质监、国税、地税部门办理审批和登记后，向申请人颁发加载注册号、组织机构代码、税务登记证号的营业执照。

4）刻章

工商注册完成后，带好营业执照和法人身份证等，到指定的地点刻公司的章，并进行登记备案。

5）银行开户

企业可在银行申请基本存款账户、一般存款账户、临时存款账户及专用存款账户。

基本存款账户是企业办理日常结算和现金收付的账户，企业的工资和资金等现金支取只能通过基本存款账户办理。企业的基本存款账户只能选择一家银行的一个营业机构开立，不得在多家银行机构开立。企业在银行开立基本存款账户时，必须填制开户申请书，提供当地市场监督管理机关核发的企业法人执照或营业执照正本等有关文件，送交盖有企业印章的印鉴卡片，经银行审核同意并凭中国人民银行当地分支机构核发的开户许可证开立账户。

一般存款账户是企业在基本存款账户以外的银行营业机构开立的银行结算账户。企业可以通过本账户办理转账结算和现金缴存，但不能办理现金支取。

临时存款账户是企业因临时经营活动需要开立的账户。企业可以通过本账户办理转账结算和现金收付。

专用存款账户，是企业因特定用途需要开设的账户。

企业申请开立一般存款、临时存款及专用存款账户，应填制开户申请书、提供基本存款账户的开户许可证等证件、送交盖有企业印章的卡片，最后经银行审核同意。

6）保险

企业在工商注册后还必须办理社会保险。我国社会保险包括基本养老保险、基本医疗保险、失业保险。社会保险登记程序如下所述。

（1）单位递交申请填写社会保险登记表和提供证件资料。

（2）社会保险经办机构审核单位报送的资料。

（3）社会保险经办机构经审核无误后，建立参保单位、人员基础档案，核发社会保险登记证。证件资料（均需原件和复印件）包括工商行政管理机关颁发的工商营业执照、批准成立证件或其他核准执业证件；国家质量技术监督部门验发的企业组织机构代码证书；企业法定代表人身份证；税务登记证；人力资源和社会保障部门审批的劳动工资手册；职工工资发放表；职工与企业签订的劳动合同书。

（二）与企业相关的法律

1. 企业创办时的法律环境和责任

既然已经选择了创业，就需要了解企业的法律环境和要承担的企业责任。所有创业者都要按照国家法律的规定开办和经营企业，并承担相应的企业责任。企业只有进行了工商登记注册，才能受到国家法律的保护。本文指的法律，是专门指由全国人民代表大会及其常委会依照立法程序制定、由国家主席签署公布的规范性文件，其法律效力仅次于宪法，如《公司法》《中华人民共和国合同法》（简称《合同法》）《中华人民共和国企业破产法》（简称《企业破产法》）等。与企业相关的法律法规和责任列于表7-3。

表7-3　与企业相关的法律法规

相关法律	相关内容
企业法	《公司法》《个人独资企业法》《合法企业法》《个体工商户条例》《中外合作经营企业法》中的相关内容
民法通则	农村承包经营户、个体工商户、合伙企业、企业法人、代理、财产所有权、债权、知识产权、民事责任等
合同法	合同的订立、效力、履行、变更和转让，权利、义务的终止，违约责任等
劳动法	劳动合同和集体合同、工作时间和休息休假、工资、女职工和未成年人特殊保护、职业培训、社会保险和福利、劳动争议、监督检查等
劳动合同法	劳动合同的订立、履行、变更、终止与解除，法律责任等

（1）《公司法》。《公司法》是规范公司行为的基本法律，公司的设立、股东资格、公司章程、股东责任、股东权利、公司高层管理、公司解散、清算等事项，都应当按照《公司法》的规定来进行。

（2）《中华人民共和国公司登记管理条例》（简称《公司登记管理条例》）。该条例是公司设立、年检、注销必须遵循的法规。

2. 企业运营时的法律环境和责任

（1）《合同法》。公司成立的目的是盈利，而盈利就离不开交易。《合同法》是规范市场交易的法律，是民事主体进行经济活动所遵循的主要法律。合同涵盖的内容广泛，不仅商品交易需要订立合同，涉及公司的股权交易、知识产权交易、物权变动等事项也均需有合同保障，均受《合同法》的调整。

（2）《中华人民共和国物权法》。公司经营所得，涉及土地、房产等不动产以及交易某些动产，是需要登记才能取得物权的，这部分物权的取得是受《中华人民共和国物权法》（简称《物权法》）调整的。同时，《中华人民共和国土地管理法》《中华人民共和国房地产管理法》也是涉及土地、房产物权方面应当遵循的规范。另外，物权具有担保功能，在涉及物权担保时，《物权法》的相关规定是必须遵守的。

（3）金融类法律。公司在运营期间，需要支付结算、贷款融资时，涉及的法律、法规有《贷款通则》《中华人民共和国票据法》《中华人民共和国证券法》等。公司为了分散风险而必须选择保险时，则涉及《中华人民共和国保险法》的相关规定。

（4）知识产权类法律。公司要有自己的商誉，同时还会给自己的产品或者服务注册商标，有自己的商业秘密和专利技术。这些涉及《中华人民共和国商标法》《中华人民共和国专利法》《中华人民共和国反不正当竞争法》的调整。

（5）《中华人民共和国婚姻法》《中华人民共和国继承法》。公司在运转的过程中，可能出现股东因为婚姻、继承事项而导致股东或股权的变动，就会涉及《中华人民共和国婚姻法》《中华人民共和国继承法》。

（6）税收类法律。公司作为最重要的纳税义务人，在缴纳税款时要遵循《中华人民共和国增值税法》《中华人民共和国企业所得税法》《中华人民共和国个人所得税法》《中华人民共和国税收征管法》等法律的规范和约束。

（7）劳动类法律。公司的经营离不开人，因此公司作为用人单位就要遵守《中华人民共和国劳动法》（简称《劳动法》）《中华人民共和国劳动合同法》（简称《劳动合同法》）及相关规定。

（8）《中华人民共和国会计法》。公司的运转，各种经济指标都要用数字来体现，要受《中华人民共和国会计法》的规定，不能违背该法及相关规定。

（9）《中华人民共和国担保法》。公司的经营不仅涉及为人担保，也可能涉及找人担保，这方面就要受到《中华人民共和国担保法》（简称《担保法》）的调整。

3. 企业解散时的法律环境和责任

公司的终止，就是公司作为法人人格的消灭，无论是股东自行决定解散还是申请法院解散，都要成立清算组。《公司法》有规定企业到了资不抵债的时候，申请破产就要受

《企业破产法》的调整。

通过上述所涉及的主要法律、法规，我们可以看到，国家为了保障公司的正常运转，制定了一系列的法律规范。形象地说，公司就是在"法网"里运转的经济体。

 经典分享

雪贝尔：开一间火一间

雪贝尔蛋糕店开一间火一间，业内有目共睹。同样是蛋糕店，为什么雪贝尔就可以越开越火？

雪贝尔公司的原"选址员"、现雪贝尔深圳公司经理倪修兵介绍说："我刚刚到雪贝尔公司的工作就是选址，在广州培训了一个月后，我就被派到了人生地不熟的深圳，专门负责公司新开蛋糕店的选址。当时我选的店面是开一间火一间，所以我今天才坐到了经理的位置。"那么，倪修兵选址有什么诀窍？

倪修兵认为，开店的人都特别讲究一个人气，有人气才有生意。但是，是不是选择店址的时候，找准人多的地方就好呢？其实也不尽然。很多人都存在一个误区，那就是把人流量当成了一个地段好坏的唯一标准。诚然，人流量是决定生意成败的一个重要因素，但是了解客流的消费目标，才是更为重要的工作。在开店以前要研究的不是人有多少，而是这些人中，你的"潜在顾客"或者说"有效客流量"有多少。雪贝尔每建立一个新连锁店，都要做大量的最佳店址选择，其中一项最重要的工作就是测算分析人流量，他们派员工拿着秒表到目标场所测算流量。这些测算人员除了要汇报日人流数量以外，还要详细汇报以下数据：附近有多少路公共汽车经过；过往人中，多少是走路来的，多少是坐公共汽车来的，多少是打的或开车来的，这样来分析该地区人群的消费水平和消费习惯。

【分析】据了解，倪修兵可以很快成为选址专家，还在于他很有悟性，他发现肯德基与雪贝尔都同属于一种业态，于是就取巧地看肯德基开在哪里，雪贝尔的新店址就选在肯德基方圆百米内，这样一来新店生意果然火爆。

 课堂活动

企业选址

1. 目标

认识和理解创业企业选址重要性和影响因素，能够根据项目运用选址方法选择适当地址进行创业。

2. 过程和规则（时间：20分钟）

（1）班级随机分组，每3～5人为一组，并推选出一名组长。

（2）请学生以"团队创业选址"为题，假设自己的小组团队现要创业，各小组根据团队情况，通过小组交流讨论后，选择适合的地址，每小组代表上台发表团队创业选择企业地址并阐明原因。各小组组长和老师分别进行打分和评价，最终评价得分最高的小组为优胜组。

（3）教师总结和反思。

公司命名是否规范

判断表7-4所列公司名字是否符合规范。

表7-4　公司名字是否符合规范

公司名称	是否规范	说明原因
科特信息科技有限公司		
北京捷成有限责任公司		
北京银杉科技有限公司		
北京宏达科技		

企业注册流程实训

1. 实训内容

就市场调查后，进行决策确定企业的经营场所后，进行企业名称预先核准申请备案、企业法律形式的确定等内容。

2. 实训目的

通过实训，使学生了解和掌握创建企业所进行的公司注册流程，了解并掌握相关工商管理行政法律法规知识及实践能力。

3. 实训安排

（1）小组成员进行讨论，要明确企业经营场所、经营范围、注册资本及缴费形式、法律形式、公司章程、注册资本等（表7-5）。

表7-5　确定企业经营的有关项目

项目	内容	项目	内容
企业经营字号		注册资本	
企业经营场所		法律形式	
股东及法人		公司章程（主要内容）	
经营范围		其他	

（2）分工合作，模拟进行工商行政管理部门进行营业执照、税务登记书、组织机构代码证（或三证合一）的流程办理，填写相应信息表格，提交申请，如表7-6所示。

表7-6　证照办理部门

政府管理要求	相应办理或政府管理部门	政府管理要求	相应办理或政府管理部门
营业执照		组织机构代码证	
税务登记书		其他特殊证件	

（3）完成相应信息表格，并进行各小组总结并提交相应报告。

模块八 / 初创企业管理与发展

 模 块 导 读

　　创业并不是以新企业的成立为终点的暂时性活动，而是组织从0到1再到无穷大的持续发展过程。发展新企业意味着新企业先要渡过生存期，再实现持续成长，创造新价值的过程。

　　在政策的鼓励和就业形势的倒逼下，我国高校毕业生自主创业者数近几年不断增加。但是，综合中国社会科学院等机构的调研数据，中国大学生初次创业失败率超过九成，低于全社会的平均创业成功率。绝大部分学生企业夭折于初创期，都没熬过三年。

　　由此可见，新创企业管理的首要目标是在市场竞争中生存下来，保证能够"活着"。管理好处于初创期和成长期的新创企业，是任何新创企业发展进程中都必须面对的一个巨大挑战。新创企业经营阶段是企业生命周期中最危险、失败率最高的阶段。新创企业经营失败率高的原因来自企业内部和外部两个方面。从企业内部来看，新创企业自身拥有的资源有限，企业营销技巧和经验不足，企业内控制度管理不完善，员工管理水平有限，抗风险能力脆弱；从企业外部来看，新创企业对顾客资源建设、供应商、金融机构、政府等利益相关者的影响力受限等。受内外因素的影响，新创企业的生存经营能力或多或少受限制约。因此新创企业需要突破这一存活的关键阶段，开发好适销对路的产品、打开营销局面、积累客户资源，让消费者认识和接受企业的产品或服务，尽快使新产品或服务开始盈利并进入良性循环。

　　为了不断完善和扩大新企业，须要努力提升企业经营管理水平，增强企业的竞争力和发展能力，创业者应该掌握企业管理的基本知识，并能够运用这些管理知识和方法来解决企业管理中的实际问题。本模块介绍初创企业最基本的管理原则、以及员工管理、财务管理等内容。

第一节　初创企业的管理

 能力目标

（1）掌握初创企业管理的基本要领和内容。
（2）能掌握和运用 PDCA 管理法。
（3）能做好企业的原始记录和定额管理。

初创企业的管理

引入案例

张瑞敏致创客的一封信（节选）

历经多年的创新发展，海尔集团（简称"海尔"）从一个濒临倒闭的集体小厂成长为今天的全球"白电"第一品牌，在全球，海尔拥有数以亿计的用户，每天，十几万台海尔产品进入全球市场。人类工业文明的先进成果成就了海尔的今天，让海尔得以从1984年成立到现在走过了传统发达国家企业百年的道路。我们追上了曾经奉为经典的榜样，同时也失去了可资借鉴的标杆。面对新的挑战，我们唯一可以避免被时代抛弃的武器是：永远的"两创"精神——永远创业，永远创新。

唐太宗曾经问群臣，创业与守成孰难？他心里的答案是，创业难，守业更难。海尔的企业文化对这个问题的回答是，如果把创业和守业割裂来看，就永远没有正确的答案，唯一的出路只有创业，没有守业。

创业精神的天敌是自己曾经成功的经验和思维定式。《道德经》云："胜人者有力，自胜者强。"海尔的文化基因只有一个密码，那就是"自以为非"。

企业如此，每一个人也是如此。因为，在互联网时代，每一个人都是自己的CEO，每一个人都应该成为创业家。

创业家与企业家只有一字之差，其内涵和本质却有天壤之别。企业家还是以企业为中心，而创业家却是以用户为中心。企业家以创造完美的产品和服务为使命，而创业家以创造用户最佳生活体验为中心。企业家以规模和利润为成就标尺，而创业家以用户资源和"粉丝"为荣耀指南。企业家以管理和控制为权力之杖，而创业家以自组织为魔法宝盒。成千上万人成就一个企业家，而每一个创新的个体都可以成为一个创业家。正所谓"破一微尘出大千经卷"。

创业家，在海尔的创业平台上，你的名字叫创客。

30年，既轻如尘芥弹指可挥去；30年，又重如山丘难以割舍。其区别在于，你是生产产品的企业，还是生产创客的平台。海尔选择的是，从一个封闭的科层制组织转型为一个开放的创业平台，从一个有围墙的花园变为万千物种自演进的生态系统。

创客，在你创业激情勃发的视野里，海尔的名字叫作"创客公地"。创业初期，我们为社会奉献的是海尔牌产品；进而，我们以向社会提供海尔牌服务为宗旨；今天，我们向社会开放海尔的资源，为创客们提供的将是海尔牌的创业平台。

在表层意义上，海尔向社会开放"U＋智慧生活"的 API（应用程序编程接口），每一个创客都可以在此基础上延伸开发产品。在深层意义上，海尔向社会开放供应链资源，每一个供应商和用户都可以参与海尔全流程用户体验的价值创造。在本质意义上，海尔向社会开放机制创新的土壤，搭建机会均等、结果公平的游戏规则，呼唤利益攸关各方共建、共享、共赢。

自 2005 年以来，海尔就开始"人单合一双赢"模式的探索和试错，为此，我们不惜放弃对传统绩效的单一追求。在没有标杆的摸索中，我们宁愿承受外界的质疑和批评，但我们没有轻言放弃。因为鼓励我们坚持下去的不是成功，而是对时代精神的求索。

1994 年，海尔创业十周年之际，我曾写过一篇文章，文章的名字叫海尔是海。今天，我想说，海尔是一朵云，海再大，仍有边际；云再小，可接万端。

开放，开放，再开放。今天，在海尔的云创平台上，已经孕育和孵化出 100 多个创客小微，他们既有海尔的员工离开企业后进行的创业，也不乏社会上的创业者来海尔平台的在线创业。他们值得赢得尊重，我也要向他们表示感谢。因为，海尔的创业平台转型本身也是一种创业，作为平台的海尔，不是 30 年历史的海尔，而是一个初生的婴孩，一轮初升的朝日。每一个在海尔平台创业的创客，你们既是平台上的创业者，同时也是平台的建设者。

致敬，创客！致敬，伟大的创客时代！

【分析】张瑞敏勉励青年创客，新企业的初创期管理营运是尤其关键和重要的。

一、新创企业管理的基本要领

管理是通过计划、组织、控制、激励和领导等环节来协调人力、物力和财力资源，以期更好地达成组织目标的过程。管理是一门科学，也是一门艺术。每一位企业管理者，都应该充分认识到自己的责任和使命，通过科学有效的管理，发展和寻找更多商机，创造更多财富。任何企业都要从实际出发，通过合理的体制模式、组织形式、经营方式等，把企业的潜能最大限度地发挥出来，从而让企业充满朝气与活力，提高企业的竞争能力，并在不断变化的市场中取得属于自己的生存空间。

企业管理主要是指运用各种策略与方法，对企业中的人、资产、财物、产品、销售渠道等进行科学有效的管理，从而实现组织目标的活动。对于新创企业来说，要做到组织精简化、管理规则化、目的驱动化、沟通开放化、数据云端化，做到有效管理、提高效益、力促成效。

（一）组织精简化

组织精简化即减少企业层级，让组织变得更为精简。不仅组织精简化，工作团队也要小型化。当企业组织精简化后，信息是横向流动居多，如 A 部门和 B 部门之间直接进行内部合作、内部谈判，然后推进工作的执行。这样将更能激发员工的积极性，员工从

"任务执行者"变成了"责任承担者"，员工容易感受到工作的成就感，所以愿意接受更多挑战。资源配置也将变得更合理有效，横向流动的信息使得一线人员可以根据各自的利益诉求做出决策，资源配置变得更加合理。

（二）管理规则化

管理规则化即通过制定目标、制订规则来控制整个团队的整体方向，员工在各自的工作中遵循管理规则，管理者在发生突发事件时出面进行调解和解决问题，在日常运营当中管理者则最好躲在后面。通过放权给团队，形成员工自下而上的"去中心化"管理。

（三）目的驱动化

工作体系中，组织架构一般已做好了团队划分。但在实际工作中，团队的界限往往不那么明显。这时候就要以工作的目标来作为衡量的标准，在同一个目标方向上，利用高科技（如邮件组、QQ群、微信群、企业社会化协作软件等）沟通工具，可以非常简单、快速地为每个任务建立一个虚拟的、临时的小组，组内的成员可以在群组内进行信息共享，从而打破原有的部门界限，实现跨部门协作。

（四）沟通开放化

沟通开放化即增强员工内部的交流、促进成员之间共同学习。现在，企业可以利用社会化协作软件建立企业内部的微博、朋友圈，从而让信息在企业内部也能够充分地流动起来，让员工之间建立更紧密的连接，这样一来可以让团队互相知晓各自的工作，二来可以有效营造学习型组织的氛围。

（五）数据云端化

数据云端化即把公司数据储存在云端。把公司数据存储在云端的好处不仅可以进行多终端的数据同步，并且数据的存储更加安全了，而且它让企业可以完整保存自己的运营历史，还能随时找到你想要的数据。在云存储时代之前，公司的数据其实是割裂开的，每个员工都储存着一部分公司的数据，这些数据由于没有存放在统一的平台上，因此也无法被搜索，这种情况造成了数据资源的巨大浪费。数据云端化还有很多额外的好处，比如说员工的离职对公司造成的数据损失将不再是问题；员工可以通过充分利用公司网络内的数据资源，从而增强自身的业务能力；新员工入职可以快速地实现工作交接。

二、新创企业管理基本内容

为了促进企业管理水平的提高，增强企业的竞争力和发展能力，创业者应该掌握企业管理的基本知识，并能够运用这些知识和方法来解决企业管理中的实际问题。

（一）产品管理

所谓的新产品，是指采用新技术原理、新设计构思研制、生产的全新产品，或在结构、材质、工艺等某一方面比原有产品有明显改进，从而显著提高了产品性能或扩大了使用功能的产品。新产品的开发要以满足市场需求为前提，企业获利为目标。在这个过程中，企业应当遵循的原则是"根据市场需要，开发适销对路的产品；根据企业的资源、技术等能力确定开发方向；量力而行，选择切实可行的开发方式。"在产品的开发管理过程中，采用何种策略则要根据企业自身的实力，根据市场情况和竞争对手的情况。同时，企业决策者的个人因素也直接影响着开发策略的不同。

（二）营销管理

所谓的"营销管理"是指为了实现企业或组织目标，建立和保持与目标市场之间的互利交换关系，而对设计项目的分析、规划、实施和控制。从实质上来说，营销管理就是需求管理，即对需求的水平、时机和性质进行有效的调解。在市场行为中，以营利为目标，统筹考虑组织、架构、人员、培训、绩效、考评、薪资等众多要素，综合制定，优化实施。

在市场行为中，营销管理涉及了许多方面，各个环节的需求都要考虑到。营销管理中，企业强调团队合作，强调供应链。一个好的营销政策，要充分考虑营销政策推行的各个方面，其中主要是企业、消费者、经销商、终端和销售队伍五个方面。

（三）财务管理

财务管理是在一定的整体目标下，关于资产的购置（投资），资本的融通（筹资）和经营中现金流量（营运资金），以及利润分配的管理。

财务管理是一项涉及面广、综合性和制约性都很强的系统工程，在现代企业管理中，财务管理是通过价值形态对资金活动进行决策、计划和控制的综合性管理，是企业管理的核心。财务管理贯穿于企业管理的各个环节之中，任何环节的失误都可能给企业带来财务风险，因此，企业的管理者应当注重此方面，将财务管理的风险防范工作始终落实到位。

（四）企业文化管理

企业文化从本质上来说就是企业的个性，就是企业这一经济组织的经营意识及组织文化内涵。优秀的企业文化，在精神上能够带动员工树立与企业一致的目标，使员工在个人奋斗的过程中保持与企业目标相同的步调，营造出一种积极的工作氛围、共享的价值观念和管理机制，产生鼓励积极创造的工作环境，此外，优秀的企业文化也会对企业的绩效产生强大的推动作用。

（五）人力资源管理

通常所说的人力资源管理，是指企业内部对人的管理。首先要制定企业的人力资源管理战略和人力资源计划。然后，在人力资源管理计划的指导下，进行工作分析，制定工作描述和工作说明书；根据工作分析，招聘并配置员工；在配置员工，利用人力资源的过程中，企业必须注意规划员工的职业生涯发展，并且把员工的职业生涯发展与组织的发展相匹配，形成互为动力的综合发展途径；在企业与员工相互匹配发展过程中，要不断地相互沟通，解决冲突，消除两者共同发展的障碍，保证过程的顺利进行；当企业的人力资源管理工作进行到一定的阶段，就必须对多层次员工的工作绩效进行评估考核，纠正他们工作中的失误，肯定他们工作中的成绩，并就员工下一阶段的工作达成上下级的共识，以便员工形成下一轮的工作计划；在绩效评估以后，对员工进行激励。包括薪酬方面的激励、福利方面的激励和精神等其他方面的激励。对绩效评估中表现出来的优秀员工，尤其要加大激励的力度。对于绩效评估中表现出来的具有这种或那种缺陷但企业今后发展又需要的员工，企业要进行培训，帮助他们提高知识水平、增长技能，使他们在今后的企业经营活动中能适应企业发展的需要。最后，根据人力资源系统整个运作情况，企业要修正或者重新制订自身的人力资源发展战略和人力资源计划，为下一阶段的人力资源管理活动再次奠定基础。

三、初创企业管理的基本方法

（一）PDCA 循环管理法

各种管理方法都有其独特个性，但探究各种方法实施全过程，会发现它们往往有彼此相似的规律——按着计划、执行、检查、处理（即 P、D、C、A）的循环不断地重复进行。可以说，源于质量管理的 PDCA 循环是企业经营管理中的一种十分基本的方法。

1. PDCA 循环的含义

PDCA 循环的含义如下：①P（plan，计划），根据企业目标制订计划。②D（do，执行），按照计划定出措施，组织执行。③C（check，检查），对照目标检查效果，发现问题。④A（act，处理），总结经验，把成功的经验肯定下来，并纳入标准；把遗留的和新产生的问题转入下一循环，规定新的目标，继续求得解决。

2. PDCA 循环的运行状态

PDCA 循环的运行状态如下：①PDCA 循环犹如车轮一般，按 P、D、C、A 四个阶段不停转动。②整个企业的管理系统构成一个大的 PDCA 循环，而各个部门、各个环节的管理又都有各自的小的 PDCA 循环。这样，大环套小环，小环保大环，一环扣一环，一起转动（图 8-1）。③PDCA 循环每转动一圈，就提高一步，如同登梯一般，不停地转动，逐级升高，问题随之不断得到解决，经营管理水平也不断提高，如图 8-2 所示。

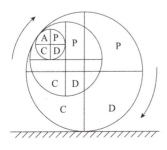
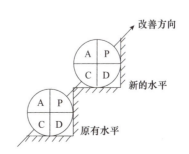

图 8-1 大环套小环   图 8-2 PDCA 循环逐级上升

（二）目标管理法

目标管理是指以企业总目标为依据，从最高领导开始，逐级主管与其下属协同定出本部门和每个人的目标，以及达到目标的计划和实施进度，据此填写目标卡（表8-1），并将全过程记录下来；到期终作出评定，给以奖惩，而后重新制定目标，开始新的循环。显然，这是 PDCA 循环在计划管理方面的应用。

表 8-1   目标卡

部门 _____ 目标卡															责任者		主管领导	
目标		对策措施	进度 / 月												权限	自我评价	主管部门审核		领导评价
项目	权重/%		1	2	3	4	5	6	7	8	9	10	11	12			实际完成	得分	

实行目标管理，可以在指定的时期内获得明显的效果。而且由于上下协调，层层落实，检查、控制、奖惩都比较易于执行。其缺点是容易忽视非定量目标、例外事件或新的机会等；外部环境多变时，容易打乱原定部署。

（三）满负荷工作法

满负荷工作法在具体实施时，先对企业的各项工作提出较为先进的目标，分成几个阶段逐步求其实现，而后层层落实，形成保证体系，并与个人报酬挂钩。其主要内容有：①质量指标；②经营指标；③设备运转；④物资使用；⑤资金周转；⑥能源利用；⑦费用降低；⑧人员工作量，按定员定额；⑨八小时工作制，提高工时利用率。

此法最适用于管理基础较差的企业，但要结合具体情况推行。

（四）经济责任制管理法

经济责任制更适用于生产企业。经济责任制的基础工作是：合理设置企业机构，做好定额定员工作；健全计量、检测、统计和原始记录工作；建立全厂、车间、班组三级核算体系。

目前，实行经济责任制的组织措施如下：建立领导小组，以总经理为首，有关各方面主管参加，审查经济责任制的总体方案，并对实施过程加以监督检查；指定主管部门，一般是企业管理办公室、总经理办公室等综合部门，由其提出总体方案；以计划、承包等方式将要求分摊到各部门，再层层落实到车间、班组和个人；建立联合办公制度，由主管部门及主要职能部门负责人参加，负责协调、平衡、汇总和查核各部门执行结果，确定奖惩；建立经济责任制信息网络，各环节都有人员负责收集、整理执行结果，并沟通信息。

四、创业企业管理的基础性工作

企业要真正搞好经营管理，须有坚实的基础。基础管理工作有如下几个方面。

（一）建立规章制度

企业必须贯彻执行国家的法令、条例和政策等，还要根据实际需要制定必要的企业规章、守则。建立严格的制度，使考勤、交接班、工艺操作、质量检验、财务出纳等环节都有章可循。在建立规章制度的过程中，要贯彻民主集中的原则。执行时要严格，尤其是领导和管理人员要身体力行，不能例外，这样才能做到有法必依，树立民主法治的作风。

（二）健全原始记录

1. 企业原始记录的重要性

企业一切活动的结果必须以一定的表格形式，用数字或文字加以记录。要随时更新企业内部的各项原始记录和技术、管理、经营资料，使其形成统一协调的企业信息系统，以适应现代企业经营管理的需要。这是健全企业经营管理工作的重要内容之一。信息务求准确，不能主观估计，更不能凭空捏造。

2. 企业原始记录的内容

企业原始记录一般包括以下内容：生产方面；销售方面；劳动方面；原材料（燃料、工具）方面；设备动力方面；财务成本方面；技术方面。不同阶段的企业可以根据实际情况做好记录，内容和侧重点不一定完全相同。

各种技术文件与管理文件，如产品设计任务书、设计图纸、各类工艺卡片、工艺操作规程、图纸及工艺更改通知单、产品品质鉴定报告、各种计划大纲及定额资料等，都是企业生产活动必不可少的原始资料。此外，还要建立企业的市场信息系统。

（三）做好定额工作

在一定的生产技术和生产组织条件下，企业要规定人、财、物消耗应当达到的定额。企业经常采用的定额有：

（1）生产：生产周期、生产批量、制品定额等。

（2）劳动：单位产品（或零件）的工时定额、工序工时定额、设备看管定额、工时利用率等。

（3）物资消耗：单位产品（或零件）原材料（燃料、动力、工具）消耗定额、材料利用率、物资储备定额、采购周期等。

（4）设备：单位产品（或零件）台时定额、设备生产能力（容量）定额等。

（5）成本费用：单位产品（或零件）成本定额、企业管理费定额、车间经费定额等。

（6）财务资金：储备资金定额、生产资金定额、成品资金定额、资金利润率、百元产值占用流动资金、流动资金周转天数等。

（7）其他：工具消耗定额、单位作业面积产量定额、单位产量耗电定额等。

有了科学的定额体系，还要有科学的定额管理制度。良好的定额管理对组织劳动、推动经济责任制、贯彻按劳分配、提高劳动生产率、加强经济核算、降低产品成本等方面都有重大作用。

经典分享

迈克尔·戴尔的创业

戴尔公司首席执行官迈克尔·戴尔是全世界公认的大富翁。在华尔街，戴尔公司的股票一涨再涨，尽管分析家们一再警告说体现在戴尔公司股票上的泡沫已过多。

顺势而为，是戴尔几十年如一日的做事方式和思考方式。戴尔喜欢利用业界中最有势头、最有影响的技术。例如，在处理器方面，紧跟英特尔公司；在操作系统上，又紧跟微软公司。这两家公司在各自领域里都是世界第一位。

戴尔起家时就尝到了大势的甜头。"当时，我才19岁，是一名才上大学一年级的学生，我投资1 000美元，以自己的名字成立了戴尔公司，准备专门做计算机生意。"几年之后，个人计算机商戴尔就被全球计算机业视为最会赚钱的天才，这位1999年才34岁的亿万富翁身价已值214亿美元。

"计算机刚刚兴起，利润非常高，一台销售价3 000美元的IBM公司PC机，其所有的零件其实只有600～700美元，经销商以2 000美元进货，可净赚1 000美元。"

戴尔由丰厚的利润看出做计算机的价值，而这时芯片的技术也有了很大发展，使组装PC机大为简单。戴尔公司刚成立时，只做PC机的攒机生意：从批发商手中买来机器，然后加以改装，添进一些大硬盘或大内存，然后以低于市场价卖出去。在第一年，戴尔公司的销售额为620万美元。此后，戴尔公司迅速发展，在4年之内获得了极大的发展空间，并积极向海外扩张。4年以后，戴尔公司上市；11年以后，戴尔公司的年销售额为217亿美元。其市场值从当初的8 500万美元一下达到1 272亿美元。

1. 建立最好的生意模式

"我们的重点是发展我们的重点。我们在存储器、服务器方面有11%的市场份额，我们有最好的生意模式，我们在这方面能有一个好的结果。"

戴尔所说的"最好的生意模式"指的是戴尔的直销模式，他说："我们的核心竞争力是直销，我们的管理风格也是直销。"

在戴尔公司发展的15年中，戴尔推动公司集中做的只是两项重要工作：通过一整套为客户量身定做的综合软件、硬件的流程使戴尔公司及其客户降低了成本；通过个性化，使戴尔公司可以为客户提供更高层次的服务。

通过戴尔公司直线订购模式，与那些采用缓慢的间接渠道模式的公司相比，戴尔公司以更快的速度完成了最新相关技术的应用，而戴尔公司的"6天存货制"与其他竞争对手相比成本更低，再加上按客户意愿来做计算机，使戴尔公司的发展既有速度，也有利润。

戴尔独特的优势在于他对计算机市场上直销模式的独特理解。这使得戴尔公司有着非常独特的一套管理整个价值链的完整流程，即从零（部）件到供应商直接到最终用户，戴尔始终控制着中间的每一个环节。

2. 让对手学不来

"很多竞争对手包括康柏公司在内都在开始转向直销模式，但模仿我们的那些公司并没有做得很好，也没有阻止我们的增长。这有点像从打垒球转向打篮球一样，虽然它们都是体育项目，但这两个是完全不同的项目。那些公司从一个系统转到另一个系统，是非常困难的，因为它们的销售原来都依赖于间接渠道，那些公司要走的路还很长。如果一个客户想通过直销买产品，会找戴尔公司来。因为戴尔公司有着多年的直销经验，并且我们首先创造了直线订购的业务模式。同时，我们会不断把自己的业务提高到新水平，而不是停滞不前。例如，我们使用互联网来降低我们的成本，并把销售服务放到网络上，我们每个星期的网上销售额是巨大的。我们的对手正面临进退两难的处境，却又束手无策。"

3. 慧眼鉴人

在管理上，"我平时很随和，但看到员工总是犯同样错误时，我就会忍不住发火。我愿意重用并提拔那些愿意自己找事做，而不是等在那里让人告诉他该怎么去做事情的人。我喜欢那些热情、爱不断学习、对工作充满兴趣、善于自我挑战的人。我也非常重用那些不仅自己能得到发展，同时也能发展其他员工的人，这是我们公司的一个重要话题。"

在戴尔公司，每位员工都有公司的股票，这种规定不仅适用于美国本土的员工，还包括英国、澳大利亚、日本、中国等各国员工。"除了在物质上善待员工外，还要把员工潜能发挥出来。为此，你就要创造出允许员工成功的一个环境，并给他们提供不断成功的工具，让他们不断学习、成长、犯错误，并关心他们的兴奋点是什么。"

4. 精诚对待客户

"按照客户要求去做"，这为戴尔公司创立了计算机行业中与客户之间的最紧密、也是最令人羡慕的关系。为了明确这一点，1998年，戴尔公司已将15%的资金和利润分别与改善服务挂钩。衡量成功的标准是装运期限、初次安装速度及修理人员在24小时之内抵达客户所在地点。

"在管理上，我们判断员工价值的一个关键之处，是看他们对客户的友好程度，能给客户提供什么样的最好的机会，对其关注的客户都做了些什么。同时我们建立了一些良好的沟通机制和奖励机制。"

5. 学会包容市场

戴尔认为："要想持久赚钱，对市场就不能过于急功近利，要关心市场的整体情况，因为市场有时发展很快，有时会向前走两步再退一步，我们更关心整体发展的情况。人民币会不会贬值这类事情是不会阻挡我们前进的步伐，我们会进一步发展和开拓中国市场，因为我们想在中国进行长期的投资。中国计算机市场的一个好处就是它非常大，而且发展得特别快，它对每一个公司都有很大的机会，每家公司都必须找到自己独特的方式来给客户提供价值，我们当然想以一个可持续的方式提供给客户，关键是中国市场非常大，没有任何一家公司能够完全垄断市场，必须要有合作伙伴关系，必须要有合作才能保障这个市场能够充分地得到挖掘。"

【分析】戴尔的商业成功，实际上就是企业管理的成功。产品同质化日益严重的今天，管理这种内涵建设而带来的竞争力，才是无可替代的优势。

课 堂 活 动

分享企业家的管理经典案例

1. 活动目标

领略企业家的管理风范。

2. 程序和规则

（1）以小组为单位，4～5人一组，选取一位企业家为研究对象。

（2）收集和分析对该企业家的管理思想，并将其要点制作成演示文稿，在班级进行分享。

（3）学习一个企业管理的经典案例，完成3 000字左右的研究报告。

（4）教师总结、点评。

第二节　初创企业的员工管理

👉 **能力目标**

（1）了解企业员工管理的概念。

（2）理解员工管理原则及方法。

（3）能根据自身需要选择适合员工管理方式。

初创企业的
员工管理

 引 入 案 例

另行安置的小王

　　小王到某创业公司已经1年多了，其管辖区域的业务做得不温不火，月销量一直在10万元左右徘徊。作为重点开发的乡镇市场，上级区域经理心里很着急，曾多次找小王谈话，又是批评又是培训，可销量一直在原地踏步。对于领导的批评，小王也虚心接受，每日想按照领导的要求去做，但在客户和领导之间小王处理得模棱两可，对客户更是极力妥协。客户看小王如此，更是不把他放在心上，更不用说按他说的去做了。久而久之，对客户的掌控便处于放任的状态，销量也自然不会好到哪里。最后，部门经理提出将小王解聘。

　　公司老板看到了部门经理解聘的请求，并没有急于批准。他找小王聊了聊，发现小王做行政工作、写报表、做PPT有优势。于是，决定留下小王再试试。在新的岗位上小王努力工作，为销售部的同事写了很多宣传文案，赢得了客户的好评。

　　【分析】员工是企业的第一资源，用心管理好员工，发挥员工的聪明才智，为企业完成目标与创造更大价值有着重要的意义。小王没有发挥出自身优势，固然有自身的原因，但"人岗不匹配"也是一个问题。对于新创企业而言，人力资源格外宝贵。尤其是干了一年多的新员工，具有一定忠诚度，作为企业管理者，要多看到人的长处，本着"革命队伍无一人不可用"的思想，发挥好每个员工的作用。

对于创业者来说，资金和市场是创业者最大的担忧和最为关注的焦点，许多创业企业在开创之初就将大量精力投在了融资、市场开拓、控制成本等方面。而忽略了企业人力资源管理体系建设，相当一部分创业企业主要靠亲朋好友、同学、同事来构建创业团队，而管理往往借助于友情、亲情来进行管理。随着企业发展，这种粗放管理弊端就会显现出来，不仅影响创业企业的正常发展，也严重威胁创业企业的生存。因此，如何把握和开发人力资源，是创业企业必须重视的，从塑造以人为本、科学管理的企业经营管理环境，重视人才引进、培养和激励等方面增强企业在市场竞争的优势。

一、小微企业的人员组成与岗位职责

（一）小微企业的人员组成

1. 企业主

在大多数的小微企业中，企业主既是企业的所有者，又是经营者，是企业的灵魂和核心。企业主可以行使以下职责：

（1）开发创意，确定目标和行动计划。

（2）组织和调用员工实施行动计划。

（3）确保计划执行，使企业达到预期目标。

2. 企业合伙人

如果一家企业不只有一个企业主，那么，这些企业主将以合伙人的身份共享收益、共担风险。他们将决定彼此如何分工合作，如一个人负责销售，一个人负责采购，一个人负责管理。合伙人之间的交流一定要透明和诚恳。合伙人无法形成统一决策，往往会导致企业失败。因此，有必要在决定合作前签订股份合作协议或合伙协议。

3. 员工

如果企业主没有时间或能力把全部工作包下来，就需要雇用员工。小微企业可能只需要雇用1~2名员工，有的企业则需要雇用更多的员工。为了雇用到合适的员工，企业主要考虑以下几点：

（1）按照企业主的企业构思，把该做的工作列出来。

（2）明确哪些工作是企业主自己做不了的。

（3）详细说明员工应具备的知识、技能和要求。

（4）决定要由多少人来完成每项工作。

（二）确定岗位职责

确定岗位职责就是让合适的人做合适的事。因此，企业主必须考虑建立企业的人员管理制度，明确岗位职责，让所有员工都知道自己必须做哪些工作，以及完成这些工作所需要的知识和技能，即以制度管人，而非人管人。岗位职责规定了某一特定岗位的工作内容，对于这些内容，企业主必须清楚地描述出来。这样做有如下好处：

（1）能明确员工的岗位及职责、权利与利益。

（2）能提供绩效考评依据，调动员工的积极性。

一般来说，确定岗位职责时应注意以下问题：

（1）根据企业经营需要确定工作岗位名称及数量。

（2）根据岗位工种确定岗位职务范围。

（3）明确岗位任职条件。

（4）确定各个岗位之间关系。

（5）根据岗位的性质明确实现岗位目标的责任。

（6）制定岗位职责表。岗位职责表如表 8-2 所示。

表 8-2　岗位职责表（示例）

岗位	工作内容	所需素质或技能
经理	做计划、制定目标、监督实施、协调内部关系、与工商和税务等部门打交道	有主见、认真、果断、应变能力强、人际交往能力强
财务	出纳、收款、记账、管理现金、盘点库存	认真踏实、有条理、诚实、细致
销售管理	市场调查、与顾客建立并保持良好的关系、接订单、预测销售量、确定价格、组织促销活动、发货送货、采购原料	认真、思路敏捷、有活力、关于与人交往、谈判能力强、讲诚信
生产管理	组织生产、监督生产、控制质量、管理工具设备和技术资料、维修、制订生产计划	认真、熟悉新产品、懂技术、动手能力强、关于和人相处、处理矛盾和解决问题
产品设计开发	跟踪市场需求动态、收集样品信息、设计制作样品	有一定的美术基础、有较丰富的历史文化知识、富有创造性、懂工艺
生产工人	配料、搅拌、制坯、晾晒、雕琢、涂色、包装	有责任心、勤快、能吃苦、手巧

二、初创企业的员工管理

员工管理对于创业企业来说，有着极大的重要性。人力资源的短缺是创业企业在发展中所面临的主要制约因素之一。很多创业者在企业度过生存期后所面临的第一个挑战，就是寻打合适人员来支撑企业发展。

企业在创立初期通过各种政策、制度和管理活动，吸引、开发、激励和保留员工，充分发挥员工的工作积极性，最终才能实现组织目标。员工管理过程也是企业由于产品、市场营销及企业组织管理体系等方面的创新而对人力资源管理体系进行重新构建的过程。

在创业企业成长的过程中，企业必须有规划地做好人才的选、训、用、留，而实现这些功能，需要相应的管理策略和手段。因此做好人力资源管理规划、员工职位需求与分析、员工招聘、员工培训、绩效管理、薪酬管理、人事统计与档案管理及劳动关系管理等是企业员工管理必不可少的工作。

员工管理是新创企业经营管理中一项人力资源的管理活动，员工管理一般遵循以下原则。

1. 充分了解企业员工

作为管理者，能充分认识所有员工并不是一件很容易的事。但是管理者如果能充分了解自己的员工，工作开展起来会顺利得多。一个能够充分了解自己员工的管理者，无论在工作效率，还是人际关系上都将会是个一流的管理者。管理者与员工彼此间要相互了解，在心灵上相互沟通和默契，这一点对企业的管理者来说尤为重要。了解员工，有一个从初级到高级阶段的程度区别，分为以下三个阶段。

第一阶段：了解员工的出身、学历、经验、家庭环境及背景、兴趣、专长等。同时还要了解员工的思想，以及其干劲、热诚、诚意、正义感等。

第二阶段：当手下员工遇到困难，你能实现预料他的反应和行动，并能恰如其分地给员工雪中送炭，这就表明你对员工的认识更进一步。

第三阶段：知人善任。能使每个员工在其工作岗位上发挥最大潜能。给自己的员工足以考验其能力的挑战性工作，并且在其面临此种困境时，给予恰当引导。

2. 聆听员工心声

一方面，企业的管理者都有强烈的自我主张，这种倾向有助于果断、迅速地解决问题，但另一方面也会使管理人员一意孤行，听不进他人意见，导致决策失误。

在企业的管理中，聆听员工的心声，也是团结员工，调动积极性的重要途径。一个员工的思想出了问题，会失去工作热情，要他卓越地完成任务是不可能的。这时，作为管理者，应耐心去听取他的心声，找出问题症结，解决他的问题或耐心开导，才能有助于管理目标实现。对待犯错误的人员，也应当采取聆听的办法，不应一味责难，而应给他们解释、改正的机会。只有了解个别情况后，才能对他们对症下药，妥善处理。

3. 德才兼备，量才使用

"尺有所短，寸有所长"。每个人在能力、性格、态度、知识、修养等方面各有长处和短处。用人的关键是适用性。为此，作为管理者在用人时，先要了解每个人的特点。有的工作起来利落迅速；有的谨慎小心；有的擅长处理人际关系；有的却喜欢默默工作不合群……作为一个管理者，不仅要看到人事考核表上的评分，更重要的是在实践中观察，结合每个员工的长处给予适当的工作。在工作过程中观察其处事态度、速度和准确性，努力发现并激发出每个下属的潜能，也只有如此，管理者才能灵活、有效、成功地管理员工，使事业蒸蒸日上。

4. 淡化权力，强化权威

对员工的管理最终要落实到员工对管理者，或下属对上司的服从。这种领导服从关系可以来自权力或权威两个方面。管理者地位高，权力大，谁不服从就会受到制裁，这种服从来自权力。管理者的德行、气质、智慧、知识和经验等人格魅力，形成权威，使员工自愿服从其领导。

5. 多表彰员工

成就感能够激励员工热情工作，满足个人内在需要。要公开奖励标准，使员工了解每一个人获得奖励的原因。以公开的方式给予表扬、奖励。表扬和奖励如果不公开，不但会失去它本身的效果，而且会引起一些员工的无端猜测，影响工作。奖励的时效也很重要，要尽量及时奖励刚发生的事情，而不是已经过去很久的事情，否则会大大减弱奖励的影响力。

6. 创造适宜的工作环境

创造适宜的工作环境不但可以提高工作效率，还能调节员工心理。根据生理需要设计工作环境，可以加快速度、节省体力、缓解疲劳；根据心理需要设计工作环境，可以创造愉悦、轻松、积极、活力的工作氛围。对工作环境进行人性化改造，在工厂附近设立各种专用汽车设施，在公司内开设多家食堂和饭店，为体力劳动者增设盥洗室，保持工作地点整洁干净等。

7. 合理确定团队领导者

团队的领导者是团队力量的协调和整合者，是企业发展的基石。一个创业团队，必须有一个强势的领导者，在企业发展的重要时刻做最后的决定。领导者要有较高的能力和素养，能组建和凝聚团队，既能稳定团队，又能激发成员的创业激情和创造能力；既能资金筹集、战略规划，又能在企业遇到危机时力挽狂澜。因此，领导者应有较强的守则意识，道德心和责任心强，敢作敢为，具有冒险精神，有强大的人格魅力，能凝聚团队，善于革新，具有较强的决断能力。

8. 恰当配置合适人员

一个优秀的创业团队除了领导者以外，针对不同的岗位还应该配置不同的合适人员。

（1）生产人员：为人正直，守则意识较强，对权威性的规则具有较强的顺从心理；具有较强的道德心，对企业忠诚。

（2）研发人员：思维发散，多智聪明，有创新意识，谦虚谨慎，为人随和等。

（3）销售人员：热情外向，具有开拓和冒险精神，思维缜密，能言善辩。

（4）财务人员：守则意识较强，诚实守信，谨慎稳重。

三、建立公平合理的报酬激励机制

（一）制定规范的报酬制度

创业之初，必须制定规范的报酬制度，以合同的形式明确团队成员的利益分配机制。对于每一个关键团队成员都必须合理制定报酬，尽可能公平地反映每位团队成员的责任和风险，使每个成员的付出与报酬能够对等。

（二）综合考虑企业与个人的目标

合理的报酬激励机制需要综合考虑企业和个人的目标。如果一个企业不需要外部资本，就可以不考虑外部股东对报酬问题的态度或影响，但需要考虑企业的综合目标。如企业的目标是在未来5～10年获得大量资本收益，那么就需要针对如何完成这一目标以及如何保持创业团队长期的创业精神来制定报酬制度。

在整个创业的过程中，每个成员的贡献和利益诉求都存在差异，制定分配方案时，需要对成员的贡献大小进行衡量。

1. 创业点子和商业计划

对创业点子提出者的贡献应当予以充分考虑，尤其是提供对原型产品或服务极为重要的商业机密、特定技术，或是对产品、市场进行调研的当事者。制作一份优秀的商业计划需大量的时间、资金和精力。因此，商业计划书制作者的贡献应适当考虑。

2. 敬业精神和风险

创业者把大部分个人资产投入企业，并投入大量的时间和精力，在企业失败时承担巨大的风险，牺牲一定的个人利益。因此，应充分考虑成员的敬业精神和所承担的风险。

3. 工作技能、经验、业绩记录或社会关系

团队成员可能为企业带来工作技能、经验、良好的工作记录，或是在营销、金融和技术等方面的社会关系。

4. 岗位职责

不同的岗位职责所需的工作技能不同，工作强度也不同，因此，分配也要有所不同。

5. 综合考虑分配时机和方法

创业团队可以综合采用月薪、股票期权、红利和额外福利等。根据创业团队的业绩，在创业的第一阶段制定出报酬分配制度，这也取决于企业发展的程度。以现金报酬为例，在企业成立的初期阶段，企业还未获得盈利甚至亏损，薪金往往较低甚至没有，其他红利和福利等则先不做考虑。企业获得盈利之后，现金的支付仍然会制约企业的成长。只有在企业顺利实现盈亏平衡后，薪金的提高才会提升企业的竞争力。至于红利和额外福利，对于新办企业，保持在较低水平为好，这样可为企业获得更多创业资本，促进企业的运营。

四、初创企业员工的绩效管理

绩效考核通常也称为业绩考评或"考绩"，针对企业中每个职工所承担的工作而进行。其实质是应用各种科学的定性和定量的方法，对职工行为的实际效果及其对企业的

贡献或价值进行考核和评价。员工绩效管理是对在职员工工作效率、工作计划的督促，有利于员工养成做事有规划的好习惯。业绩考评的目的是通过考核提高每个个体的效率，最终实现企业的目标。

　　绩效考核本身是一种绩效控制的手段，通过对员工工作业绩的评定与认可，从而激励员工工作，使员工体验到工作成就感，增强斗志；同时绩效考核也是惩戒的依据之一，而合理的惩戒也是提高工作效率和工作质量的有效手段。绩效考核和薪酬管理也有密切联系，考核结果将直接影响员工的报酬，目前很多企业都在实行绩效工资，就是可以通过绩效考核手段来进行。绩效考核结果可以作为员工升迁、淘汰的重要标准。绩效考核也是企业管理决策的重要参考。通过考核结果可以发现员工的长处与不足，从而对企业培训工作提供方向。同时，考核结果也可以提供给企业中其他职能部门作为决策的参考。

　　企业实行绩效考核，要公平、严格、客观地考评员工，可以采用直接主管考评、间接主管调整的方式，考评结果和评语一定要反馈给被考评人，考评分数有差别，并配合奖惩措施，才能达到好的效果；企业采用传统的纸质考核方式，实行起来会遇到很多困难，可以更多采取基于软件、互联网工具而开发的电子考核系统。

　　绩效管理是现代企业人力资源管理的核心，现代企业的员工绩效管理与传统企业的人事管理在对象、范围、重点和方式上均有较大的差异。在实际工作中，个别员工对现代企业绩效管理的实质和重点未能完全理解，对其认识仍未上升到现代企业人力资源管理的高度，存在一定的恐惧感和抵触感。个别员工认为考核体系的评价不够公正，不能真实反映员工实际的工作绩效状况，对个人认为本应是"超期望值"的评价却仅仅得到"达期望值"或"未达期望值"的评价表示不满，从而产生受挫感和抵触感。

　　选择合适的考核者对于考核工作来说是至关重要的。实践证明，合适的人选可以为员工的业绩做出最真实、客观的评价。合适的人选包括五类人，即直接上级、同级同事、被考核者本人、直属下级和外界的考核专家或客户。绩效考核本身往往比较复杂，牵涉企业的方方面面，而且与被考核者的利益密切相关。通过培训，不仅使受训者对系统的组成及各部分之间的有机联系非常了解，而且对实施绩效考核系统的意义认识清楚，熟悉考核标准，掌握考核方法，使绩效考核思想深入员工心中，消除和澄清对绩效考核的错误及模糊认识。使员工认识到绩效考核不是管理者对员工挥舞的"大棒"，也不应成为无原则的"和稀泥"式，考核不是为了制造员工间的差距，而是实事求是地发现员工工作的长处、短处，以扬长避短，有所改进、提高，真正使他们在企业管理的各个层次发挥牵引力。

 经典分享

顺丰管理员工的秘诀——心法四诀

　　如何管理好员工，如何充分发挥人员的作用，使员工为企业所用，已经成为企业人力资源管理中所不能忽视的重要课题之一。

　　到目前为止，顺丰控股股份有限公司（简称"顺丰"）一共拥有29万名员工。这样一个拥有庞大员工体系的企业，该如何管理好员工，并且抓住机遇，实现跨越式发展呢？可以说，这是顺丰管理者首先要解决的一个重大难题。因为只要有人，就会有利益的分配，只要牵扯上利益，就容易产生矛盾。众所周知，快递业属于劳动密集型产业，对技术的要求也比较低。如果是同城快递的话，从客户下单到送达客户手中，大概要经过信息下载到终端、取件、建包、运送、分拣、入仓和派送七道程序；异地快递则需要经过九道程序。程序越多等于"战场"越多。因此，行业之间的竞争就越来越激烈了，谁能管理好员工，谁就能在行业中占据优势。

顺丰一直将"服务至上，员工为本"奉为自己的管理和经营理念。王卫曾经干过19年的快递，他知道一线的快递员工作是多么辛苦。因此，他将员工视为企业发展的重要基础，在将公司规模做大之后，他经常在会议上强调，一线的业务员是顺丰"最可爱的人"。顺丰是快递行业内第一家实行计件工资的公司。该公司规定，每个员工的基本工资为700~1 200元，在此基础上，按照工作业绩来计算提成。有的员工每个月最高能拿到5万元。在顺丰，业绩高的员工是不愿意当经理的。顺丰也从来不会通过广告进行宣传，它的知名度完全是靠口口相传积累起来的。

顺丰速运一直致力于在企业中创造一种积极的工作氛围。高层非常能理解业务员可能遇到的困窘和困惑。为了减轻员工的工作压力，提高员工的工作积极性，顺丰的高管一直努力为员工营造轻松自由的工作环境，规划良好的职业生涯规划。

顺丰速运还为新入职的员工设计了一套标准化的培训体系，新员工不仅要参加军训，还要接受一系列有关服务技巧、服务标准和管理方面的培训。例如，有一个高中毕业生通过应聘进入顺丰，刚开始月薪只有800元，后来被"内部种子计划"选中，成长为顺丰内部的飞行员，年薪几十万元。

顺丰的运营模式虽然已经实现了与国际的接轨，王卫个人也完成了从个体户到企业家的完美转型。但是，顺丰速运目前仍然摆脱不了集权控制模式，股权结构也有待进一步调整，在员工考评制度方面也有些严苛，员工与公司的矛盾不可避免。

那么，如何管理员工、寻找员工与公司利益的平衡点的呢？王卫认为，顺丰的管理体系只是企业管理的"外功"，要练好"外功"，还必须有"心法"（图8-3）的协助，要不然就容易"走火入魔"，误入歧途。"有爱心，与员工有同理心；有舍心，与员工慷慨分享；有狠心，出于爱与舍，对员工严格要求；有恒心，长期坚持这样做下去"——王卫的心法四诀不仅包括对经营管理的领悟，还包括对人生和人性的理解。满足员工的需求，为员工创造良好的晋升渠道。王卫认为，要管理好员工，首先应该重视员工的价值，满足员工的不同需求，还要平等对待每一位员工。只要做好这几点，就算要你管40多万人，也没有大问题。

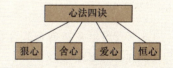

图8-3 员工管理要有心法四诀

在顺丰，中层管理岗位都是公开招聘的。首先通过对员工的业绩和管理层的评价等指标对员工进行筛选，然后了解员工对管理工作的规划和工作意愿，将最合适的员工放在最合适的管理岗位上。

过去20年里，王卫一直在寻找能够适用于顺丰的框架，但后来放弃了。他最终明白，只有离开了条条框框的约束，企业才能进入更广阔的发展空间。

【分析】员工是企业的第一资源。用心管理好员工，发挥员工的聪明才智，为企业完成目标与创造更大价值具有重要的意义。

 课堂活动

管理者如何与下属沟通

1. 目标

认识员工管理是企业人力资源管理中的重要作用和意义，能够理解和初步运用不同的员工管理方法于新创企业经营中。

2. 过程和规则（时间：25分钟）

（1）班级随机分组，每3～5人为一组，并推选出一名组长。

（2）请学生以"管理者如何与下属沟通"为题，各组成员先自己列出各人观点。

（3）将所列出个人观点与组内成员相互交流，并进行讨论后，形成统一的小组观点。

（4）列出小组观点，每组随机抽取一名代表上台发表如何用寻找与打造良好的客户资源。各小组组长和老师分别进行打分和评价，最终评价得分最高的小组为优胜组。

（5）教师总结和反思。

第三节　初创企业的财务管理

👉 能力目标

（1）了解新创企业财务管理的必要性。

（2）能看懂企业财务报表。

（3）了解财务控制的基本内容。

初创企业的
财务管理

 引入案例

新创企业财务管理的不足

在我国很多新创企业存在如下问题：

（1）对现金管理不严，造成资金闲置或不足。有些中小企业认为现金越多越好，造成现金闲置，未参加生产周转；有些企业的资金使用缺少计划安排，过量购置不动产，无法应付经营急需的资金，陷入财务困境。

（2）应收账款周转缓慢，造成资金回收困难。原因是没有建立严格的赊销政策，缺乏有力的催收措施，应收账款不能兑现或形成坏账。

（3）存货控制薄弱，造成资金呆滞。很多中小企业月末存货占用资金往往超过其营业额的两倍以上，造成资金呆滞，周转失灵。

（4）重钱不重物，资产流失浪费严重。不少中小企业的管理者，对原材料、半成品、固定资产等的管理不到位，出了问题无人追究，资产浪费严重。例如，某公司的财务人员是某部级事业单位有关人员介绍的，论业务水平，充其量是一个公司出纳员

的水平，因此没有优化现金管理的概念。加上公司领导对此没有充分的认识，使得现金管理无从谈起。由于公司是一个纯粹的销售公司，而面对的客户主要以党政工群机关为主，受客户财务预算计划的控制，使得公司应收账款周转缓慢，造成资金回收困难，严重影响到公司资金的合理有效运作。同时，财务部门不能及时进行成本核算，不能有效提出严格的赊销政策，更缺乏有力的催收措施，导致应收账款不能兑现或形成呆账，更谈不上有效的存货管理与控制。

这些问题的存在，常导致新创企业财务管理和内部控制问题不断，严重影响企业的可持续运营。

【分析】新创企业忽略财务管理为其发展埋下定时炸弹，势必影响企业可持续健康发展，规范财务管理，加强内部管理，是新创企业必备能力。

形成良好财务管理制度或体系是企业未来内部控制管理完善的基础。新创企业财务管理应注重核心资产的管理、融资资金的管理、应收账款的管理和财务管理制度的构建等方面，同时在成本管理、财务分析、财务控制和财务税收等方面加强管理。

一、企业财务管理

企业财务管理（financial management）是在一定的整体目标下，企业关于资产购置（投资），资本融通（筹资）和经营中现金流量（营运资金），以及利润分配的管理。财务管理是企业管理的一个组成部分，它是根据财经法规制度，按照财务管理的原则，组织企业财务活动，处理财务关系的一项经济管理工作。简单地说，财务管理是组织企业财务活动，处理财务关系的一项经济管理工作。

新创企业财务
管理——
财务管理

（一）创业企业财务管理的目标

财务管理目标又称理财目标，是指企业进行财务活动所要达到的根本目的，它决定着企业财务管理的基本方向。财务管理目标是一切财务活动的出发点和归宿，是评价企业理财活动是否合理的基本标准。财务管理目标也是企业经营目标在财务上的集中和概括，是企业一切理财活动的出发点和归宿。制定财务管理目标是现代企业财务管理成功的前提，只有有了明确合理的财务管理目标，财务管理工作才有明确的方向。因此，新创企业应根据自身的实际情况和市场经济体制对企业财务管理的要求，科学合理地选择、确定财务管理目标。

（二）创业企业财务管理常见的问题

新创企业管理者在财务管理活动中，容易有以下错误倾向：一是事前预算不力，事后分析不到位；二是信息化程度不高，缺乏财务创新；三是财务架构不健全，组织机构设置不合理；四是内控体系不完善，缺乏风险管理意识；五是费用管理不规范，资产管理散乱；六是成本核算粗放，成本控制不严。

在财务管理当中应着重避免上述问题的出现，在日常企业管理方面只有加强财务管理，才会增加企业的竞争能力，提高企业抵抗市场风险的能力，扩大企业盈利，所以财务管理的有序和规范是新创企业可持续发展的前提。

二、创业企业财务管理体系的建立

处于初创与成长期的企业，规范有效的财务管理制度是确保企业健康发展的重要工具。新创企业应结合实际，建立健全财务管理制度。新创企业的财务管理体系建设是一个逐步规范和完善的过程。要求在明晰产权的基础上，明确董事会、财务经理、一般财务人员各自的财务战略制定和实施中的职责，并形成内部牵制及责、权、利相结合的激励性制度安排。创业者作为企业法定代表人，是企业财务工作的第一责任人。因此，创业者要自觉地学习财务管理的相关基础知识。只有懂规则、懂专业知识，才能有效进行财务管理和监督，避免因不懂规则而造成不必要损失。

（一）成本管理

成本管理是指企业生产经营过程中各项成本核算、成本分析、成本决策和成本控制等一系列科学管理行为的总称。成本管理是由成本规划、成本计算、成本控制和业绩评价四项内容组成。成本管理充分动员和组织企业全体人员，在保证产品质量前提下，对企业生产经营过程的各个环节进行科学合理的管理，力求以最少生产耗费取得最大生产成果。成本管理是企业管理的一个重要组成部分，它要求系统而全面、科学而合理，对于促进增产节支、加强经济核算，改进企业管理，提高企业整体管理水平具有重大意义。

成本是体现企业生产经营管理水平高低的一个综合指标。因此，成本管理不能仅局限于生产耗费活动，应扩展到产品设计、工艺安排、设备利用、原材料采购、人力分配等产品生产、技术、销售、储备和经营等各个领域。参与成本管理的人员也不能仅仅是专职成本管理人员，应包括各部门的生产和经营管理人员，并要发动广大职工群众，调动全体员工的积极性，实行全面成本管理，只有这样，才能最大限度地挖掘企业降低成本的潜力，提高企业整体成本管理水平。

成本管理是组织各级管理者的职责。一个组织要搞好成本管理，应加强最高管理者的领导作用，由最高管理者领导和推动，落实好各级管理者的职责和权限，并动员、教育和激励全体人员积极参与；对成本管理组织也应考虑管理的成本，从财务角度来衡量成本管理体系的有效性，不断降低管理成本。

成本管理活动整体上是一个大循环，通过持续改进以改善成本管理、减少或杜绝资源的浪费和损失、使成本降到尽可能低的水平。组织在实施成本管理过程中主要应考虑到：不违反法律法规；不影响顾客满意；不侵害员工利益（法定的）；不影响技术进步；不影响产品质量。

（二）财务分析

财务分析是以会计核算和报表资料及其他相关资料为依据，采用一系列专门的分析技术和方法，对企业等经济组织过去和现在有关筹资活动、投资活动、经营活动、分配活动的盈利能力、营运能力、偿债能力和增长能力状况等进行分析与评价的经济管理活动。它为企业的投资者、债权人、经营者及其他关心企业的组织或个人了解企业过去、评价企业现状、预测企业未来做出正确决策提供准确的信息。

常见财务报表有：资产负债表、利润表、现金流量表及股东权益变动表与相关附注说明。下面就资产负债表、利润表、现金流量表三大报表进行简要讲述。

1. 资产负债表

资产负债表是总括地反映会计主体在特定日期财务状况的报表，主要分析流动资产、长期投资、固定资产、无形资产等信息，其基本结构是：资产＝负债＋所有者权益。

资产负债表是反映公司某一特定日期（月末、年末）全部资产、负债和所有者权益情况的会计报表。不论公司处于怎样的状态，这个"资产＝负债＋所有者权益"的财务平衡式永远是恒等的。债权人可以对公司的全部资源有要求权，公司以全部资产对不同债权人承担偿付责任，偿付完全部的负债之后，余下的才是所有者权益，即公司的资产净额。

新创企业可运用资产负债表的资料，分析出公司资产的分布状态、负债和所有者权益的构成情况，据以评价公司资金营运、财务结构是否正常、合理；分析公司的流动性或变现能力，以及长、短期债务数量及偿债能力，评价公司承担风险的能力；利用该表提供的资料还有助于计算公司的获利能力，评价公司的经营绩效。

在分析资产负债表要素时，应首先注意到资产要素和负债要素分析，具体包括以下几个方面：

（1）流动资产分析，分析公司的现金、各种存款、短期投资、各种应收应付款项、存货等。流动资产比往年提高，说明公司的支付能力与变现能力增强。

（2）长期投资分析，分析一年期以上的投资，如公司控股、实施多元化经营等。长期投资的增加，表明公司的成长前景看好。

（3）固定资产分析，这是对实物形态资产进行的分析。资产负债表所列的各项固定资产数字，仅表示在持续经营的条件下，各固定资产尚未折旧、折耗的金额并预期于未来各期间陆续收回。因此，我们应该特别注意，折旧、损耗是否合理将直接影响到资产负债表、利润表和其他各种报表的准确性。很明显，少提折旧就会增加当期利润。而多提折旧则会减少当期利润，有些公司常常就此埋下伏笔。

（4）无形资产分析，主要分析商标权、著作权、土地使用权、非专利技术、商誉、专利权等。商誉及其他无确指的无形资产一般不予列账，除非商誉是购入或合并时形成的。取得无形资产后，应登记入账并在规定期限内摊销完毕。

（5）流动负债分析，各项流动负债应按实际发生额记账，分析的关键在于要避免遗漏，所有的负债均应在资产负债表中反映出来。

（6）长期负债分析，包括长期借款、应付债券、长期应付款项等。由于长期负债的形态不同，因此，应注意分析、了解公司债权人的情况。

（7）股东权益分析，包括股本、资本公积、盈余公积和未分配利润四个方面。分析股东权益，主要是了解股东权益中投入资本的不同形态及股权结构，了解股东权益中各要素的优先清偿顺序等。看资产负债表时，要与利润表结合起来，主要涉及资本金利润和存货周转率，前者是反映盈利能力的指标，后者是反映营运能力的指标。

2. 利润表

利润表是反映企业在一定会计期间的经营成果的财务报表。利润表依据"收入－费用＝利润"来编制，主要反映一定时期内公司的营业收入减去营业支出之后的净收益。

1）利润表反映的内容

通过利润表，可以对公司的经营业绩、管理的成功程度做出评估，从而评价投资者的投资价值和报酬。利润表包括两个方面：一是反映公司的收入及费用，说明公司在一定时期内的利润或亏损数额，据以分析公司的经济效益及盈利能力，评价公司的管理业绩；二是反映公司财务成果的来源，说明公司的各种利润来源在利润总额中占的比例，以及这些来源之间的相互关系。

2）利润表的分析

对利润表进行分析，主要从两方面入手：一是收入项目分析。公司通过销售产品、提供劳务取得各项营业收入，也可以将资源提供给他人使用，获取租金与利息等营业外收入。收入的增加，则意味着公司资产的增加或负债的减少。记入收入账的包括当期收到的现金收入，应收票据或应收账款，以实际收到的金额或账面价值入账。二是费用项目分析。费用是对收入的扣除，费用的确认、扣除正确与否直接关系到公司的盈利。

所以，分析费用项目时：首先，应注意费用包含的内容是否适当，确认费用应贯彻权责发生制原则、历史成本原则、划分收益性支出与资本性支出的原则等。其次，要对成本费用的结构与变动趋势进行分析，分析各项费用占营业收入百分比，分析费用结构是否合理，对不合理的费用要查明原因，对费用的各个项目进行分析，同时与公司的财务情况说明书联系起来，看看各个项目的增减变动趋势，以此判定公司的管理水平和财务状况，预测公司的发展前景。

3. 现金流量表

现金流量表是反映上市公司现金流入与流出信息的报表。这里的现金不仅指公司在财会部门保险柜里的现钞，还包括银行存款、短期证券投资、其他货币资金。现金流量表可以告诉我们公司经营活动、投资活动和筹资活动所产生的现金收支活动，以及现金流量净增加额，从而有助于我们分析公司的变现能力和支付能力，进而把握公司的生存能力、发展能力和适应市场变化的能力。

企业的现金流量具体可以分为以下几个方面：

（1）来自经营活动的现金流量：反映公司为开展正常业务而引起的现金流入量、流出量和净流量，如商品销售收入、出口退税等增加现金流入量，购买原材料、支付税款和人员工资增加现金流出量等。

（2）来自投资活动的现金流量：反映公司取得和处置证券投资、固定资产和无形资产等活动所引起的现金收支活动及结果，如变卖厂房取得现金收入，购入股票和债券等对外投资引起现金流出等。

（3）来自筹资活动的现金流量：是指公司在筹集资金过程中所引起的现金收支活动及结果，如吸收股本、分配股利、发行债券、取得借款和归还借款等。

（4）非常项目产生的现金流量：是指非正常经济活动所引起的现金流量，如接受捐赠或捐赠他人，罚款现金收支等。

（5）不涉及现金收支的投资与筹资活动：这是一类对股民非常重要的信息，虽然这些活动并不会引起本期的现金收支，但对未来的现金流量会产生一定甚至极为重大的影响。这类活动主要反映在补充资料一栏里，如以对外投资偿还债务，以固定资产对外投资等。

新创经营企业尤其应注重现金流量表的分析，主要可从以下三个方面进行。

一是现金净流量与短期偿债能力的变化。如果本期现金净流量增加，表明公司短期偿债能力增强，财务状况得到改善；反之，则表明公司财务状况比较困难。当然，并不是现金净流量越大越好，如果公司的现金净流量过大，表明公司未能有效利用这部分资金，其实是一种资源浪费。

二是现金流入量的结构与公司的长期稳定。经营活动是公司的主营业务，这种活动提供的现金流量，可以不断用于投资，再生出新的现金来，来自主营业务的现金流量越多，表明公司发展的稳定性也就越强。公司的投资活动是为闲置资金寻找投资场所，筹资活动则是为经营活动筹集资金，这两种活动所发生的现金流量，都是辅助性的，服务于主营业务的。这一部分的现金流量过大，表明公司财务缺乏稳定性。

三是投资活动与筹资活动产生的现金流量与公司的未来发展。在分析投资活动时，要注意分析是对内投资还是对外投资。对内投资的现金流出量增加，意味着固定资产、无形资产等的增加，说明公司可能正在扩张，这样的公司成长性较好；如果对内投资的现金流入量大幅增加，意味着公司正常的经营活动没有能够充分吸纳现有的资金，资金的利用效率有待提高；对外投资的现金流入量大幅增加，意味着公司现有的资金不能满足经营需要，从外部引入了资金；如果对外投资的现金流出量大幅增加，说明公司可能正在通过非主营业务活动来获取利润。

（三）财务控制

新创企业进行财务控制活动，主要是对企业的资金投入及收益过程和结果进行衡量与校正，目的是确保企业目标以及达到此目标所制订的财务计划得以实现。

财务控制是企业内部管理的一个重要组成部分，也是内部控制的核心，是内部控制在资金和价值方面的体现。财务控制必须确保企业经营的效率性和效果性、资产的安全性、经济信息和财务报告的可靠性。

新创企业实行良好的企业财务控制制度，有利于实现企业创业确定的经营方针和目标，是工作中实时监控的有效手段，也是企业评价标准。也有利于保护企业各项资产的安全和完整，防止资产流失；有利于保证企业管理重要的一项业务经营信息和财务会计资料的真实性和完整性。

1. 不相容职务分离

根据财务控制的要求，单位在确定和完善组织结构的过程中，应当遵循不相容职务相分离的原则：是指一个人不能兼任同一部门财务活动中的不同职务。单位的经济活动通常划分为五个步骤：授权、签发、核准、执行和记录。如果上述每一步骤由相对独立的人员或部门实施，就能够保证不相容职务的分离，便于财务控制作用的发挥。

2. 授权批准控制

授权批准控制指对单位内部部门或职员处理经济业务的权限控制。单位内部某个部门或某个职员在处理经济业务时，必须经过授权批准才能进行，否则就无权审批。授权批准控制可以保证单位既定方针的执行和限制滥用职权。

授权批准的基本要求有三点。首先，要明确一般授权与特定授权的界限和责任；其次，要明确每类经济业务的授权批准程序；再次，要建立必要的检查制度，以保证经授权后所处理的经济业务的工作质量。

3. 预算控制

预算控制是财务控制的一个重要方面。包括筹资、融资、采购、生产、销售、投资、管理等经营活动全过程。其基本要求是：第一，所编制预算必须体现单位的经营管理目标，并明确责任。第二，预算在执行中，应当允许经过授权批准对预算进行调整，以便预算更加切合实际。第三，应当及时或定期反馈预算的执行情况。

4. 实物资产控制

实物资产控制主要包括限制接近控制和定期清查控制两种。限制接近控制是控制对实物资产及与实物资产有关的文件的接触，如现金、银行存款、有价证券和存货等，除出纳人员和仓库保管人员外，其他人员则限制接触，以保证资产的安全。

5. 定期清查控制

定期清查控制是指定期进行实物资产清查，保证实物资产实有数量与账面记载相符，如账实不符，应查明原因，及时处理。

6. 成本控制

成本控制分粗放型成本控制和集约型成本控制。粗放型成本控制是从原材料采购到产品的最终售出进行控制的方法。具体包括原材料采购成本控制、材料使用成本控制和产品销售成本控制三个方面；集约型成本控制一是通过改善生产技术来降低成本，二是通过产品工艺的改善来降低成本。

（四）税务管理

新创企业应严格遵守国家税法，积极开展企业税务管理活动，即在不损害国家利益的前提下，充分利用税收法规所提供的包括减免税在内的一切优惠政策，达到少缴税或递延缴纳税款，从而降低税收成本，实现税收成本最小化的经营管理活动。

课 堂 活 动

如何有效地进行新创企业财务管理

1. 目标

认识财务管理是企业的一项重要基础性工作。掌握财务管理内容，能够理解和初步运用有效财务管理方法或手段于新创企业经营中。

2. 过程和规则（时间：25分钟）

（1）班级随机分组，每3～5人为一组，并推选出一名组长。

（2）请学生以"如何有效地进行新创企业财务管理"为题，各组成员先自己列出自己的观点。

（3）将所列个人观点与组内成员相互交流，并进行讨论后，形成统一的小组观点。

（4）列出的小组观点，每组随机抽取一名代表上台发表如何有效地进行新创企业财务管理的见解。各小组组长和教师分别进行打分和评价，最终评价得分最高的小组为优胜组。

（5）教师总结和反思。

参 考 文 献

《财经天下》周刊，2016. 创业：我们创什么［M］. 广州：广东人民出版社.

《中国创业孵化 30 年》编委会. 2017. 中国创业孵化 30 年［M］. 北京：科学技术文献出版社.

毕传福，2015. 赢在商业模式：移动互联网时代创新与创业机遇［M］. 北京：人民邮电出版社.

陈工孟，2016. 创新思维训练与创造力开发［M］. 北京：经济管理出版社.

陈虹宇，曹颖，2018. "互联网＋"大学生创新创业入门［M］. 北京：水利水电出版社.

陈松，张大红，2018. 移动互联网背景下市场营销策略创新性研究［J］. 人民论坛·学术前沿（7）.

陈晓暾，陈李彬，田敏，2017. 创新创业教育入门与实战［M］. 北京：清华大学出版社.

陈宇，姚臻，2014. 就业与创业指导［M］. 北京：外语教学与研究出版社.

褚建伟，张青春，范琳，2019. 创新创业教育［M］. 北京：高等教育出版社.

戴仁卿，张晓蕾，2016. 高校创新创业者人格素养提升困境及培养路径［J］. 教育与职业（15）.

董海林，杨雷，2017. 大学生创业实务［M］. 徐州：中国矿业大学出版社.

杜鹏举，罗芳，2018. 大学生创新创业基础［J］. 北京：中国铁道出版社.

樊登，2019. 低风险创业［M］. 北京：人民邮电出版社.

冯邦彦，2016. 承先启后·利丰冯氏迈向 110 周年：一个跨国商贸企业的创新与超越（1906—2016）［M］.
    北京：中国人民大学出版社.

贺尊，2015. 创业学概论［M］. 北京：中国人民大学出版社.

胡培，唐甜甜，2018. 移动互联网背景下企业市场营销的创新研究［J］. 理论探讨（4）.

华进，2018. "互联网＋"背景下企业市场营销的创新路径［J］. 等现代营销（经营版）（5）.

黄罡，曹志斌，2018. 电商创业：创业思维＋实战方法＋案例解析［M］. 北京：人民邮电出版社.

黄藤，2018. 大学生创新创业教程（慕课版）［M］. 北京：人民邮电出版社.

黄萧萧，2018. 高校大学生创业孵化基地建设运营管理机制研究：以顺德职业技术学院为例［J］. 佛
    山科学技术学院学报（社会科学版）（3）.

姜丽华，2016. 学生创新能力培养与教师文化构建［M］. 北京：中央编译出版社.

科学技术部火炬高技术产业开发中心，2018. 首都科技发展战略研究院中国创业孵化发展报告
    2018［M］. 北京：科学技术文献出版社.

雷重熹，池云霞，靳润奇，等，2019. 创新创业案例与分析［M］. 北京：高等教育出版社.

李魏，2014. 大学生创业宝典［M］. 北京：中国商业出版社.

李肖鸣，2018. 创新创业实训［M］. 北京：清华大学出版社.

李泽虹，2016. 李晓颖. 梦想启航：大学生创业指导［M］. 北京：中国石油大学出版社.

林壬璇，2015. 大学生就业与创业指导［M］. 北京：中国人民大学出版社.

刘明亮，2018. 高等教育管理与大学生创新能力培养研究［M］. 北京：科学技术文献出版社.

刘云兵，王艳林，2017. 大学生创新创业程［M］. 北京：人民邮电出版社.

吕爽，2016. 创业基础［M］. 北京：中国铁道出版社.

马广水，2016. 创新创业基础［M］. 北京：高等教育出版社.

梅强，2015. 创业基础与实务［M］. 南京：江苏凤凰教育出版社.

倪锋，2016. 创新创业概论［M］. 2 版. 北京：高等教育出版社.

庞学卿，2016. 商业模式创新的前因及绩效：管理决策视角［D］. 杭州：浙江大学.

裴琦，2016. 众创时代：互联网＋创业［M］. 广州：华南理工大学出版社.

奇泽姆，2019. 创业：放飞你的梦想［M］. 石岚，译. 北京：中信出版社.

秦勇，陈爽，2019．创业管理：理论、方法与实践［M］．北京：人民邮电出版社．

人力资源和社会保障部教材办公室，2018．创业指导［M］．2 版．北京：中国劳动社会保障出版社．

单从凯，李兴洲，2015．就业与创业指导［M］．北京：北京师范大学出版社．

施家建，韩博，2015．从 0 到 1 微创业［M］．北京：北京理工大学出版社．

舒克，2017．大学生创业素养培育路径解析［J］．广东科技（10）．

苏世彬，2019．创业管理［M］．北京：高等教育出版社．

孙桂生，刘立国，2018．大学生创新创业孵化基地建设探讨：基于北京联合大学商务学院的案例分析
　　［J］．中国高校科技（Z1）．

孙全民，徐大治，2018．大学生创新创业训练与指导［M］．北京：北京师范大学出版社．

王石，2015．高校职业指导创新与实践研究［J］．机械职业教育（7）：44-46．

王天力，周立华，2016．创业学［M］．北京：清华大学出版社．

王羽，2018．高校大学生环境意识教育初探［J］．教育现代化（21）．

王中强，陈工孟，2017．创新思维与创业教育［M］．北京：清华大学出版社．

吴月红，2015．论高职大学生创业素质与能力的培养途径与方法［J］．长沙航空职业技术学院学报
　　（4）．

姚凯，2015．大学生创业导论［M］．北京：清华大学出版社．

张成，2018．创业管理［M］．西安：西安电子科技大学出版社．

张磊，2017．大学生创业孵化基地运营管理机制研究［J］．现代经济信息（11）．

张玉利，薛红志，陈赛松，等，2018．创业管理［M］．北京：机械工业出版社．

张玉鑫，任甲男，薛舒凡，等，2018．大学生创业孵化基地建设策略研究：基于吉林省 29 个大学生
　　创业孵化基地的调研数据［J］．文化创新比较研究（5）．

章周道，2015．大学生职业生涯规划、就业与创业指导［M］．厦门：厦门大学出版社．

郑彦云，2017．大学生创新创业能力培养［M］．广州：暨南大学出版社．

中共中央文献研究室，2016．习近平关于科技创新论述摘编［M］．北京：中央文献出版社．

朱恒源，余佳，2016．创业八讲［M］．北京：机械工业出版社．

祝逸璞，2016．基于商业模式画布的纯电动客车商业模式创新研究［J］．经营管理者（3）：166-167．